Verhaltenswirkungen der Marktzinsmethode
auf Bankfilialen in der Profit Center-Konzeption

Europäische Hochschulschriften
Publications Universitaires Européennes
European University Studies

Reihe V
Volks- und Betriebswirtschaft

Série V Series V
Sciences économiques, gestion d'entreprise
Economics and Management

Bd./Vol. 2515

PETER LANG
Frankfurt am Main · Berlin · Bern · Bruxelles · New York · Wien

Georg Leppelmann

Verhaltenswirkungen der Marktzinsmethode auf Bankfilialen in der Profit Center-Konzeption

PETER LANG
Europäischer Verlag der Wissenschaften

Die Deutsche Bibliothek - CIP-Einheitsaufnahme

Leppelmann, Georg:

Verhaltenswirkungen der Marktzinsmethode auf Bankfilialen in der Profit-Center-Konzeption / Georg Leppelmann. - Frankfurt am Main ; Berlin ; Bern ; Bruxelles ; New York ; Wien : Lang, 1999

(Europäische Hochschulschriften : Reihe 5, Volks- und Betriebswirtschaft ; Bd. 2515)
Zugl.: Passau, Univ., Diss., 1999
ISBN 3-631-34857-6

D 739
ISSN 0531-7339
ISBN 3-631-34857-6

Vorwort

Bankbetriebliche Literatur und Praxis verstehen Bankfilialen üblicherweise als Profit Center, deren Erfolgsbeiträge im Wertbereich über die Marktzinsmethode kalkuliert werden. Da bei der Quantifizierung dieser Erfolgsbeiträge innerbetriebliche Leistungen zwischen der Zentrale und ihren Filialen zu beachten sind, treten die in der Allgemeinen Betriebswirtschaftslehre bekannten Probleme von Verrechnungspreisen auch beim Einsatz der Marktzinsmethode auf. Obwohl das Problem der Verhaltenswirkung als solches nicht neu ist, fehlt eine derartige Diskussion im Zusammenhang mit der in der bankbetrieblichen Praxis weit verbreiteten Marktzinsmethode bislang. Dabei dient die Marktzinsmethode neben der Analyse differenzierter Erfolgsquellen im Rahmen der Profit Center-Konzeption gerade auch als Basis zur Motivation von Mitarbeitern.

Die vorliegende Analyse basiert auf Grundüberlegungen zur Profit Center-Konzeption und zur Marktzinsmethode als modellhafter Erfolgsrechnung. Zur Vermeidung rekursiver Erkenntnisse wird außerdem das angestrebte Verhalten von Mitarbeitern in Filialen in seinen relevanten Zügen beschrieben - und zwar unabhängig von den Erfolgsgrößen der Marktzinsmethode. Dadurch läßt sich eine sehr differenzierte Struktur von Verhaltenswirkungen der Marktzinsmethode ableiten, die spezifisch ist für dieses Verfahren der Erfolgsrechnung. Diese Verhaltenswirkungen zeigen Möglichkeiten zur Vermeidung von Steuerungsproblemen in dezentralen Bereichen, die auf die Marktzinsmethode zurückgeführt werden müssen.

Mein besonderer Dank gilt meinem akademischen Lehrer Prof. Dr. Jürgen Steiner für die Unterstützung meiner Ideen und bei der Umsetzung der Arbeit. Für die Übernahme des Koreferats danke ich Herrn Prof. Dr. Rolf Bühner.

Meinen ehemaligen Kollegen am Lehrstuhl Dr. Richard Ausfelder, Albrecht Reihlen, Barbara Schwoerer, Dr. Jürgen Sikorski und Michael Spurzem verdanke ich neben der sehr kollegialen Zusammenarbeit zahlreiche fachliche Diskussionen und nicht zuletzt persönlichen Einsatz.

Ganz besonders kritische Herausforderungen erhielten meine Ideen durch meine Frau Gabriele. Ihrem unermüdlichen Einsatz verdanke ich den erfolgreichen Abschluß meiner Arbeit. Herzlichen Dank.

Georg Leppelmann

Inhaltsverzeichnis

Verzeichnis der Abkürzungen

Abb.	Abbildung
Aufl.	Auflage
B.Bl.	Betriebswirtschaftliche Blätter
BAKred	Bundesaufsichtsamt für das Kreditwesen
Bd.	Band
BFuP	Betriebswirtschaftliche Forschung und Praxis
BGB	Bürgerliches Gesetzbuch
bzw.	beziehungsweise
c.p.	ceteris paribus
DBW	Die Betriebswirtschaft
d.h.	das heißt
Diss.	Dissertation
f.	folgende
ff.	fortfolgende
FLF	Finanzierung Leasing Factoring
GE	Geldeinheiten
GKM	Geld- und Kapitalmarkt
Habil.	Habilitation
Hrsg.	Herausgeber
Jg.	Jahrgang
KBB	Konditionsbeitragsbarwert
KRP	Kostenrechnungspraxis
KWG	Kreditwesengesetz
LFB	liquiditätsmäßig finanzieller Bereich
Nr.	Nummer
o. Jg.	ohne Jahrgang
p.a.	per annum
PAF	Preis-Absatz-Funktion

S.	Seite
sog.	sogenannte(r)
Sp.	Spalte
TOB	technisch organisatorischer Bereich
u.a.	und andere/unter anderem
vgl.	vergleiche
Vol.	Volume
WiSt	Wirtschaftswissenschaftliches Studium
z.B.	zum Beispiel
ZBB	Zeitschrift für Bankrecht und Bankwirtschaft
ZBF	Zerobond-Abzinsfaktor(en)
ZfB	Zeitschrift für Betriebswirtschaft
ZfbF	Zeitschrift für betriebswirtschaftliche Forschung

Verzeichnis der Symbole

C	Cournot'scher Punkt
E'	Grenzerlöse
$Erfolg^*$	maximal erzielbarer Erfolg
i	Zinssatz
i_{invers}	inverse Zinsstruktur
i_{normal}	normale Zinsstruktur
K'	Grenzkosten
K_E	Kredit, endfällig
K_{fest}	Kredit, festverzinslich
K_T	Tilgungskredit
K_{var}	Kredit, variabel verzinslich
n	Laufindex für t
t	Zeitpunkt/Jahr
V^*	optimales Volumen
z^*	optimaler Zinssatz

Verzeichnis der Abbildungen

1 Problemstellung

Der zunehmende Wettbewerb in der Kreditwirtschaft und der verbesserte Informationsstand von Bankkunden engen die Möglichkeiten der Erfolgserzielung von Banken immer weiter ein. Zur Erfolgserzielung müssen die Mitarbeiter marktbezogener Bereiche wie Bankfilialen daher immer stärker individuellen Kundenbedürfnissen gerecht werden, um Präferenzen von Kunden gezielt auf die eigene Bank zu lenken.[1] Mit steigenden Kundenpräferenzen für eine Bank nimmt nämlich die Bindung der Kunden an diese Bank zu.[2] Eine zunehmende Kundenbindung wiederum stärkt die Erfolgsmöglichkeiten der jeweiligen Bank über steigende Absatzmengen, die Durchsetzbarkeit höherer Preise und eine Reduktion von Kundenbetreuungskosten nachhaltig.[3]

Die Mitarbeiter in Bankfilialen müssen also dazu motiviert werden, Kundenbedürfnisse individuell zu befriedigen. Eine entsprechende Motivation als Grundlage der nachhaltigen Erfolgserzielung bedarf der Gewährung von Handlungsspielräumen, in denen sich das Grundbedürfnis von Mitarbeitern nach Leistungserbringung entfalten kann.[4,5] In diese Richtung zielt die Profit Center-Konzeption,

---

1 Vgl. BAXMANN, Ulf G., Ertragsorientierte Verkaufssteuerung, in: bank und markt, 19. Jg. (1/1990), S. 14 - 17, hier S. 15 f., HEITMÜLLER, Hans-Michael, Bilanzstrukturmanagement und Erfolgssteuerung, in: Sparkasse, 108. Jg. (6/1991), S. 246 - 250, hier S. 246, BÜSCHGEN, Hans E., Bankbetriebslehre, 4. Aufl., Wiesbaden 1993, S. 520 f., SÜCHTING, Joachim, Strategische Positionierung von privaten Banken: Relationship-Banking als Marketingansatz, in: Kreditwesen, 49. Jg. (6/1996), S. 263 - 267, hier S. 264 f., DROEGE & COMP. (Hrsg.), Customer Banking, Düsseldorf 1997, HOMBURG, Christian, WERNER, Harald, Messung und Management von Kundenzufriedenheit am Beispiel von Finanzdienstleistungen, in: FLF, 44. Jg. (3/1997), S. 89 - 96, hier S. 89 und KNAUBER, Nicole, KULOGLU, Cenap H., PODRAZIL, Ulrich M., Kundenorientierung durch Marktsegmentierung, in: Die Bank, o. Jg. (5/1997), S. 300 - 304, hier S. 300 f.

2 Vgl. SÜCHTING, Joachim, Die Bankloyalität als Grundlage zum Verständnis der Absatzbeziehungen von Kreditinstituten, in: Kredit und Kapital, 6. Jg. (1972), S. 269 - 299, hier S. 269.

3 Vgl. MEFFERT, Heribert, BRUHN, Manfred, Dienstleistungsmarketing, 2. Aufl., Wiesbaden 1997, S. 145 f.

4 Vgl. zum Grundbedürfnis nach Leistungserbringung STEINLE, Claus, Leistungsverhalten und Führung in der Unternehmung, Berlin 1975, S. 81 f., GSCHWEND, Walter, Die Zielproblematik des Verrechnungspreises, Diss., St. Gallen 1986, S. 315 und SENGE, Peter M., Internal Markets and Learning Organizations, in: Halal, William E., Geranmayeh, Ali, Pourdehnad, John (Hrsg.), Internal Markets, New York u.a. 1993, S. 87 - 105, hier S. 97 f.

indem sie Mitarbeitern weitgehende operative Handlungsspielräume gewährt. In der idealtypischen Vorstellung werden die operativen Handlungsspielräume nur durch die Verantwortung für den Gewinn oder Verlust des Profit Center als erfolgsrechnerischem Ergebnis eingegrenzt.[6] Aufgrund der Erfolgsverantwortung sollen Mitarbeiter eines Profit Center dem Gewinnziel des gesamten Unternehmens "quasi automatisch"[7] dienen, indem sie ihr Verhalten an Ergebnisbeiträgen für das Profit Center ausrichten.[8] Die weitgehenden Handlungsspielräume und die Erfolgsverantwortung sollen bei Mitarbeitern eine Unternehmerillusion wecken, die sie als "quasi selbständige Unternehmer"[9] zu unternehmerischem Verhalten bewegt.[10] Solchermaßen motiviert, so die ableitbare Vermutung, sollten Mitarbei-

---

5 Vgl. ROLFES, Bernd, KRÄMER, Christoph, Erfolgsorientierte Steuerung marktbezogener Organisationseinheiten in Kreditinstituten, in: Kredit und Kapital, 21. Jg. (1988), S. 118 - 142, hier S. 120 f.

6 Vgl. SCHMALENBACH, Eugen, Pretiale Wirtschaftslenkung, Bd. 2, Bremen-Horn 1948, S. 8 f. und S. 65, POENSGEN, H. Otto, Profit-Center, in: Kosiol, Erich, Chmielewicz, Klaus, Schweitzer, Marcell (Hrsg.), Handwörterbuch des Rechnungswesens, 2. Aufl., Stuttgart 1981, Sp. 1378 - 1388, hier Sp. 1380, SCHULTHEISS, Luc, Auswirkungen der Profit-Center-Organisation auf die Ausgestaltung des Controlling, Diss., Bamberg 1990, S. 7, BÜHNER, Rolf, Profit Center, in: Chmielewicz, K., Schweitzer, M. (Hrsg.), Handwörterbuch des Rechnungswesens, 3. Aufl., Stuttgart 1993, Sp. 1612 - 1621, hier Sp. 1616, MEYER ZU SELHAUSEN, Hermann, Interne Leistungsverrechnung in der Profitcenter-Rechnung, in: Schierenbeck, Henner, Moser, Hubertus (Hrsg.), Handbuch Bankcontrolling, Wiesbaden 1994, S. 376 - 392, hier S. 377 f., WERNER, Joachim, Bereichserfolgsrechnung als Instrument der Verhaltenssteuerung, in: KRP, o. Jg. (6/1994), S. 407 - 414, hier S. 409 und FRESE, Erich, Profit Center, Motivation durch internen Marktdruck, in: Reichwald, Ralf, Wildemann, Horst (Hrsg.), Kreative Unternehmen - Spitzenleistungen durch Produkt- und Prozeßinnovationen, Stuttgart 1995, S. 77 - 93, hier S. 80 f.

7 SCHIERENBECK, Henner, SEIDEL, Eberhard, ROLFES, Bernd, Controlling in Kreditgenossenschaften, 2. Aufl., Wiesbaden 1988, S. 24.

8 Vgl. PLINKE, Wulff, Kapitalsteuerung in Filialbanken, Wiesbaden 1975, S. 136.

9 ROLFES, Bernd, KRÄMER, Christoph, Erfolgsorientierte Steuerung marktbezogener Organisationseinheiten in Kreditinstituten, in: Kredit und Kapital, 21. Jg. (1988), S. 118 - 142, hier S. 123.

10 Vgl. DEAN, Joel, Decentralization and Intracompany Pricing, in: Harvard Business Review, Vol. 44 (1955), S. 65 - 74, hier S. 67 f., PENZKOFER, Peter, TÄUBE, Klaus, Profit Centers im Bankbetrieb, I. Teil, in: Bank Betrieb, 12. Jg. (1972), S. 50 - 55, hier S. 51, DANNE, Matthias, Außenstellensteuerung und -controlling in privaten Hypothekenbanken, Diss., Frankfurt/M., Bern, New York, Paris 1989, S. 34, BÜHNER, Rolf, Profit Center, in: Chmielewicz, K., Schweitzer, M. (Hrsg.), Handwörterbuch des Rechnungswesens, 3. Aufl., Stuttgart 1993, Sp. 1612 - 1621, hier Sp. 1615 und FRISCHMUTH, Rüdiger, Steuerung von dezentral organisierten Sparkassen, Diss., Wiesbaden 1995, S. 17.

ter bestrebt sein, zur nachhaltigen Erfolgserzielung Kundenbedürfnisse individuell zu befriedigen. In dieser idealtypischen Vorstellung könnte man von der Profit Center-Konzeption also die angestrebte nachhaltige Erfolgserzielung durch die Mitarbeiter erwarten.

Die Realisierung der Profit Center-Konzeption macht die idealtypische Vorstellung jedoch problematisch. So ist zu bedenken, daß Mitarbeiter gerade nicht als Unternehmer für das Unternehmen in seiner Gesamtheit Verantwortung tragen: Im Unterschied zum Unternehmer umfaßt ihr Verantwortungsbereich nur die jeweils als Profit Center abgegrenzte organisatorische Einheit des Unternehmens und nur deren erfolgsrechnerisches Ergebnis in der jeweiligen Abrechnungsperiode. Entsprechend der Verantwortung sind die Komponenten des Profit Center-Erfolgs inhaltlich für die organisatorischen Einheiten des Unternehmens und zeitlich für die Abrechnungsperioden kalkulatorisch abzugrenzen. Dazu wird in Banken die Marktzinsmethode verwendet.[11] Sie dient der Kalkulation von Ergebnisbeiträgen jedes einzelnen Kredit- und Einlagengeschäfts von Bankfilialen. Diese Ergebnisbeiträge werden soweit sie das Ergebnis von Bankfilialen betreffen als Konditionsbeiträge bezeichnet.[12] Als Ergebnisbeiträge einzelner Kundengeschäfte lassen sich Konditionsbeiträge über organisatorische Einheiten wie einzelne Mitarbeiter und Filialen zum Konditionsbeitrag sämtlicher Kredit- und Einlagengeschäfte für die Gesamtbank aggregieren.[13] Die Aggregation von Konditionsbeiträgen zum Ergebnis organisatorischer Einheiten stellt im Rahmen der Profit Center-Konzeption also eine spezifische Form der inhaltlichen Abgrenzung von Erfolgskomponenten durch die Marktzinsmethode dar. In zeitlicher Hinsicht erfolgt die Erfolgsabgrenzung durch die Marktzinsmethode aufgrund unterschiedlicher Zurechnungsmöglichkeiten von Konditionsbeiträgen zu verschiedenen Abrech-

---

11 Vgl. KODLIN, Axel, Praxis akzeptiert Marktzinsmethode, in: Die Bank, o. Jg. (4/1992), S. 212 - 215, hier S. 212.

12 Vgl. FLECHSIG, Rolf, FLESCH, Hans-Rudolf, Die Wertsteuerung - Ein Ansatz des operativen Controlling im Wertbereich, in: Die Bank, o. Jg. (1982), S. 454 - 464, hier S. 457 - 460 und WIMMER, Konrad, Bankkalkulation, 2. Aufl., Berlin 1996, S. 113.

13 Vgl. SCHIMMELMANN, Wulf von, HILLE, Werner, Banksteuerung über ein System von Verrechnungszinsen, in: Schierenbeck, Henner, Wielens, Hans (Hrsg.), Schriftenreihe des Instituts für Kreditwesen der Westfälischen Wilhelms-Universität Münster, Band 27, Frankfurt/Main 1984, S. 47 - 65, hier S. 60 ff.

nungsperioden bzw. im Barwertkonzept zu nur einer einzigen Abrechnungsperiode.[14]

Das Profit Center-Ergebnis stellt sodann ungeachtet der spezifischen Erfolgsabgrenzung als implizite Norm[15] die wesentliche Orientierungsgröße für das Verhalten von Mitarbeitern im Profit Center dar. Es dient als Leistungsmaßstab für die Mitarbeiter, und diese befriedigen ihr Leistungsbedürfnis im wesentlichen durch die Erzielung eines möglichst hohen Profit Center-Ergebnisses.[16] Wird dieses mittels Marktzinsmethode gemessen, so sind Konditionsbeiträge die wesentlichen Orientierungsgrößen für das Verhalten von Mitarbeitern in Bankfilialen.

Als Orientierungsgrößen für das Verhalten können sich erfolgsrechnerisch abgegrenzte Größen wie Konditionsbeiträge aber als problematisch erweisen, weil sie Ergebnisse eines bestimmten Verhaltens nur modellhaft abbilden, also unter einengenden Annahmen, die der Komplexitätsreduktion dienen. Dies gilt auch für die modellhafte Abgrenzung von Konditionsbeiträgen nach Annahmen der Marktzinsmethode. Bilden sie das angestrebte unternehmerische Verhalten, also die individuelle Befriedigung von Kundenbedürfnissen zur nachhaltigen Erfolgserzielung unzureichend ab, so orientieren die Mitarbeiter ihr Verhalten an einer fragwürdigen Erfolgsgröße. Daraus resultiert die Gefahr, daß Mitarbeiter gerade das unternehmerische Verhalten verfehlen. Entsprechende Verhaltenswirkungen von unzureichenden Erfolgsgrößen bezeichnet man als dysfunktional.[17]

So ist beispielsweise denkbar, daß Mitarbeiter zur Erzielung hoher Konditionsbeiträge die in der Vergangenheit durch Kundenpräferenzen aufgebaute Kundenbindung ausnutzen, ohne die aktuellen Bedürfnisse von Kunden zu berücksichtigen. Aus entsprechend unzureichender Bedürfnisbefriedigung gegebenenfalls resultierende Unzufriedenheit von Kunden gefährdet aber die Kundenpräferenzen und damit die Kundenbindung. Obwohl hohe Konditionsbeiträge er-

---

14 Vgl. zu unterschiedlichen Möglichkeiten der Verrentung von Konditionsbeitragsbarwerten SCHIERENBECK, Henner, Ertragsorientiertes Bankmanagement, 4. Aufl., Wiesbaden 1994, S. 175 ff.

15 Vgl. HAX, Herbert, Die Koordination von Entscheidungen, Habil., Köln, Berlin, Bonn, München 1965, S. 74.

16 Vgl. ROSENSTIEL, Lutz von, Die motivationalen Grundlagen des Verhaltens in Organisationen, Leistung und Zufriedenheit, Berlin 1975, S. 303 und ECCLES, Robert G., The Performance Measurement Manifesto, in: Harvard Business Review, Vol. 69 (1991), S. 131 - 137, hier S. 131 f.

17 Vgl. HÖLLER, Hans, Verhaltenswirkungen betrieblicher Planungs- und Kontrollsysteme, Diss., München 1978, S. 66 und S. 216 ff.

zielt werden, verfehlen Mitarbeiter dann den eigentlich mit der Profit Center-Konzeption verfolgten Zweck der nachhaltigen Erfolgserzielung, weil sie sich gerade nicht unternehmerisch verhalten.

Mit der Gefahr dysfunktionaler Verhaltenswirkungen der Marktzinsmethode auf Mitarbeiter in Bankfilialen ist die zentrale Problematik dieser Arbeit identifiziert. Sie resultiert aus den wie folgt zusammenfaßbaren Wechselwirkungen: Die erfolgsrechnerisch abgegrenzte Abbildung und zugleich die Beeinflussung des Verhaltens von Mitarbeitern erfolgt in der Profit Center-Konzeption im wesentlichen durch die Kalkulation ihrer Beiträge zum Profit Center-Ergebnis. Für Bankfilialen sind inhaltlich und zeitlich nach der Marktzinsmethode abgegrenzte Konditionsbeiträge Abbild und zugleich Orientierungsgröße des Verhaltens von Mitarbeitern im Vertrieb von Kredit- und Einlagengeschäften. Damit bestimmt die modellhafte Abgrenzung von Konditionsbeiträgen das Verhalten von Mitarbeitern in Bankfilialen. Aufgrund dieser Modellhaftigkeit sind aber dysfunktionale Verhaltenswirkungen der Marktzinsmethode möglich.

Verhaltenswirkungen der Erfolgsmessung mittels Marktzinsmethode werden in der bankbetrieblichen Literatur bisher aufgrund fehlender theoretischer Grundlagen stillschweigend oder sogar ausdrücklich vernachlässigt.[18] Entsprechend geht man mit der von Schierenbeck/Rolfes zur Abgrenzung von Konditionsbeiträgen mittels Marktzinsmethode postulierten "Identität von Gesamterfolg und Summe der Einzelgeschäftserfolge"[19] stillschweigend davon aus, daß solche Konditionsbeiträge zum angestrebten unternehmerischen Verhalten führen. Denn ohne die Analyse von Verhaltenswirkungen wird schon allein die Möglichkeit dysfunktionalen Einflusses der Marktzinsmethode auf das Verhalten prämissenhaft ausgeschlossen: Strebt man mit der Messung von Konditionsbeiträgen ein bestimmtes Verhalten an, dessen Realisation man ausschließlich anhand von Konditionsbeiträgen mißt, so bleibt offen, ob mit der Erzielung von Konditionsbeiträgen tatsächlich das angestrebte Verhalten realisiert wird.[20] Aufgrund der zuvor erläuterten Gefahr dysfunktionaler Verhaltenswirkungen von modellhaft abgegrenzten

---

18 Vgl. z.B. SCHIERENBECK, Henner, Ertragsorientiertes Bankmanagement, 4. Aufl., Wiesbaden 1994, S. 177 oder FRISCHMUTH, Rüdiger, Steuerung von dezentral organisierten Sparkassen, Diss., Wiesbaden 1995, S. 30.

19 SCHIERENBECK, Henner, ROLFES, Bernd, Entscheidungsorientierte Margenkalkulation, Frankfurt/Main 1988, S. 16.

20 Vgl. zur allgemeinen Gefahr eines entsprechenden "Zirkelschlusses" beim Einsatz von Informationen des Rechnungswesens und dessen Verhaltenswirkungen HÖLLER, Hans, Verhaltenswirkungen betrieblicher Planungs- und Kontrollsysteme, Diss., München 1978, S. 85.

Erfolgsgrößen ist in der Vernachlässigung von Verhaltenswirkungen also ein bedeutender Mangel des veröffentlichten Kenntnisstands zur Marktzinsmethode zu sehen. Die vorliegende Untersuchung soll dazu beitragen, diese Lücke zu schließen.

Zur entsprechenden Untersuchung werden im folgenden zunächst die begrifflichen Grundlagen und der theoretische Rahmen der Analyse bestimmt:

- In Kapitel 2 wird zunächst die Profit Center-Konzeption als Grundlage des Verhaltens von Mitarbeitern in Bankfilialen erläutert. Dabei geht es insbesondere um den Umfang der Erfolgsverantwortung sowie die Erfolgsermittlung (Kapitel 2.1 und 2.2). Die Erfolgsermittlung in der Profit Center-Konzeption erfolgt durch die Bewertung diverser Erfolgskomponenten (Kapitel 2.2.1), die aufgrund der organisatorischen Abgrenzung von Bankfilialen spezifische innerbetriebliche Leistungen umfassen (Kapitel 2.2.2). Aus der Frage der Bewertung dieser innerbetrieblichen Leistungen ergibt sich die Notwendigkeit der Darstellung entsprechender theoretischer Grundlagen der Erfolgsermittlung in der Profit Center-Konzeption (Kapitel 2.2.3).

- In Kapitel 3 wird die Erfolgsermittlung für Bankfilialen durch eine grundlegende Darstellung und kritische Analyse der Marktzinsmethode spezifiziert. Dabei wird zunächst die inhaltliche und zeitliche Erfolgsabgrenzung (Kapitel 3.1) erläutert. Anschließend wird die Erfolgsermittlung und pretiale Lenkung durch Verrechnungszinsen erklärt und im Sinne dieser Arbeit kritisch beleuchtet (Kapitel 3.2). Aus der Zusammenfassung der grundlegenden theoretischen Rahmenbedingungen ergibt sich in Kapitel 3.3 der Ansatz zur Analyse von Verhaltenswirkungen der Marktzinsmethode.

Zur darauf aufbauenden Analyse dysfunktionaler Verhaltenswirkungen der Marktzinsmethode ergeben sich für diese Arbeit Schwerpunkte, die in jeweils einzelnen aufeinander aufbauenden Kapiteln behandelt werden:

- In Kapitel 4 werden wesentliche Grundzüge des zur nachhaltigen Erfolgserzielung angestrebten unternehmerischen Verhaltens von Mitarbeitern in Bankfilialen bestimmt. Diese bilden den Maßstab zur Bewertung von Verhaltenswirkungen der Marktzinsmethode als gegebenenfalls dysfunktional.

- In Kapitel 5 werden die Determinanten des Profit Center-Ergebnisses systematisiert, dessen Kalkulation mittels Marktzinsmethode erfolgt. Als Orientierungsgrößen des Verhaltens werden sich dabei die Ansatzpunkte zeigen, die es Mitarbeitern ermöglichen, Konditionsbeiträge zu beeinflussen, und die damit Verhaltenswirkungen auslösen.

- In Kapitel 6 werden schließlich dysfunktionale Verhaltenswirkungen der Marktzinsmethode analysiert. Diese werden sich aus der Ausrichtung des Verhaltens von Mitarbeitern an der Erfolgsmessung mittels Marktzinsmethode zeigen, die nicht mit den Grundzügen unternehmerischen Verhaltens zur nachhaltigen Erfolgserzielung in Einklang stehen.
- In Kapitel 7 werden die analysierten dysfunktionalen Verhaltenswirkungen schließlich zusammenfassend dargestellt und ein Ausblick auf Ansätze zu deren Vermeidung gegeben.

2 Profit Center-Konzeption als Grundlage des Verhaltens in Bankfilialen

Unter einem Profit Center ist eine abgegrenzte organisatorische Einheit eines Unternehmens zu verstehen, die sich durch die Erfolgsverantwortung ihres Leiters und weitgehende operative Handlungsspielräume auszeichnet.[21] Entsprechend wird dem Leiter eines Profit Center kein Verhalten explizit vorgeschrieben. Vielmehr soll er sein Verhalten nach Maßgabe des Beitrags zum Profit Center-Erfolg selbständig bestimmen.[22] Profit Center sind damit Ausdruck eines Führungskonzepts mit dem Erfolg als impliziter Verhaltensnorm.[23]

Als entsprechende organisatorische Einheiten werden in dieser Arbeit Bankfilialen betrachtet, für deren Steuerung sich die Profit Center-Konzeption immer weiter durchsetzt.[24] Unter Bankfilialen werden organisatorisch abgegrenzte und der Zentrale untergeordnete Bereiche von Kreditinstituten verstanden, die dafür zuständig sind, Geschäftsverbindungen der Bank zu Kunden in abgegrenzten Regionen aufzunehmen und zu pflegen. In der Regel sind Filialen räumlich von der Zentrale getrennt. Sie können aber auch am Sitz der Zentrale bestehen.[25] Dabei dienen Bankfilialen als dominierender Vertriebsweg dem Absatz von Bankleistungen[26] und insbesondere von zinstragenden Geschäften, also Kredit- und Ein-

---

21 Vgl. MENZ, Wolf-Dieter, Die Profit Center Konzeption, Diss., Bern 1973, S. 1 ff., STREIM, Hannes, Profit Center-Konzeption und Budgetierung, in: Die Unternehmung, 29. Jg. (1975), S. 23 - 42, hier S. 23 SCHUSTER, Leo, Bankmanagement durch Profit Center, in: Deppe, Hans-Dieter (Hrsg.), Texte zur wissenschaftlichen Bankbetriebslehre, Göttingen 1981, S. 1113-1127, hier S. 1113, EISENFÜHR, Franz, Profit Center, in: Die Betriebswirtschaft, 45. Jg. (1985), S.99 - 100, hier S. 99 und SCHULTHEISS, Luc, Auswirkungen der Profit-Center-Organisation auf die Ausgestaltung des Controlling, Diss., Bamberg 1990, S. 7.

22 Vgl. HAX, Herbert, Die Koordination von Entscheidungen, Habil., Köln, Berlin, Bonn, München 1965, S. 101.

23 Vgl. PAUL, Stephan, Lenkungssysteme in Filialbanken, Steuerung durch Komponenten oder Verrechnungszinsen?, Wiesbaden 1987, S. 11 - 13 und FRESE, Erich, Das Profit-Center-Konzept im Spannungsfeld von Organisation und Rechnungswesen, in: Ahlert, Dieter (Hrsg.), Finanz- und Rechnungswesen als Führungsinstrument, Wiesbaden 1990, S. 137 - 155, hier S. 153.

24 Vgl. HEITMÜLLER, Hans-Michael, Bilanzstrukturmanagement und Erfolgssteuerung, in: Sparkasse, 108. Jg. (6/1991), S. 246 - 250, hier S. 249.

25 Vgl. PAUL, Stephan, Lenkungssysteme in Filialbanken, Steuerung durch Komponenten oder Verrechnungszinsen?, Wiesbaden 1987, S. 3.

26 Vgl. BRUNNER, Werner, Bewertungsmodell für Planung und Steuerung der Geschäftsstellen, in: B.Bl., 35. Jg. (7/1986), S. 322 - 326, hier S. 322, SÜCHTING, Joachim, Bankmanagement, 3. Aufl., Stuttgart 1992, S. 457 f., SCHEER, Olaf, Das Geschäftsstel-

lagengeschäften als dem Gegenstand der Kalkulation gemäß Marktzinsmethode.[27] Sodann wird im folgenden davon ausgegangen, daß die jeweiligen Bankfilialen als homogene organisatorische Einheiten auftreten: Filialleiter und Filiale bzw. die Mitarbeiter in Filialen werden also als Einheit betrachtet. Entsprechend wird im folgenden zwischen den Begriffen Filialleiter, Filiale und Mitarbeiter nicht weiter unterschieden. Diese Untersuchung soll so auf Verhaltenswirkungen der Profit Center-Konzeption als Führungskonzept der Zentrale für Filialen konzentriert werden, indem Probleme der Führung innerhalb von Filialen ausgeschlossen werden. Es werden also Verhaltenswirkungen der Marktzinsmethode auf Mitarbeiter analysiert, die allein oder in einer größeren Gesamtheit von Personen die organisatorische Einheit einer Filiale bilden.

Mit der Profit Center-Konzeption werden sodann unterschiedliche Zwecke verfolgt. Im wesentlichen sind in der Literatur dabei folgende drei Zwecke zu unterscheiden:[28]

- Entlastung der Unternehmensleitung von expliziten Vorgaben für das Verhalten von Mitarbeitern durch implizite Steuerung der Profit Center,

---

lennetz im Wandel, in: Die Bank, o. Jg. (8/1994), S. 463 - 468, hier S. 467 und REIMERS-MORTENSEN, Sabine, DISTERER, Georg, Strategische Optionen für Direktbanken, in: Die Bank, o. Jg. (3/1997), S. 132 - 145, hier S. 132 f.

27 Vgl. FLECHSIG, Rolf, FLESCH, Hans-Rudolf, Die Wertsteuerung - Ein Ansatz des operativen Controlling im Wertbereich, in: Die Bank, o. Jg. (1982), S. 454 - 464, hier S. 456 f.

28 Vgl. POENSGEN, H. Otto, Profit-Center, in: Kosiol, Erich, Chmielewicz, Klaus, Schweitzer, Marcell (Hrsg.), Handwörterbuch des Rechnungswesens, 2. Aufl., Stuttgart 1981, Sp. 1378 - 1388, Sp. 1383, EISENFÜHR, Franz, Profit Center, in: Die Betriebswirtschaft, 45. Jg. (1985), S. 99 - 100, PAUL, Stephan, Lenkungssysteme in Filialbanken, Steuerung durch Komponenten oder Verrechnungszinsen?, Wiesbaden 1987, S. 11 - 13, FRESE, Erich, Das Profit-Center-Konzept im Spannungsfeld von Organisation und Rechnungswesen, in: Ahlert, Dieter (Hrsg.), Finanz- und Rechnungswesen als Führungsinstrument, Wiesbaden 1990, S. 137 - 155, hier S. 153, SCHULTHEISS, Luc, Auswirkungen der Profit-Center-Organisation auf die Ausgestaltung des Controlling, Diss., Bamberg 1990, S. 9 ff., BÜHNER, Rolf, Profit Center, in: Chmielewicz, K., Schweitzer, M. (Hrsg.), Handwörterbuch des Rechnungswesens, 3. Aufl., Stuttgart 1993, Sp. 1612 - 1621, hier Sp. 1612 und Sp. 1616, FRESE, Erich, Profit Center, Motivation durch internen Marktdruck, in: Reichwald, Ralf, Wildemann, Horst (Hrsg.), Kreative Unternehmen - Spitzenleistungen durch Produkt- und Prozeßinnovationen, Stuttgart 1995, S. 77 - 93, hier S. 80 f., KERSTIEN, Heinrich, Budgetierung in Kreditinstituten, Diss., Berlin 1995, S. 46 und zur empirischen Bestätigung der Ziele bei schweizer Banken SALUZ, René, Kosten- und Erlösmanagement im Bankbetrieb mittels Profit Center, Diss., Bern, Stuttgart, Wien 1993, S. 291.

- Erfolgsermittlung zur Analyse der Erfolgsquellen des Unternehmens sowie
- Motivation der Mitarbeiter zu unternehmerischem Verhalten.

Als Zweck der Profit Center-Konzeption interessiert in dieser Arbeit die Motivation der Mitarbeiter zur nachhaltigen Erfolgserzielung durch unternehmerisches Verhalten (Kapitel 1).[29] Der Profit Center-Erfolg als implizite Verhaltensnorm dient dabei als Indikator der Leistung von Bankfilialen, die einerseits aus der Motivation der Mitarbeiter zur Leistungserbringung resultiert.[30] Andererseits bestimmt die Leistungsmessung und das damit verbundene Bestreben der Mitarbeiter, solche Leistungen zu erbringen, die Richtung der Motivation.[31] So lenkt ein grundsätzlich anzunehmendes Streben von Mitarbeitern nach Leistungserbringung als "stabiles intrinsisches Grundbedürfnis"[32] zu einem Verhalten, das später als Leistung erkannt und gemessen wird.[33] Intrinsische Motivation, d.h. aus eigenem

---

29 Bühner und Frese sehen die Motivation von Mitarbeitern allgemein als das eigentliche Ziel der Profit Center-Konzeption an. Vgl. BÜHNER, Rolf, Profit Center, in: Chmielewicz, K., Schweitzer, M. (Hrsg.), Handwörterbuch des Rechnungswesens, 3. Aufl., Stuttgart 1993, Sp. 1612 - 1621, hier Sp. 1612 und FRESE, Erich, Profit Center und Verrechnungspreise, in: ZfbF, 47. Jg. (1995), S. 942 - 955 hier S. 948.

30 Vgl. BLAU, Gary, Operationalizing Direction and Level of Effort and Testing Their Relationship to Individual Job Performance, in: Organizational Behavior and Human Decision Process, 55. Jg. (1993), S. 152 - 170, hier S. 152 und NERDINGER, Friedemann W., Motivation und Handeln in Organisationen, Stuttgart u.a. 1995, S. 16.

31 Vgl. ROSENSTIEL, Lutz von, Die motivationalen Grundlagen des Verhaltens in Organisationen, Leistung und Zufriedenheit, Berlin 1975, S. 303 und KANFER, Ruth, KANFER, Frederick H., Goals and Self-Regulation, in: Maehr, M. L., Pintrich, P. R. (Hrsg.), Advances in Motivation and Achievement, Vol. 7, Greenwich, Conn. 1991, S. 287 - 326, hier S. 293 f.

32 GSCHWEND, Walter, Die Zielproblematik des Verrechnungspreises, Diss., St. Gallen 1986, S. 315 und vgl. STEINLE, Claus, Leistungsverhalten und Führung in der Unternehmung, Berlin 1975, S. 81 f. und zur persönlichkeitsbedingten Bedeutung intrinsischer Leistungsmotivation: SENGE, Peter M., Internal Markets and Learning Organizations, in: Halal, William E., Geranmayeh, Ali, Pourdehnad, John (Hrsg.), Internal Markets, New York u.a. 1993, S. 87 - 105, hier S. 97 f.

33 Vgl. ROSENSTIEL, Lutz von, Die motivationalen Grundlagen des Verhaltens in Organisationen, Leistung und Zufriedenheit, Berlin 1975, S. 303, JEHLE, E., Der Beitrag der verhaltenswissenschaftlich orientierten Rechnungswesenforschung für die Gestaltung der Plankostenrechnung, in: KRP, o. Jg. (5/1982), S. 205 - 214, hier S. 210 f., BLAU, Gary, Operationalizing Direction and Level of Effort and Testing Their Relationship to Individual Job Performance, in: Organizational Behavior and Human Decision Process, 55. Jg. (1993), S. 152 - 170, hier S. 165 f., BECKER, Fred G., Grundlagen betrieblicher Leistungsbeurteilungen, 2. Aufl., Stuttgart 1994, S. 240 f. (insbesondere Fußnoten 6 und 7) und S. 271, FRIES, Stefan, SEGHEZZI, Hans Dieter, Entwicklung von Meßgrößen für

Antrieb ausgelöstes Verhalten ist dabei von der Motivation zu unterscheiden, die von extrinsischen Anreizen bestimmt wird:

Eine Verknüpfung von Leistungen mit extrinsischen Anreizen wie Geldprämien vermag die Ausrichtung des Verhaltens auf die gemessene Leistungserbringung lediglich zu verstärken. Durch solche Anreize wird das intrinsische Leistungsmotiv nämlich um extrinsische Anreize ergänzt, die an die Folgen bzw. Ergebnisse der Leistung wie die Höhe des Filialerfolgs anknüpfen.[34] Extrinsische Anreize dienen also dazu, Anreize an das Individuum heranzutragen, die wiederum ein Bedürfnis wecken, das zum gewünschten Verhalten anregt.[35] Unter der Annahme intrinsisch motivierten Verhaltens zur Leistungserbringung sind extrinsische Anreize aber überflüssig. Davon wird im folgenden ausgegangen, weil extrinsische Leistungsanreize kein spezifisches Problem der Erfolgsmessung mittels Marktzinsmethode darstellen. So kann in dieser Arbeit von dem Grundsatz ausgegangen werden: "What gets measured gets attention."[36] Denn Ziele wie die intrinsisch motivierte Leistungserbringung im Sinne der Erzielung von Beiträgen zum gemessenen Filialerfolg "orient the individual toward goal relevant activities (...) and away from goal irrelevant ones."[37]

Neben der Erfolgsverantwortung sind Profit Center sodann durch weitgehende operative Handlungsspielräume gekennzeichnet.[38] Diese Handlungsspielräume sollen Bankfilialen in ihrer Funktion als Vertriebswege durch ein noch zu spezifizierendes unternehmerisches Verhalten ausfüllen, das der nachhaltigen Erfolgserzielung dient (Kapitel 4). Als Verhalten ist in dieser Arbeit dabei die Gesamt-

---

Geschäftsprozesse, in: Controlling, 6. Jg. (1994), S. 338 - 345, hier S. 339 und WERNER, Joachim, Bereichserfolgsrechnung als Instrument der Verhaltenssteuerung, in: KRP, o. Jg. (6/1994), S. 407 - 414, hier S. 408.

34 Vgl. JEHLE, E., Der Beitrag der verhaltenswissenschaftlich orientierten Rechnungswesenforschung für die Gestaltung der Plankostenrechnung, in: KRP, O. Jg. (5/1982), S. 205 - 214, S. 211, EISENFÜHR, Franz, Profit Center, in: Die Betriebswirtschaft, 45. Jg. (1985), S.99 - 100, hier S. 99 und NERDINGER, Friedemann W., Motivation und Handeln in Organisationen, Stuttgart u.a. 1995, S. 51.

35 Vgl. PETERSEN, Thomas, Optimale Anreizsysteme, Diss., Wiesbaden 1989, S. 8 f.

36 ECCLES, Robert G., The Performance Measurement Manifesto, in: Harvard Business Review, Vol. 69 (1991), S. 131 - 137, hier S. 131.

37 LOCKE, Edwin A., LATHAM, Gary P., A Theory of Goal Setting and Task Performance, Englewood Cliffs 1990, S. 92.

38 Vgl. SCHMALENBACH, Eugen, Pretiale Wirtschaftslenkung, Bd. 2, Bremen-Horn 1948, S. 8 f.

heit aller Maßnahmen zu verstehen, die Bankfilialen im Rahmen ihrer Funktion als Vertriebsweg ergreifen.[39]

Fraglich ist für diese Arbeit, mit welchem Verhalten Mitarbeiter operative Handlungsspielräume von Bankfilialen aufgrund der Erfolgsermittlung durch die Marktzinsmethode als impliziter Verhaltensnorm ausfüllen. Dazu wird zunächst der Umfang der Erfolgsverantwortung als impliziter Verhaltensnorm in der Profit Center-Konzeption bestimmt (Kapitel 2.1). Darauf aufbauend wird die Problematik der Ermittlung des Profit Center-Erfolgs für Bankfilialen erläutert (Kapitel 2.2).

2.1 Umfang der Erfolgsverantwortung in der Profit Center-Konzeption

Der Umfang der Erfolgsverantwortung als impliziter Verhaltensnorm ist wesentliches Abgrenzungsmerkmal eines Profit Center zu einem Expense Center und zu einem Investment Center:[40]

- In einem Expense Center ist die Verantwortung des Bereichsleiters auf die Kosten des Bereichs beschränkt. Entsprechend umfaßt die Kompetenz eines Expense Center-Leiters im Rahmen der impliziten Verhaltensnorm nur die Beeinflussung wesentlicher Elemente der Kosten. Markt- und innerbetriebliche Leistungen eines Expense Center sind dagegen durch explizite Verhaltensnormen vorzugeben. Als Expense Center werden daher in der Regel sog. Service Center geführt, die Leistungen lediglich innerbetrieblich für andere Unternehmensbereiche erstellen, nicht aber für den Absatzmarkt. Expense Center sind schon begrifflich nicht Gegenstand dieser Untersuchung. Denn über die Kostenverantwortung hinaus sind Profit Center-Leiter für die Erlöse ihres Bereichs verantwortlich.[41]

- Der Leiter eines Investment Center ist über das erfolgsrechnerische Ergebnis als Saldo aus Kosten und Erlösen seines Bereichs hinaus für den Umfang des eingesetzten Vermögens verantwortlich. Entsprechend umfaßt seine Kompetenz im Rahmen der impliziten Verhaltensnorm neben der Beeinflussung we-

39 Vgl. zur entsprechenden Abgrenzung leistungsorientierten Verhaltens HÖLLER, Hans, Verhaltenswirkungen betrieblicher Planungs- und Kontrollsysteme, Diss., München 1978, S. 3.

40 Vgl. COENENBERG, A. G., Verrechnungspreise zur Steuerung divisionalisierter Unternehmen, in: WiSt, 2. Jg. (1973), S. 373 - 382, hier S. 373 f.

41 Vgl. EWERT, Ralf, WAGENHOFER, Alfred, Interne Unternehmensrechnung, Berlin u.a. 1994, S. 408.

sentlicher Elemente der Kosten und Erlöse auch Entscheidungen über die Kapazitäten des Bereichs.

Nun wird der Begriff des Profit Center teilweise in einem umfassenden Sinn als Investment Center verstanden.[42] Zur Analyse von Verhaltenswirkungen der Marktzinsmethode auf Bankfilialen ist der Umfang der Erfolgsverantwortung aber durch die operativen Handlungsspielräume von Bankfilialen zu kennzeichnen: Entscheidungen über Kapazitäten als das einzusetzende Vermögen durch Einrichtung, Erweiterung, Abbau oder Schließung von Bankfilialen gehören typischerweise nicht zu den Kompetenzen einer Bankfiliale.[43] Die Erfolgsverantwortung eines Profit Center-Leiters im Sinne dieser Arbeit kann also nur solche Erfolgskomponenten umfassen, die nicht durch Entscheidungen über die Kapazität von Bankfilialen beeinflußt werden. Profit Center sind damit in engem Sinn gegen Investment Center abgegrenzt zu verstehen.[44] Hier wird also das Verhalten der Filialleiter auf der Grundlage gegebener Kapazitäten analysiert.

Die implizite Verhaltensnorm der Erfolgsverantwortung umfaßt in der Profit Center-Konzeption im Sinne dieser Arbeit also ausschließlich Kosten und Erlöse, die nicht mit der Nutzung von Kapazitäten der Bankfilialen verbunden sind.[45] Zur Ermittlung des Profit Center-Erfolgs als impliziter Verhaltensnorm sind also die Komponenten des Filialerfolgs unter der Annahme gegebener Kapazitäten zu bewerten.[46]

---

42 Vgl. POENSGEN, H. Otto, Profit-Center, in: Kosiol, Erich, Chmielewicz, Klaus, Schweitzer, Marcell (Hrsg.), Handwörterbuch des Rechnungswesens, 2. Aufl., Stuttgart 1981, Sp. 1378 - 1388, Sp. 1379, SCHULTHEISS, Luc, Auswirkungen der Profit-Center-Organisation auf die Ausgestaltung des Controlling, Diss., Bamberg 1990, S. 24.

43 Vgl. MEYER ZU SELHAUSEN, Hermann, Interne Leistungsverrechnung in der Profitcenter-Rechnung, in: Schierenbeck, Henner, Moser, Hubertus (Hrsg.), Handbuch Bankcontrolling, Wiesbaden 1994, S. 376 - 392, hier S. 383, EWERT, Ralf, WAGENHOFER, Alfred, Interne Unternehmensrechnung, Berlin u.a. 1994, S. 408 und KERSTIEN, Heinrich, Budgetierung in Kreditinstituten, Diss., Berlin 1995, S. 48.

44 Vgl. BÜHNER, Rolf, Profit Center, in: Chmielewicz, K., Schweitzer, M. (Hrsg.), Handwörterbuch des Rechnungswesens, 3. Aufl., Stuttgart 1993, Sp. 1612 - 1621, hier Sp. 1613.

45 Vgl. FRESE, Erich, Profit Center, Motivation durch internen Marktdruck, in: Reichwald, Ralf, Wildemann, Horst (Hrsg.), Kreative Unternehmen - Spitzenleistungen durch Produkt- und Prozeßinnovationen, Stuttgart 1995, S. 77 - 93, hier S. 80.

46 Vgl. PENZKOFER, Peter, TÄUBE, Klaus, Profit Centers im Bankbetrieb, I. Teil, in: Bank Betrieb, 12. Jg. (1972), S. 50 - 55, hier S. 51, POENSGEN, H. Otto, Profit-Center, in: Kosiol, Erich, Chmielewicz, Klaus, Schweitzer, Marcell (Hrsg.), Handwörterbuch des

2.2 Erfolgsermittlung für Bankfilialen

Zur Erfolgsermittlung für Bankfilialen als impliziter Verhaltensnorm interessiert im folgenden zunächst die Bestimmung der Erfolgskomponenten im Sinne der Profit Center-Konzeption (Kapitel 2.2.1). Entsprechend diesen Erfolgskomponenten werden dann innerbetriebliche Leistungen von Bankfilialen ermittelt, weil die Marktzinsmethode mit deren Bewertung durch Verrechnungszinsen Einfluß auf die Höhe des Profit Center-Erfolgs als impliziter Verhaltensnorm nimmt. Die entsprechenden innerbetrieblichen Leistungen sind von der organisatorischen Abgrenzung von Bankfilialen gegeneinander und gegen die Zentrale abhängig (Kapitel 2.2.2). Weil sodann eine Bewertung von Leistungen immer nur zweckorientiert möglich ist,[47] werden die Grundlagen der zweckorientierten Bewertung innerbetrieblicher Leistungen durch Verrechnungspreise erläutert (Kapitel 2.2.3). Damit wird die Basis für eine kritische Analyse der Marktzinsmethode zur Ermittlung des Profit Center-Erfolgs gelegt (Kapitel 3).

2.2.1 Bestimmung der Erfolgskomponenten des zinstragenden Geschäfts von Bankfilialen

Als Gegenstand des Vertriebs durch Bankfilialen interessiert nun die Definition des zinstragenden Geschäfts. Denn mittels Marktzinsmethode werden die Erfolgskomponenten des zinstragenden Geschäfts als Beitrag zum Profit Center-Erfolg bewertet.

Traditionell wird dem Vertrieb von Banken insbesondere das Kreditgeschäft im Sinne des Absatzes von Liquidität zugerechnet. Für das Einlagengeschäft legt die Transformationsfunktion von Banken in diesem liquiditätsorientierten Sinne dagegen nahe, dieses nicht dem Absatz sondern der Beschaffung (von Liquidität) zuzuordnen. Mit Blick auf die zunehmende Bedeutung von Anstrengungen des Marketing auch im Einlagengeschäft kann dieser Überlegung für Bankfilialen aber nicht gefolgt werden. Somit ist auch das Einlagengeschäft von Bankfilialen in einem umfassenden Sinn als Absatz von Dienstleistungen, wie beispielsweise

---

Rechnungswesens, 2. Aufl., Stuttgart 1981, Sp. 1378 - 1388, hier Sp. 1385 und FRESE, Erich, Profit Center und Verrechnungspreise, in: ZfbF, 47. Jg. (1995), S. 942 - 955, hier S. 945 f.

47 Vgl. FRESE, Erich, Profit Center, Motivation durch internen Marktdruck, in: Reichwald, Ralf, Wildemann, Horst (Hrsg.), Kreative Unternehmen - Spitzenleistungen durch Produkt- und Prozeßinnovationen, Stuttgart 1995, S. 77 - 93, hier S. 80 f.

das Führen von Sparkonten, zu verstehen.[48] Ein solches Verständnis des Einlagengeschäfts gilt vor allem im Sinne der Vertriebsfunktion von Bankfilialen im zinstragenden Geschäft. Unabhängig davon können Einlagen aus Sicht der zentralen Transformationsfunktion als Beschaffung von Liquidität verstanden werden. Weil hier aber nicht das Verhalten der Zentrale sondern das von Bankfilialen als Vertriebsweg interessiert, werden Einlagengeschäfte wie Kreditgeschäfte dem Absatz zugeordnet.

Das zinstragende Geschäft bezeichnet sodann sog. Bestandshalteleistungen, die dadurch gekennzeichnet sind, daß sie sich auf der Aktiv- bzw. Passivseite der Bankbilanz niederschlagen. Dabei werden Kapitalbeträge über eine mehr oder weniger bestimmte Zeitdauer an Kunden als Kredite ausgeliehen oder von diesen als Einlagen entgegengenommen. Für die Vergabe von Krediten werden den Kunden Zinsen berechnet. Für die Hereinnahme von Einlagen werden den Kunden Zinsen vergütet. Zinstragende Geschäfte sind also einerseits durch die Bindung von Kapital als Leistungsinhalt und andererseits durch den Zins als Erfolgskomponente gekennzeichnet.

Zunächst kann man das zinstragende Geschäft und seine Erfolgskomponenten gegen andere Bankleistungen abgrenzen. So bieten Banken neben zinstragenden Geschäften als Bestandshalteleistungen sog. Verkehrsleistungen wie den Zahlungsverkehr und Aufbewahrungsleistungen wie die Schließfachvermietung an.[49] Die Erfolgskomponenten von Bestandshalteleistungen sind dem Wertbereich (liquiditätsmäßig finanzieller Bereich, LFB) und dem Betriebsbereich (technisch organisatorischer Bereich, TOB) einer Bank zurechenbar. Verkehrsleistungen beeinflussen den Wertbereich einer Bank in vernachlässigbar geringem Ausmaß und sind daher wie Aufbewahrungsleistungen ausschließlich dem Betriebsbereich zuzurechnen.[50] Wertbereich und Betriebsbereich werden seit Kaminsky als sog. Leistungssphären in der Bankkalkulation unterschieden:[51]

- Unter dem Wertbereich wird ein abstrakter Bereich verstanden, "dessen Leistung in der Annahme, Schaffung und Weitergabe von monetären Dispositi-

---

48 Vgl. SÜCHTING, Joachim, Bankmanagement, 3. Aufl., Stuttgart 1992, S. 421.

49 Vgl. BÜSCHGEN, Hans E., Bankbetriebslehre, 4. Aufl., Wiesbaden 1993, S. 620 ff.

50 Vgl. BÜSCHGEN, Hans E., Bankbetriebslehre, 4. Aufl., Wiesbaden 1993, S. 621.

51 Vgl. KAMINSKY, Stefan, Die Kosten- und Erfolgsrechnung der Kreditinstitute, 2. Aufl., Meisenheim/Glan 1955, S. 26 ff. und GÜDE, Udo, Die Bank- und Sparkassenkalkulation, in: Hagenmüller, Karl Friedrich (Hrsg.), Bankbetriebliche Schriftenreihe, Bd. 3, Meisenheim 1967, S. 23 f.

onsmöglichkeiten besteht."[52] Diesen sog. Wertleistungen sind Erfolgskomponenten zuzuordnen, "die unmittelbar und ausschließlich durch den abstrakten Akt der Wertübertragung verursacht sind,"[53] also alle Arten von aktiven und passiven Zinsen.

- Dem Betriebsbereich wird der Einsatz menschlicher Arbeit und von Sachmitteln zugerechnet. Entsprechende Erfolgskomponenten bestehen in Betriebskosten und Betriebserlösen. Betriebskosten resultieren aus dem Einsatz von Personal und Sachmitteln. Betriebserlöse bestehen in Stückerlösen bzw. Provisionen für einzelne Leistungen.[54]

Für das zinstragende Geschäft als Bestandshalteleistung sind zunächst Erfolgskomponenten sowohl des Wertbereichs als auch des Betriebsbereichs von Interesse, weil ohne den Einsatz von Personal und Sachmitteln Wertleistungen nicht erbracht werden können.[55] Durch die Marktzinsmethode werden jedoch ausschließlich Erfolgskomponenten des Wertbereichs erfaßt.[56] In dieser Arbeit sollen Verhaltenswirkungen der Marktzinsmethode analysiert werden. Daher wird angenommen, daß die Messung von Erfolgskomponenten des Betriebsbereichs keinen Einfluß auf das Verhalten in Bankfilialen hat. Diese Annahme impliziert in der Profit Center-Konzeption umgekehrt, daß Filialen durch ihr Verhalten keinen Einfluß auf die Höhe der Erfolgskomponenten des Betriebsbereichs haben dürfen. Denn wenn das Verhalten von Mitarbeitern Einfluß auf Erfolgskomponenten des Betriebsbereichs hätte, würde auch deren Bewertung das Verhalten im Sinne der Profit Center-Konzeption beeinflussen. Die Annahme, Erfolgskomponenten des Betriebsbereichs hätten keinen Einfluß auf das Verhalten von Filialen, läßt sich wie folgt begründen: Zum einen ist der hohe Anteil fixer Kosten im Betriebsbereich von Banken anzuführen, d.h. Filialen haben keinen kurzfristigen Einfluß auf die Höhe dieser Kosten. Zum anderen ist aus der mangelnden Lagerfähigkeit von Betriebsleistungen deren Ausrichtung auf Spitzenbelastungen erforderlich, die ei-

---

52 KAMINSKY, Stefan, Die Kosten- und Erfolgsrechnung der Kreditinstitute, 2. Aufl., Meisenheim/Glan 1955, S. 27.

53 KAMINSKY, Stefan, Die Kosten- und Erfolgsrechnung der Kreditinstitute, 2. Aufl., Meisenheim/Glan 1955, S. 35.

54 Vgl. KAMINSKY, Stefan, Die Kosten- und Erfolgsrechnung der Kreditinstitute, 2. Aufl., Meisenheim/Glan 1955, S. 28 und S. 36.

55 Vgl. KAMINSKY, Stefan, Die Kosten- und Erfolgsrechnung der Kreditinstitute, 2. Aufl., Meisenheim/Glan 1955, S. 230 und BÜSCHGEN, Hans E., Bankbetriebslehre, 4. Aufl., Wiesbaden 1993, S. 620 f.

56 Vgl. FLECHSIG, Rolf, FLESCH, Hans-Rudolf, Die Wertsteuerung - Ein Ansatz des operativen Controlling im Wertbereich, in: Die Bank, o. Jg. (1982), S. 454 - 464, hier S. 454.

ne periodische Planung bedingen.[57] Innerhalb einer solchen Planperiode sind die Kapazitäten des Betriebsbereichs also durch die Planung festgelegt und somit unbeeinflußbar. Dabei wird nun noch angenommen, daß die Planperiode mit der Abrechnungsperiode zur Ermittlung des Filialerfolgs identisch ist. Das Verhalten der Filialen ist also auf die bestmöglich Nutzung gegebener Kapazitäten des Betriebsbereichs in der jeweiligen Abrechnungsperiode auszurichten.[58] Entsprechend sind Kosten für Personal und Sachmittel nicht Gegenstand dieser Arbeit, weil die zugehörigen Kapazitäten des Betriebsbereichs in der jeweiligen Abrechnungsperiode als unbeeinflußbar angenommen werden.

Nach dieser Ausgrenzung der Kosten des Betriebsbereichs lassen sich die relevanten Erfolgskomponenten des Profit Center-Ergebnisses im Wertbereich bestimmen. Der Art nach umfassen Bestandshalteleistungen des Wertbereichs als typische Erfolgskomponenten zunächst Zinsen.[59] Diese werden in Prozent des Betrags der zugrundeliegenden Bestandshalteleistung also des Kredit- bzw. Einlagenbetrags ausgedrückt.[60] Der Betrag der Bestandshalteleistung wird im folgenden dabei kurz als Volumen bezeichnet. Zur Herausstellung des Zinscharakters als relative Preisgröße wird in dieser Arbeit zwischen den Begriffen "Zinssatz" und "Zinsen" unterschieden: Der "Zinssatz" bezeichnet den Zins als relative Größe (in Prozent des Volumens). "Zinsen" bezeichnen den Zins als absolute Preisgröße, also das Produkt aus Zinssatz und Volumen. Wenn keine weiteren Angaben gemacht werden, bezieht sich sowohl der Zinssatz als auch die Zinsen jeweils auf die Laufzeit von einem Jahr, das im folgenden als Abrechnungsperiode für den Filialerfolg unterstellt wird. Von der expliziten Berücksichtigung weiterer Preiskomponenten wie Disagio und Provisionen[61] wird in dieser Arbeit aus folgenden Gründen abgesehen:

---

57 Vgl. VILLIEZ, Christian von, Budgetkontrolle und Abweichungsanalyse in Kreditinstituten, Frankfurt/Main 1989, S. 67.

58 Vgl. DROSTE, Klaus D., FAßBENDER, Heino, PAULUHN, Burkhardt, SCHLENZKA, Peter F., LÖHNEYSEN, Eberhard von, Falsche Ergebnisinformation - Häufige Ursache für Fehlentwicklungen in Banken, in: Die Bank, o. Jg. (1983), S. 313 - 323, hier S. 322.

59 Vgl. KRÜMMEL, Hans-Jacob, Bankzinsen, Habil., Köln u.a. 1964, S. 13 ff. und BÜSCHGEN, Hans E., Bankbetriebslehre, 4. Aufl., Wiesbaden 1993, S. 622.

60 Vgl. KRÜMMEL, Hans-Jacob, Bankzinsen, Habil., Köln u.a. 1964, S. 11 und S. 50 ff.

61 Teilweise werden Provisionen dem Wertbereich zugerechnet (BÜSCHGEN, Hans E., Bankbetriebslehre, 4. Aufl., Wiesbaden 1993, S. 622).

- Erstens beruhen solche Preiskomponenten auf dem absatzpolitischen Instrument der Preisspaltung.[62] Dabei läßt sich die Gesamtheit der Preisbezugsbasen und jeweiligen Preise letztlich in einem einzigen Preis, dem Effektivzins mit dem Betrag der Nutzungsüberlassung als Bezugsbasis ausdrücken. Für die Angabe des Effektivzinssatzes besteht im Geschäft mit Privatkunden nach der Preisangabenverordnung sogar eine Notwendigkeit.[63]

- Zweitens interessiert für die Ermittlung des Zinserfolgs mittels Marktzinsmethode letztlich der Zahlungsstrom von Kundengeschäften, in den ohnehin alle Preiskomponenten eingehen. Damit kann beim Ansatz der Kalkulation des Zinsergebnisses am Zahlungsstrom von der Unterscheidung einzelner Preiskomponenten abgesehen werden. Entsprechende Erläuterungen erfolgen im Zusammenhang mit der Darstellung zur Ermittlung von Verrechnungszinsen mittels Marktzinsmethode (Kapitel 3.1.1). Wenn im folgenden nicht ausdrücklich von verschiedenen Preiskomponenten die Rede ist, wird unter Zins daher vereinfachend der Effektivzins verstanden, in den sämtliche Preiskomponenten eingehen. Dabei können die verschiedenen Verfahren zur Ermittlung des Effektivzinses[64] hier unberücksichtigt bleiben, weil die verhaltensrelevante Ermittlung des Profit Center-Erfolgs mit der Marktzinsmethode durch den Zahlungsstrom von Kundengeschäften bestimmt wird.

Im Kreditgeschäft sind neben den Zinsen außerdem (Ausfall-)Risikokosten als Erfolgskomponente zu beachten. Ausfallrisiken bestimmen nämlich die Höhe von Kreditzinsen am Kundenmarkt.[65] Der entsprechende Risikoaufschlag auf die Kreditzinsen wird auch als Risikoprämie bezeichnet und kommt nicht dem Zinserfolg der Filiale zu. Vielmehr dient er der Risikovorsorge für (zukünftige) Kreditausfälle und muß in der Zinsverrechnung zur Ermittlung des Filialerfolgs entsprechend gesonderte Beachtung finden.[66]

Als Erfolgskomponenten zinstragender Geschäfte interessieren in dieser Arbeit also Zinsen und Risikokosten. Dabei sind die jeweils korrespondierenden Seiten

---

62 Vgl. KRÜMMEL, Hans-Jacob, Bankzinsen, Habil., Köln u.a. 1964, S.53.

63 Vgl. WIMMER, Konrad, Bankkalkulation, 2. Aufl., Berlin 1996, S. 45 ff.

64 Vgl. zu einem Überblick über die verschiedenen Verfahren SCHIERENBECK, Henner, Ertragsorientiertes Bankmanagement, 4. Aufl., Wiesbaden 1994, S. 134 ff.

65 Vgl. WIEGEL, Klaus Dieter, Rentabilität und Risiko im Kreditgeschäft der Banken, Köln 1985, S. 293.

66 Vgl. WIMMER, Konrad, Bankkalkulation, 2. Aufl., Berlin 1996, S. 122.

dieser Erfolgskomponenten von Kundengeschäften auf dem Markt und bei der innerbetrieblichen Bewertung zu beachten:

- Im Kreditgeschäft stehen auf der Marktseite einzunehmenden Zinsen (Kundenzinsen) einschließlich Risikoprämien auf der innerbetrieblichen Seite verrechnete Zinskosten und kalkulatorische Risikokosten gegenüber.
- Im Einlagengeschäft stehen auf der Marktseite zu zahlenden Zinsen (Kundenzinsen) auf der innerbetrieblichen Seite verrechnete Zinserlöse gegenüber.

Die Ermittlung kalkulatorischer Zinskosten für Kreditgeschäfte und kalkulatorischer Zinserlöse für Einlagengeschäfte von Bankfilialen ist dabei im Sinne von Verrechnungspreisen zu verstehen, weil diesen Komponenten des Profit Center-Erfolgs innerbetriebliche Leistungen zugrundeliegen. Eine entsprechende Erläuterung folgt nun in Kapitel 2.2.2.

2.2.2 Innerbetriebliche Leistungen aufgrund der organisatorischen Abgrenzung von Bankfilialen

Innerbetriebliche Leistungen ergeben sich aus der organisatorischen Abgrenzung von Bankfilialen als Vertriebswege für zinstragende Geschäfte in abgegrenzten Regionen (Kapitel 2.2.1). Die organisatorische Abgrenzung von Bankfilialen läßt sich anhand der Grundtypen der Organisation definieren, weil diese das Ausmaß innerbetrieblicher Leistungen bestimmen, die zur Ermittlung des Profit Center-Erfolgs zu bewerten sind.[67] Durch die Ableitung innerbetrieblicher Leistungen wird die Bedeutung der Marktzinsmethode in der Profit Center-Konzeption für die Ermittlung des Profit Center-Erfolgs durch Verrechnungszinsen herausgestellt. Damit wird gezeigt, daß sich die Erfolgsermittlung durch die Marktzinsmethode mit theoretischen Erkenntnissen zu Verrechnungspreisen beurteilen läßt.

Mit der regionalen Abgrenzung und der Funktion von Filialen als Vertriebsweg sind zugleich die zwei Grundtypen der Organisation angesprochen:[68]

---

67 Vgl. MENZ, Wolf-Dieter, Die Profit Center Konzeption, Diss., Bern 1973, S. 14 und 25.

68 Die regionale Abgrenzung wird dabei als besondere Form der objektorientierten Abgrenzung aufgefaßt. Vgl. PENZKOFER, Peter, TÄUBE, Klaus, Profit Centers im Bankbetrieb, I. Teil, in: Bank Betrieb, 12. Jg. (1972), S. 50 - 55, hier S. 53 MENZ, Wolf-Dieter, Die Profit Center Konzeption, Diss., Bern 1973, S. 7 ff. und BLEICHER, Knut, Organisation, 2. Aufl., Wiesbaden 1991, S. 159.

a. die funktionsorientierte Organisation und

b. die objektorientierte Organisation.

Zu a. funktionsorientierte Abgrenzung: In der funktionsorientierten Organisation ist das Unternehmen nach betrieblichen Verrichtungen wie Beschaffung, Produktion, Absatz in unterschiedliche Bereiche gegliedert. Die weitgehend homogenen Verrichtungen in den Unternehmensbereichen und die damit verbundene weitgehende Arbeitsteilung bedingen bei dieser Organisationsform ein hohes Maß an Koordination.[69] Bei funktionsorientierter Organisation werden weitgehende Handlungsspielräume in Unternehmensbereichen wegen der Koordinationserfordernisse als kaum sinnvoll[70] bzw. sogar als unmöglich bezeichnet.[71]

Zu b. objektorientierte Abgrenzung: Die objektorientierte Organisation wird auch als Divisionalisierung bezeichnet. Unternehmensbereiche werden dazu nach Gliederungsobjekten wie Regionen, Kundengruppen oder Produkten abgegrenzt und als Divisionen bezeichnet. Durch die (objektorientierte) Divisionalisierung eines Unternehmens wird der Heterogenität des jeweiligen Gliederungsobjekts Rechnung getragen (beispielsweise lassen sich Leistungsbündel für verschiedene Kundengruppen besonders gezielt zusammenstellen und vertreiben, wenn jeweils unterschiedliche Unternehmensbereiche für diese Kundengruppen verantwortlich sind). Weil durch eine objektorientierte Abgrenzung Verbundbeziehungen zwischen Unternehmensbereichen gering gehalten werden, ermöglicht die Divisionalisierung weitgehend unabhängiges Verhalten in den Unternehmensbereichen und entsprechend große Handlungsspielräume.[72]

Im folgenden wird nun die organisatorische Abgrenzung von Bankfilialen aufgezeigt, welche die innerbetrieblichen Verflechtungen und damit die Notwendigkeit zu deren Verrechnung mittels Marktzinsmethode bestimmt.

---

69 Vgl. NIESCHLAG, Robert, DICHTL, Erwin, HÖRSCHGEN, Hans, Marketing, 17. Aufl., Berlin 1994, S. 992.

70 Vgl. FRESE, Erich, Das Profit-Center-Konzept im Spannungsfeld von Organisation und Rechnungswesen, in: Ahlert, Dieter (Hrsg.), Finanz- und Rechnungswesen als Führungsinstrument, Wiesbaden 1990, S. 137 - 155, hier S. 149 f.

71 Vgl. PENZKOFER, Peter, TÄUBE, Klaus, Profit Centers im Bankbetrieb, I. Teil, in: Bank Betrieb, 12. Jg. (1972), S. 50 - 55, hier S. 53.

72 Vgl. NIESCHLAG, Robert, DICHTL, Erwin, HÖRSCHGEN, Hans, Marketing, 17. Aufl., Berlin 1994, S. 995.

Die regionale Gliederung einer Filialbank erfolgt nach dem Objekt der räumlichen Zuständigkeit.[73] Bankfilialen werden als regional gegeneinander abgegrenzte Unternehmensbereiche also zunächst der (objektorientierten) Divisionalisierung gerecht. Entsprechend werden Leistungen zwischen einzelnen Filialen weitgehend vermieden, die verrechnet werden müßten.[74]

Neben der objektorientierten Abgrenzung einzelner Bankfilialen gegeneinander sind diese als Vertriebswege für Kredit- und Einlagengeschäfte (Kapitel 2.2.1) durch eine funktionsorientierte Abgrenzung gegen die Zentrale gekennzeichnet.[75] Die Vertriebsfunktion von Bankfilialen ist von der zentral zu erfüllenden Transformationsfunktion zu unterscheiden. Darunter ist im Zusammenhang mit der Marktzinsmethode das gezielte Eingehen unterschiedlicher Zins- und Kapitalbindung sämtlicher Kredit- und Einlagengeschäfte zu verstehen.[76] Die Transformationsfunktion einer Bank bedingt also eine innerbetriebliche Verknüpfung zwischen Einlagen und Krediten bzw. deren Zins- und Kapitalbindung.[77] Außerdem erfordert die gezielte Steuerung der Transformation einer Bank einen Zugang der Zentrale zum Geld- und Kapitalmarkt. Der Zugang zum Geld- und Kapitalmarkt ist Bankfilialen zugleich zu verwehren, damit Synergieeffekte und Marktmacht an diesem Markt nicht verlorengehen.[78] Die funktionale Abgrenzung von Bankfilialen gegen die Zentrale erfordert damit einen kapitalmäßigen Ausgleich zwischen Bankfilialen einerseits und der Zentrale andererseits.[79] So müssen Bankfilialen mangels Zugang zum Geld- und Kapitalmarkt Kapitalzuflüsse von Kunden an die

73 Vgl. SÜCHTING, Joachim, Bankmanagement, 3. Aufl., Stuttgart 1992, S. 28 ff.

74 Vgl. BANKEN, Robert, Die Marktzinsmethode als Instrument der pretialen Lenkung in Kreditinstituten, Frankfurt/Main 1987, S. 125.

75 Vgl. SÜCHTING, Joachim, Bankmanagement, 3. Aufl., Stuttgart 1992, S. 457 f.

76 Vgl. PLINKE, Wulff, Kapitalsteuerung in Filialbanken, Wiesbaden 1975, S. 35 sowie hier und im folgenden FLECHSIG, Rolf, FLESCH, Hans-Rudolf, Die Wertsteuerung - Ein Ansatz des operativen Controlling im Wertbereich, in: Die Bank, o. Jg. (1982), S. 454 - 464, hier S. 457, DROSTE, Klaus D., FAßBENDER, Heino, PAULUHN, Burkhardt, SCHLENZKA, Peter F., LÖHNEYSEN, Eberhard von, Falsche Ergebnisinformation - Häufige Ursache für Fehlentwicklungen in Banken, in: Die Bank, o. Jg. (1983), S. 313 - 323, hier S. 314, FLESCH, Hans-Rudolf, PIASKOWSKI, Friedrich, SIEVI, Christian R., Erfolgsquellensteuerung durch Effektivzinsen im Konzept der Wertsteuerung, in: Die Bank, o. Jg. (8/1984), S. 357 - 366, hier S. 358 und WIMMER, Konrad, Bankkalkulation, 2. Aufl., Berlin 1996, S. 114.

77 Vgl. PLINKE, Wulff, Kapitalsteuerung in Filialbanken, Wiesbaden 1975, S. 58.

78 Vgl. BANKEN, Robert, Die Marktzinsmethode als Instrument der pretialen Lenkung in Kreditinstituten, Frankfurt/Main 1987, S. 125.

79 Vgl. PLINKE, Wulff, Kapitalsteuerung in Filialbanken, Wiesbaden 1975, S. 125.

Zentrale weiterleiten (können) und an Kunden abfließendes Kapital von der Zentrale beziehen (können).[80] Damit führen Bankfilialen über jedes zinstragende Geschäft mit der Zentrale einen Austausch von Kapital, nicht aber mit anderen Bankfilialen. Die Marktzinsmethode dient der Bewertung solcher kapitalmäßigen Leistungen aufgrund der funktionsorientierten Abgrenzung von Bankfilialen gegen die Zentrale.[81]

Als Ergebnis der Überlegungen zur organisatorischen Abgrenzung von Bankfilialen entsprechend den Grundtypen der Organisation bleibt folgendes festzuhalten:

- Aufgrund der objektorientierten regionalen Abgrenzung einzelner Filialen gegeneinander sind zwischen diesen keine innerbetrieblichen Leistungen zu verrechnen.

- Aufgrund der funktionsorientiertn Abgrenzung von Bankfilialen (Vertrieb) einerseits gegen die Zentrale (Transformation) andererseits resultieren innerbetrieblich kapitalmäßige Leistungen. Zur Ermittlung des Profit Center-Erfolgs von Bankfilialen sind diese innerbetrieblichen Leistungen im zinstragenden Geschäft zu verrechnen.

Im folgenden werden daher die Grundlagen zur Bewertung innerbetrieblicher Leistungen durch Verrechnungspreise erläutert (Kapitel 2.2.3), um das Verfahren der Marktzinsmethode zur Ermittlung von Verrechnungszinsen darauf aufbauend kritisch beleuchten zu können (Kapitel 3).

2.2.3 Grundlagen der Bewertung innerbetrieblicher Leistungen durch Verrechnungspreise

Der Wertansatz für innerbetriebliche Leistungen zwischen Bankfilialen und der Zentrale (Kapitel 2.2.2) ist vom damit verfolgten Zweck abhängig zu bestimmen,

---

80 Vgl. PLINKE, Wulff, Kapitalsteuerung in Filialbanken, Wiesbaden 1975, S. 131 und KREWERTH, Bernhard, Die Kostenrechnung als Steuerungsinstrument im Bankbetrieb, Frankfurt/Main 1981, S. 203, HEYE, Bernd, Die Steuerung der Inlandsfilialen einer Großbank, in: Die Bank, o. Jg. (1/1985), S. 15 - 18, hier S. 15, PAUL, Stephan, Lenkungssysteme in Filialbanken, Steuerung durch Komponenten oder Verrechnungszinsen?, Wiesbaden 1987, S. 19 und BLATTMANN, Jörg, Zum operativen Controlling des Liquiditätsmäßig-finanziellen Bereichs von Bankbetrieben, Göttingen 1991, S. 65, der von einem "gewillkürten internen Umsatz" spricht.

81 Vgl. HEYE, Bernd, Die Steuerung der Inlandsfilialen einer Großbank, in: Die Bank, o. Jg. (1/1985), S. 15 - 18, hier S. 16.

weil unterschiedliche Zwecke unterschiedliche Wertansätze erfordern können.[82] Fraglich ist dabei, wie die Marktzinsmethode dem hier interessierenden Zweck der Motivation gerecht wird, der mit der Profit Center-Konzeption verfolgt wird. Zur Beantwortung dieser Frage in Kapitel 3 werden im folgenden die grundlegenden Funktionen von Verrechnungspreisen und die daraus ableitbaren Anforderungen an ebendiese erläutert.

Verrechnungspreise werden zur Bewertung innerbetrieblicher Leistungen zwischen Teilbereichen eines Unternehmens gebildet.[83] Dabei dienen sie unterschiedlichen Zwecken, die den Wertsansatz determinieren[84] und zu drei Hauptfunktionen von Verrechnungspreisen zusammengefaßt werden können:[85]

a. Entscheidungsbedingte Verrechnungspreise für die Lenkungsfunktion,

b. kontrollbedingte Verrechnungspreise für die Erfolgsermittlungsfunktion und

c. abrechnungsbedingte Verrechnungspreise für sonstige kostenrechnerische Funktionen.

Zu a. Lenkungsfunktion: Die Lenkungsfunktion von Verrechnungspreisen steht im Vordergrund der Überlegungen Schmalenbachs zur pretialen Lenkung.[86] Dabei wird der Preismechanismus als Koordinationsinstrument externer Märkte auf die innerbetriebliche Koordination übertragen.[87] Der dazu erforderliche Lenkpreis entspricht der sog. optimalen Geltungszahl Schmalenbachs, wenn aufgrund seiner Höhe die Ressourcen des Unternehmens in die gesamtbetrieblich optimale bzw.

---

82 Vgl. FRESE, Erich, Profit Center, Motivation durch internen Marktdruck, in: Reichwald, Ralf, Wildemann, Horst (Hrsg.), Kreative Unternehmen - Spitzenleistungen durch Produkt- und Prozeßinnovationen, Stuttgart 1995, S. 77 - 93, hier S. 80 f.

83 Vgl. GSCHWEND, Walter, Die Zielproblematik des Verrechnungspreises, Diss., St. Gallen 1986, S. 68.

84 Vgl. SCHNEIDER, Dieter, Die Theorie der Verrechnungspreise heute, in: Liiketalaudellinen Aikakauskirja, 16. Jg. (1967), S. 106 - 124, hier S. 119.

85 Vgl. SCHNEIDER, Dieter, Die Theorie der Verrechnungspreise heute, in: Liiketalaudellinen Aikakauskirja, 16. Jg. (1967), S. 106 - 124, hier S. 106 und GSCHWEND, Walter, Die Zielproblematik des Verrechnungspreises, Diss., St. Gallen 1986, S. 70 f.

86 Vgl. SCHMALENBACH, Eugen, Pretiale Wirtschaftslenkung, Bd. 1, Bremen-Horn 1947, SCHMALENBACH, Eugen, Pretiale Wirtschaftslenkung, Bd. 2, Bremen-Horn 1948 und GSCHWEND, Walter, Die Zielproblematik des Verrechnungspreises, Diss., St. Gallen 1986, S. 71.

87 Vgl. GSCHWEND, Walter, Die Zielproblematik des Verrechnungspreises, Diss., St. Gallen 1986, S. 72.

nutzenmaximale Verwendung geführt werden.[88] Die Lenkungsfunktion können Marktpreise erfüllen, wenn die Profit Center tatsächlich Zugang zu den entsprechenden Märkten haben.[89] Ansonsten dienen innerbetrieblich zu ermittelnde Grenzkosten und Grenznutzen bzw. Opportunitätskosten oder Knappheitspreise im Sinne von Schattenpreisen der optimalen Allokation der Ressourcen.[90]

Zu b. Erfolgsermittlungsfunktion: In der Erfolgsermittlungsfunktion dienen Verrechnungspreise im wesentlichen dazu, die Leistungen eines Profit Center wie die eines eigenständigen Unternehmens am Erfolg messen zu können.[91] Eine entsprechende Leistungsmessung soll der Motivation der Mitarbeiter dienen, sich wie selbständige Unternehmer zu verhalten. Durch leistungsgerechte Verrechnungspreise soll für Profit Center trotz tatsächlicher innerbetrieblicher Abhängigkeiten eine Autonomie-Illusion vermittelt werden. So kann man versuchen, einen mangelnden Marktzugang für innerbetrieblich zu beziehende oder zu erbringende Leistungen durch leistungsgerechte Verrechnungspreise in der verhaltensrelevanten erfolgsrechnerischen Abbildung zu beseitigen.[92]

Der leistungsgerechten Erfolgsermittlungsfunktion werden Marktpreise weitgehend gerecht, sofern es für innerbetriebliche Leistungen solche Preise gibt, weil das Profit Center dann den Sanktionen des Marktes ausgesetzt wird. Gibt es für innerbetriebliche Leistungen keine Marktpreise, beispielsweise weil diese Lei-

---

88 Vgl. SCHMALENBACH, Eugen, Pretiale Wirtschaftslenkung, Bd. 1, Bremen-Horn 1947, S. 22 f. und SCHMALENBACH, Eugen, Pretiale Wirtschaftslenkung, Bd. 2, Bremen-Horn 1948, S. 8 f.

89 Vgl. FRESE, Erich, Das Profit-Center-Konzept im Spannungsfeld von Organisation und Rechnungswesen, in: Ahlert, Dieter (Hrsg.) Finanz- und Rechnungswesen als Führungsinstrument, Wiesbaden 1990, S. 137 - 155, hier S. 146.

90 Vgl. SCHNEIDER, Dieter, Die Theorie der Verrechnungspreise heute, in: Liiketalaudellinen Aikakauskirja, 16. Jg. (1967), S. 106 - 124, hier S. 109 f.

91 Vgl. HAX, Herbert, Verrechnungspreise, in: Kosiol, Erich, Chmielewicz, Klaus, Schweitzer, Marcell (Hrsg.), Handwörterbuch des Rechnungswesens, 2. Aufl., Stuttgart 1981, Sp. 1688 - 1699, hier Sp. 1689.

92 Vgl. FRESE, Erich, GLASER, Horst, Verrechnungspreise in Spartenorganisationen, in: Die Betriebswirtschaft, 40. Jg. (1980), S. 109 - 123, hier S. 122, GSCHWEND, Walter, Die Zielproblematik des Verrechnungspreises, Diss., St. Gallen 1986, S. 74 - 77 und FRESE, Erich, Profit Center, Motivation durch internen Marktdruck, in: Reichwald, Ralf, Wildemann, Horst (Hrsg.), Kreative Unternehmen - Spitzenleistungen durch Produkt- und Prozeßinnovationen, Stuttgart 1995, S. 77 - 93, hier S. 83.

stungen nicht marktfähig sind, dann müssen Verrechnungspreise in verschiedenen Varianten von Kostenpreisen angesetzt werden.[93]

Zu c. Abrechnungsfunktion: In der Abrechnungsfunktion dienen Verrechnungspreise sonstigen Aufgaben der Kostenrechnung, wie der Beschleunigung der Betriebsabrechnung oder Ermittlung von Inventurwerten.[94] Diese Aufgaben betreffen den Bereich der Unternehmensleitung und haben keinen unmittelbaren Bezug zur Profit Center-Konzeption und den damit angestrebten Zwecken (Kapitel 2). Im weiteren werden daher nur noch die Erfolgsermittlungs- und die Lenkungsfunktion berücksichtigt.

Im Rahmen der Profit Center-Konzeption sind also Verrechnungspreise zur Lenkung und zur Erfolgsermittlung bzw. Motivation zu unterscheiden.[95] Sowohl in der Lenkungs- als auch in der Erfolgsermittlungsfunktion ist eine Bewertung innerbetrieblicher Leistungen durch Marktpreise unter folgenden Bedingungen sinnvoll:[96]

- Der Marktpreis für die jeweilige innerbetriebliche Leistung muß unabhängig von der jeweiligen Leistungsmenge sein (konstante Grenzkosten bzw. -erlöse),[97]
- die innerbetriebliche Leistung muß durch Marktleistungen ersetzbar sein,
- dem liefernden und dem abnehmenden Bereich der innerbetrieblichen Leistung muß tatsächlich auch der externe Markt offenstehen.

Werden innerbetriebliche Leistungen beispielsweise wegen mangelnder Erfüllung der Voraussetzungen zum Ansatz von Marktpreisen kostenorientiert bewertet, dann ist der Wertansatz für die Lenkungs- und Erfolgsermittlungsfunktion zu un-

---

93 Vgl. GSCHWEND, Walter, Die Zielproblematik des Verrechnungspreises, Diss., St. Gallen 1986, S. 77 und S. 87 f.

94 Vgl. GSCHWEND, Walter, Die Zielproblematik des Verrechnungspreises, Diss., St. Gallen 1986, S. 78.

95 Vgl. MENZ, Wolf-Dieter, Die Profit Center Konzeption, Diss., Bern 1973, S. 112 f.

96 Vgl. COENENBERG, A. G., Verrechnungspreise zur Steuerung divisionalisierter Unternehmen, in: WiSt, 2. Jg. (1973), S. 373 - 382, hier S. 376 f. und GSCHWEND, Walter, Die Zielproblematik des Verrechnungspreises, Diss., St. Gallen 1986, S. 81 f.

97 Vgl. HAX, Herbert, Die Koordination von Entscheidungen, Habil., Köln, Berlin, Bonn, München 1965, S. 142 - 144 und SCHNEIDER, Dieter, Die Theorie der Verrechnungspreise heute, in: Liiketalaudellinen Aikakauskirja, 16. Jg. (1967), S. 106 - 124, hier S 113 f.

terscheiden: Je nach Beschäftigungssituation des Unternehmens stehen einerseits Grenzkosten oder Knappheitspreisen (Opportunitätskosten) für die Lenkungsfunktion andererseits sog. Kosten-Plus-Preise für die Erfolgsermittlungsfunktion gegenüber. Bei Kosten-Plus-Preisen werden zu verrechnende Vollkosten um einen Gewinnaufschlag erhöht, damit auch in intern liefernden Bereichen ein leistungsgerechter Gewinnausweis möglich ist.[98]

Die kostenorientierte Ermittlung von Verrechnungspreisen stößt in Knappheitssituationen auf ein wesentliches Ermittlungsproblem:[99] Knappheitspreise sind erst mit Kenntnis der optimalen Leistungsmengen bekannt und damit zur optimalen Allokation der Ressourcen überflüssig. Außerdem wird mit Knappheitspreisen der Engpaßfaktor des Unternehmens belohnt, was falsche Anreize zur Verknappung von Ressourcen schafft:[100] Mitarbeiter orientieren ihre Entscheidungen an deren Erfolgswirkungen, die von Verrechnungspreisen abhängen.[101] Wenn mit Verrechnungspreisen die Knappheit von Ressourcen bewertet wird, besteht also ein Anreiz, diese Knappheit aufrecht zu erhalten oder gar zu steigern. Kostenorientierte Verrechnungspreise werden daher teilweise grundsätzlich als ungeeignet beschrieben, betriebliche Ressourcen zum Optimum zu lenken. Deswegen verbleibt als primäre Funktion kostenorientierter Verrechnungspreise in der Profit Center-Konzeption die Erfolgsermittlung zur Motivation der Mitarbeiter.[102] So orientieren Mitarbeiter ihr Verhalten bei unterschiedlichen Wertansätzen zur Lenkung und Erfolgsermittlung (mangels geeigneter Marktpreise) an der Erfolgsermittlung und nicht am Lenkpreis, weil sie schließlich für den ausgewiesenen Erfolg Verantwortung tragen.[103]

---

98 Vgl. GSCHWEND, Walter, Die Zielproblematik des Verrechnungspreises, Diss., St. Gallen 1986, S. 87 f.

99 Vgl. SCHNEIDER, Dieter, Die Theorie der Verrechnungspreise heute, in: Liiketalaudellinen Aikakauskirja, 16. Jg. (1967), S. 106 - 124, hier S. 115.

100 Vgl. SCHNEIDER, Dieter, Die Theorie der Verrechnungspreise heute, in: Liiketalaudellinen Aikakauskirja, 16. Jg. (1967), S. 106 - 124, hier S. 118.

101 Vgl. HAX, Herbert, Die Koordination von Entscheidungen, Habil., Köln, Berlin, Bonn, München 1965, S. 201 und PLINKE, Wulff, Kapitalsteuerung in Filialbanken, Wiesbaden 1975, S. 135.

102 Vgl. FRESE, Erich, Das Profit-Center-Konzept im Spannungsfeld von Organisation und Rechnungswesen, in: Ahlert, Dieter Hrsg.), Finanz- und Rechnungswesen als Führungsinstrument, Wiesbaden 1990, S. 137 - 155, hier S. 147.

103 Vgl. FRESE, Erich, Profit Center und Verrechnungspreise, in: ZfbF, 47. Jg. (1995), S. 942 - 955, hier S. 945.

Die Erfolgsermittlung mittels Verrechnungspreisen soll über die Erfolgsverantwortung der Mitarbeiter zielkonforme Motivationswirkungen zum eigenverantwortlichen Umgang mit den betrieblichen Ressourcen entfalten. Wenngleich diese grundsätzliche Wirkung der Erfolgsverantwortung aufgrund des intrinsischen Leistungsbedürfnisses plausibel erscheint, ist durch die konkrete Festlegung des jeweiligen Verrechnungspreises ein zielkonformer Einsatz der Ressourcen nicht ohne weiteres sicherzustellen.[104] So sind Verhaltenswirkungen aufgrund der Erfolgsabgrenzung durch Verrechnungspreise zu beachten (Kapitel 1). Entsprechend werden in dieser Arbeit Verhaltenswirkungen der Marktzinsmethode in der Erfolgsermittlungsfunktion analysiert.

---

104 Vgl. FRESE, Erich, Profit Center, Motivation durch internen Marktdruck, in: Reichwald, Ralf, Wildemann, Horst (Hrsg.), Kreative Unternehmen - Spitzenleistungen durch Produkt- und Prozeßinnovationen, Stuttgart 1995, S. 77 - 93, hier S. 84.

3 Marktzinsmethode als Grundlage der Erfolgsermittlung

Zuvor wurde mit der Profit Center-Konzeption der hier interessierende Zweck der Motivation von Mitarbeitern durch die implizite Verhaltensnorm der Erfolgsverantwortung aufgezeigt (Anfang von Kapitel 2). Sodann wurde das zinstragende Geschäft als hier interessierender Gegenstand der Erfolgsmessung mittels Marktzinsmethode beschrieben (Kapitel 2.2.1) und die Bedeutung von Verrechnungszinsen zur Erfolgsermittlung wegen innerbetrieblicher Leistungen zwischen Bankfilialen und der Zentrale abgeleitet (Kapitel 2.2.2). Schließlich wurden Anforderungen an Verrechnungspreise in der Funktion der Erfolgsermittlung zum Zweck der Motivation von Mitarbeitern erläutert (Kapitel 2.2.3). Im folgenden wird darauf aufbauend die Bewertung kapitalmäßiger Leistungen zwischen Bankfilialen und Zentrale im zinstragenden Geschäft durch Verrechnungszinsen mittels Marktzinsmethode zu ebendiesem Zweck dargestellt und kritisch beleuchtet.

Zunächst wird das grundlegende Vorgehen der Marktzinsmethode zur Abgrenzung des Erfolgs zinstragender Geschäfte dargestellt, weil dadurch die hier interessierende Orientierungsgröße für das Verhalten von Bankfilialen bestimmt wird (Kapitel 3.1). Darauf aufbauend kann analysiert werden, wie Verrechnungszinsen gemäß Marktzinsmethode der Erfolgsermittlungsfunktion und gegebenenfalls zugleich der Lenkungsfunktion gerecht werden (Kapitel 3.2). Schließlich werden die grundlegenden Überlegungen zur Profit Center-Konzeption für Bankfilialen und der Erfolgsermittlung mittels Marktzinsmethode zu einem Ansatz zusammengefaßt, auf dem die folgende Analyse von Verhaltenswirkungen dieser Konstellation von Führungskonzept (Profit Center-Konzeption) und Erfolgsermittlung (Marktzinsmethode) aufbaut (Kapitel 3.3).

3.1 Erfolgsabgrenzung durch die Marktzinsmethode

Die für Verhaltenswirkungen wesentliche Erfolgsabgrenzung in der Profit Center-Konzeption erfolgt durch die Marktzinsmethode in inhaltlicher und in zeitlicher Hinsicht. Die inhaltliche Erfolgsabgrenzung durch entsprechende Verrechnungszinsen wird in Kapitel 3.1.1 erläutert. Zur zeitlichen Erfolgsabgrenzung werden einerseits die Periodisierung von Konditionsbeiträgen im Grundkonzept und andererseits das Barwertkonzept erläutert (Kapitel 3.1.2).

3.1.1 Inhaltliche Abgrenzung der Erfolgsbeiträge von Bankfilialen durch Verrechnungszinsen

Ziel der Marktzinsmethode ist es, das Ergebnis zinstragender Geschäfte und dessen Verursachung durch einzelne Erfolgsquellen abzugrenzen.[105] Die Marktzinsmethode bedient sich dazu in der Regel des Opportunitätsprinzips,[106] indem am Geld- und Kapitalmarkt realisierbare Alternativgeschäfte zur Bewertung zinstragender Kundengeschäfte herangezogen werden. Damit lassen sich mit der Marktzinsmethode drei wesentliche Erfolgsquellen zinstragender Geschäfte isolieren:[107]

- Konditionsbeiträge von Kreditgeschäften ergeben sich aus der Differenz der von Kunden zu entrichtenden pagatorischen Zinserlöse und den kalkulatorischen Zinskosten entsprechender Geld- und Kapitalmarktgeschäfte. Mit dem Konditionsbeitrag von Kreditgeschäften kommen also deren höhere Zinserlöse im Vergleich zu Zinserlösen aus Geld- und Kapitalmarktgeschäften zum Ausdruck.

- Konditionsbeiträge von Einlagengeschäften ergeben sich aus der Differenz der von der Zentrale den Bankfilialen in Höhe der Zinssätze am Geld- und Kapitalmarkt verrechneten kalkulatorischen Zinserlöse und den an Kunden zu entrichtenden pagatorischen Zinskosten. Mit Konditionsbeiträgen von Einlagengeschäften kommen also deren geringere Zinskosten im Vergleich zu Zinskosten aus Geld- und Kapitalmarktgeschäften zum Ausdruck.

---

105 Vgl. SCHIERENBECK, Henner, ROLFES, Bernd, Entscheidungsorientierte Margenkalkulation, Frankfurt/Main 1988, S. 51.

106 Besonderheiten bei gespaltenen Zinssätzen für Kapitalanlage und -aufnahme am Geld- und Kapitalmarkt und das in diesem Zusammenhang entwickelte Gegenseitenkonzept interessieren für die grundlegende Ableitung von Verhaltenswirkungen nicht weiter. Vgl. zum Gegenseitenkonzept WIMMER, Konrad, Bankkalkulation, 2. Aufl., Berlin 1996, S. 134 ff.

107 Vgl. FLECHSIG, Rolf, FLESCH, Hans-Rudolf, Die Wertsteuerung - Ein Ansatz des operativen Controlling im Wertbereich, in: Die Bank, o. Jg. (1982), S. 454 - 464, hier S. 456 f., DROSTE, Klaus D., FAßBENDER, Heino, PAULUHN, Burkhardt, SCHLENZKA, Peter F., LÖHNEYSEN, Eberhard von, Falsche Ergebnisinformation - Häufige Ursache für Fehlentwicklungen in Banken, in: Die Bank, o. Jg. (1983), S. 313 - 323, hier S. 314 - 317, SCHIERENBECK, Henner, Ertragsorientiertes Bankmanagement, 4. Aufl., Wiesbaden 1994, S. 69 und WIMMER, Konrad, Bankkalkulation, 2. Aufl., Berlin 1996, S. 112 und S. 114..

- Der Strukturbeitrag errechnet sich aus der Differenz der durchschnittlichen Aktiv- und Passivzinsen sämtlicher Geld- und Kapitalmarktgeschäfte einer Bank einschließlich derjenigen, die Kundengeschäften zur Ermittlung von Konditionsbeiträgen kalkulatorisch zugerechnet werden. Mit dem Strukturbeitrag kommt also im wesentlichen der Erfolg der Bank aus der Fristentransformation zum Ausdruck, den diese auch ohne Kundengeschäfte durch entsprechende Geschäfte am Geld- und Kapitalmarkt hätte erwirtschaften können. Die im Strukturbeitrag zum Ausdruck kommende Fristentransformation ist ausschließlich von der Zentrale mit Blick auf das Zinsänderungsrisiko gezielt steuerbar. Daher wird der Strukturbeitrag ausschließlich der Zentrale zugerechnet. Entsprechend kann der Strukturbeitrag im folgenden unberücksichtigt bleiben.

Demnach sind Marktbereichen wie Bankfilialen nur Konditionsbeiträge von Kredit- und Einlagengeschäften als Erfolgsbeiträge zuzurechnen.[108] Lediglich die Erzielung von Konditionsbeiträgen hat also Einfluß auf den hier interessierenden Profit Center-Erfolg als Orientierungsgröße für das Verhalten von Bankfilialen.

Zur Ermittlung von Konditionsbeiträgen werden Geld- und Kapitalmarktgeschäfte herangezogen, deren Laufzeit der Zins- und Kapitalbindung der zu bewertenden Kundengeschäfte entspricht. Die Kundengeschäfte einerseits sowie die Geld- und Kapitalmarktgeschäfte andererseits werden hinsichtlich dieser Merkmale als kongruent bezeichnet.[109] Kredit- und Einlagengeschäfte von Bankfilialen werden also mit Zinsen kongruenter Geld- und Kapitalmarktgeschäfte verrechnet.[110] Die Höhe der Zinssätze von Geld- und Kapitalmarktgeschäften ist dabei im wesentlichen von deren Laufzeit abhängig, die in der sog. Zinsstruktur zum Ausdruck kommt:[111] Bei sog. normaler Zinsstruktur steigen die Zinssätze mit zunehmender Laufzeit der Geschäfte; bei sog. inverser Zinsstruktur fallen die Zinssätze mit zu-

---

108 Vgl. FLECHSIG, Rolf, FLESCH, Hans-Rudolf, Die Wertsteuerung - Ein Ansatz des operativen Controlling im Wertbereich, in: Die Bank, o. Jg. (1982), S. 454 - 464, hier S. 457.

109 Vgl. SCHIERENBECK, Henner, Ertragsorientiertes Bankmanagement, 4. Aufl., Wiesbaden 1994, S. 69.

110 Vgl. DROSTE, Klaus D., FAßBENDER, Heino, PAULUHN, Burkhardt, SCHLENZKA, Peter F., LÖHNEYSEN, Eberhard von, Falsche Ergebnisinformation - Häufige Ursache für Fehlentwicklungen in Banken, in: Die Bank, o. Jg. (1983), S. 313 - 323, hier S. 314 und SCHIERENBECK, Henner, Ertragsorientiertes Bankmanagement, 4. Aufl., Wiesbaden 1994, S. 69.

111 Vgl. FAßBENDER, Heino, Die Theorie der Fristigkeitsstruktur der Zinssätze: Ein Überblick, in: WiSt, 6. Jg. (1977), S. 97 - 103, hier S. 97 f. und SCHIERENBECK, Henner, Ertragsorientiertes Bankmanagement, 4. Aufl., Wiesbaden 1994, S. 72 f.

nehmender Laufzeit; nur bei einer sog. flachen Zinsstruktur sind die Zinssätze für alle Laufzeiten etwa gleich hoch.

Die Höhe der Verrechnungszinssätze ergibt sich mit der Marktzinsmethode also aus der Zins- und Kapitalbindung von Kundengeschäften und der Zinsstruktur am Geld- und Kapitalmarkt für die entsprechende Laufzeit:

- Bei normaler Zinsstruktur sind die Verrechnungszinssätze um so höher, je länger die Zins- und Kapitalbindung von Kundengeschäften ist.
- Bei inverser Zinsstruktur sind die Verrechnungszinssätze um so niedriger, je länger die Zins- und Kapitalbindung von Kundengeschäften ist.
- Bei flacher Zinsstruktur sind Verrechnungszinssätze für jede Zins- und Kapitalbindung von Kundengeschäften annähernd gleich hoch.

Mit den entsprechenden Verrechnungszinsen werden Erfolgsbeiträge von Kundengeschäften inhaltlich durch die Zinssätze am Geld- und Kapitalmarkt abgegrenzt: Nur wenn die Kundenzinsen im Aktivgeschäft über den verrechneten Geld- und Kapitalmarktzinsen (GKM-Zins) liegen, wird mittels Marktzinsmethode für Filialen ein positiver Erfolg ermittelt. Je höhere Zinssätze im Kreditgeschäft durchsetzbar sind und je größer dabei das Volumen dieser Geschäfte ausfällt, um so größer ist der Erfolgsbeitrag (Abb. 1: Zinserfolg des Aktivgeschäfts in der Marktzinsmethode, S. 50).[112]

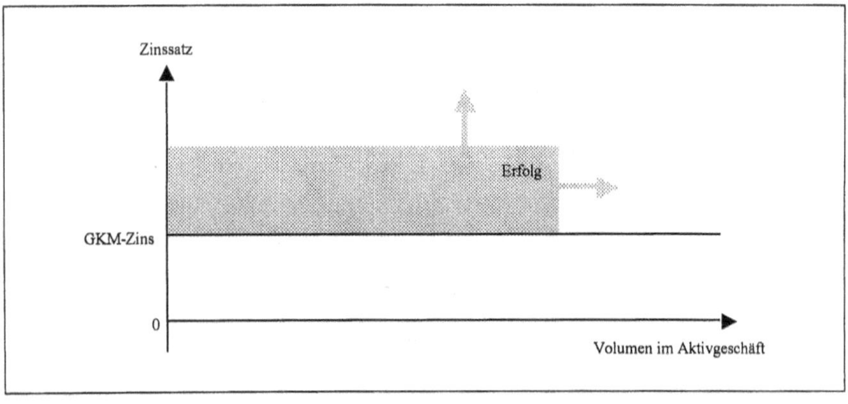

Abb. 1: Zinserfolg des Aktivgeschäfts in der Marktzinsmethode

112 Vgl. BANKEN, Robert, Die Marktzinsmethode als Instrument der pretialen Lenkung in Kreditinstituten, Frankfurt/Main 1987, S. 92 f.

Im Passivgeschäft maximieren Filialen ihren Erfolg gemäß Marktzinsmethode dagegen, indem sie mit Kunden einen möglichst niedrigen Zinssatz höchstens in Höhe der verrechneten Geld- und Kapitalmarktzinssätze vereinbaren und versuchen, das Volumen der Einlagengeschäfte zu maximieren (Abb. 2: Zinserfolg des Passivgeschäfts in der Marktzinsmethode, S. 51).

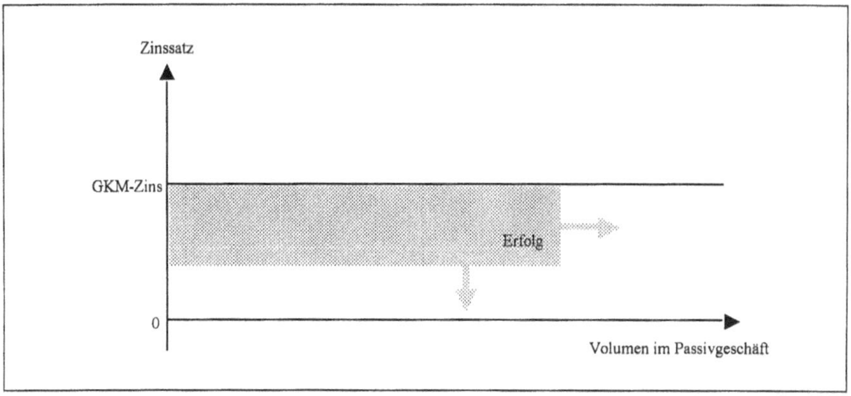

Abb. 2: Zinserfolg des Passivgeschäfts in der Marktzinsmethode

Die Höhe kongruenter Verrechnungszinssätze (in den vorhergehenden Abbildungen: GKM-Zins) ist dabei von der Zins- und Kapitalbindung der Kundengeschäfte sowie der jeweiligen Zinsstruktur am Geld- und Kapitalmarkt abhängig. Inhaltlich wird der Filialerfolg durch die Marktzinsmethode also durch Verrechnungszinsen abgegrenzt, deren Höhe sich aus der Zins- und Kapitalbindung von Kundengeschäften sowie die Zinsstruktur am Geld- und Kapitalmarkt ergibt.

Die Kalkulation von Konditionsbeiträgen entsprechend dieser inhaltlichen Erfolgsabgrenzung erfolgt durch den sog. zahlungsstrukturkongruenten oder durch den sog. kapitalbindungskongruenten Ansatz. Beide Ansätze weisen ein unterschiedliches Vorgehen auf, führen aber zum gleichen Ergebnis.[113] Daher wird im folgenden zur Verdeutlichung des Vorgehens der Marktzinsmethode nur der zahlungsstrukturkongruente Ansatz erläutert, der auch im weiteren Verlauf dieser Arbeit zugrundegelegt wird.

---

113 Vgl. WIMMER, Konrad, Bankkalkulation, 2. Aufl., Berlin 1996, S. 156.

Im zahlungsstrukturkongruenten Ansatz werden Konditionsbeiträge über ein "Barwertkalkül"[114] ermittelt.[115] Zunächst wird dazu aus einzelnen Preiskomponenten des jeweiligen Kundengeschäfts dessen Zahlungsstrom abgeleitet. Sodann werden verschiedene Geld- und Kapitalmarktgeschäfte so zusammengestellt, daß diese jede einzelne Zahlung im Kundengeschäft bis auf die Anfangszahlung genau widerspiegeln. Die Differenz der Anfangszahlung im Kundengeschäft und der Summe der Anfangszahlungen aller zahlungsstrukturkongruenten Geld- und Kapitalmarktgeschäfte bildet dann den sog. Konditionsbeitragsbarwert. Zur Verdeutlichung diene folgendes Beispiel:

Ein Kredit über 6.000 DM mit konstanter jährlicher Tilgung führe bei einem Zinssatz in Höhe von 8 % p.a. und dreijähriger Laufzeit aus Sicht der Bank zu folgendem Zahlungsstrom in den Zeitpunkten t_0 bis t_3:

t_0	t_1	t_2	t_3
-6000,00	+2480,00	+2320,00	+2160,00

Zum Zeitpunkt t_0 gelte am Geld- und Kapitalmarkt folgende Zinsstruktur für ein- bis dreijährige Laufzeiten:

Laufzeit:	ein Jahr	zwei Jahre	drei Jahre
Zinssatz p.a.:	5 %	5,5 %	6 %

Damit ergeben sich folgende zahlungsstrukturkongruente Geld- und Kapitalmarktgeschäfte (GKM):

114 SCHIERENBECK, Henner, Ertragsorientiertes Bankmanagement, 4. Aufl., Wiesbaden 1994, S. 163.

115 Vgl. hier und im folgenden BENKE, Holger, GEBAUER, Burkhard, PIASKOWSKI, Friedrich, Die Marktzinsmethode wird erwachsen: Das Barwertkonzept (I), in: Die Bank, o. Jg. (8/1991), S.457 - 463.

Zeitpunkte	t_0	t_1	t_2	t_3
Kundengeschäft	-6000,00	+2480,00	+2320,00	+2160,00
GKM (3 Jahre)	-2037,74	+ 122,26	+ 122,26	+2160,00
GKM (2 Jahre)	-2083,17	+ 114,57	+2197,74	
GKM (1 Jahr)	-2136,35	+2243,17		
Summe GKM-Geschäfte	-6257,26	+2480,00	+2320,00	+2160,00

Der Konditionsbeitragsbarwert (KBB) ergibt sich aus der Differenz der Anfangszahlung des Kundengeschäfts und dem gesamten Volumen der zahlungsstrukturkongruenten Geld- und Kapitalmarktgeschäfte in t_0:

$$KBB = -6000{,}00 - (-6257{,}26) = \underline{\underline{257{,}26}}.$$

Der Konditionsbeitragsbarwert kann schließlich auf die einzelnen Abrechnungsperioden der Laufzeit des Kundengeschäfts verteilt werden. Bei der entsprechenden Periodisierung bzw. Verrentung des Konditionsbeitragsbarwerts wird wiederum die Zinsstruktur am Geld- und Kapitalmarkt beachtet, um schließlich periodische Konditionsbeiträge zu erhalten.[116] Die unterschiedlichen Möglichkeiten zur Verrentung von Konditionsbeitragsbarwerten bestimmen die zeitliche Erfolgsabgrenzung durch die Marktzinsmethode für verschiedene Abrechnungsperioden. Dies wird im folgenden Kapitel erläutert.

3.1.2 Zeitliche Erfolgsabgrenzung im Grundkonzept und im Barwertkonzept der Marktzinsmethode

Konditionsbeiträge werden mittels Marktzinsmethode nach zwei verschiedenen Konzepten unterschiedlichen Abrechnungsperioden zugerechnet bzw. unterschiedlich zeitlich abgegrenzt:

- Im **Grundkonzept** werden periodische Konditionsbeiträge über die Abrechnungsperioden innerhalb der Laufzeit zugrundeliegender Kundengeschäfte nach verschiedenen Verfahren verteilt ausgewiesen.[117]

---

116 Vgl. SCHIERENBECK, Henner, Ertragsorientiertes Bankmanagement, 4. Aufl., Wiesbaden 1994, S. 175

117 Vgl. FLECHSIG, Rolf, FLESCH, Hans-Rudolf, Die Wertsteuerung - Ein Ansatz des operativen Controlling im Wertbereich, in: Die Bank, o. Jg. (1982), S. 454 - 464.

- Im **Barwertkonzept** wird der Konditionsbeitragsbarwert unmittelbar in der Abrechnungsperiode des jeweiligen Geschäftsabschlusses ausgewiesen.[118]

Beiden Konzepten gemeinsam ist entsprechend der inhaltlichen Erfolgsabgrenzung durch die Marktzinsmethode, daß pagatorischen Zinserlösen im Kreditgeschäft bzw. pagatorischen Zinskosten im Einlagengeschäft von Filialen kalkulatorische Zinssätze für kongruente Geschäfte am Geld- und Kapitalmarkt gegenübergestellt werden. Auf dieser Gemeinsamkeit aufbauend erfolgt in beiden Konzepten eine unterschiedliche zeitliche Verteilung des Konditionsbeitragsbarwerts. Diese zeitlich unterschiedliche Erfolgsabgrenzung variiert zwischen den Möglichkeiten einer Abgrenzung des Erfolgs ausschließlich auf die Abrechnungsperiode des Geschäftsabschlusses (Barwertkonzept) und der Möglichkeit zur verteilten Erfolgsabgrenzung auf alle Abrechnungsperioden innerhalb der Laufzeit des jeweiligen Kundengeschäfts (Grundkonzept).

Zur zeitlichen Verteilung von Konditionsbeitragsbarwerten nach dem Grundkonzept sind im wesentlichen vier Ansätze zu unterscheiden:[119] die kostenproportionale, die zeitproportionale, die rückflußproportionale und die kapitalproportionale Verrentung. Alle diese Ansätze müssen lediglich der finanzmathematischen Bedingung genügen, daß die zinsstrukturspezifische Diskontierung der periodischen Konditionsbeiträge wiederum den Konditionsbeitragsbarwert ergibt. Die Grundzüge der nach Schierenbeck zu unterscheidenden Ansätze werden im folgenden soweit erläutert, daß die darin zum Ausdruck kommende unterschiedliche zeitliche Erfolgsabgrenzung deutlich wird:[120]

- **Kostenproportional** wird der Konditionsbeitragsbarwert entsprechend der zeitlichen Verteilung der anteiligen Betriebskosten verrentet, die dem jeweiligen Kundengeschäft zuzurechnen sind. Werden einem Kundengeschäft beispielsweise erst in späteren Abrechnungsperiode vergleichsweise zu früheren Abrechnungsperioden hohe Betriebskosten zugerechnet, so werden in diesen späteren Abrechnungsperioden ebenfalls vergleichsweise hohe Konditionsbeiträge ausgewiesen. Umgekehrt wird ein vergleichsweise größerer Anteil des

---

118 Vgl. BENKE, Holger, GEBAUER, Burkhard, PIASKOWSKI, Friedrich, Die Marktzinsmethode wird erwachsen: Das Barwertkonzept (I), in: Die Bank, o. Jg. (8/1991), S. 457 - 463.

119 Vgl. SCHIERENBECK, Henner, Ertragsorientiertes Bankmanagement, 4. Aufl., Wiesbaden 1994, S. 177.

120 Vgl. zu einem Überblick über die Ansätze zur Verrentung von Konditionsbeitragsbarwerten SCHIERENBECK, Henner, Ertragsorientiertes Bankmanagement, 4. Aufl., Wiesbaden 1994, S. 178 - 188.

Konditionsbeitragsbarwerts in früheren Abrechnungsperioden ausgewiesen, wenn diesen ebenfalls vergleichsweise hohe Betriebskosten zugerechnet werden.

- **Zeitproportional** wird der Konditionsbeitragsbarwert in gleich hohen Beträgen auf die Abrechnungsperioden der Laufzeit des jeweiligen Kundengeschäfts verrentet. Die zeitproportionale Verrentung entspricht beispielsweise der kostenproportionalen Verrentung, wenn dem jeweiligen Kundengeschäft in allen Abrechnungsperioden Betriebskosten in gleichbleibender Höhe zugerechnet werden.

- **Rückflußproportional** erfolgt die Verrentung des Konditionsbeitragsbarwerts entsprechend der relativen Höhe der Kundenleistungen in den einzelnen Abrechnungsperioden. Die rückflußproportionale Verrentung orientiert sich damit am Zahlungsstrom des jeweiligen Kundengeschäfts. Je höher die (Zins- und Tilgungs-)Zahlungen in einer Abrechnungsperiode ausfallen, um so höher ist auch der Anteil des Konditionsbeitragsbarwerts, der dieser Abrechnungsperiode zugerechnet wird.

- **Kapitalproportional** erfolgt die Verrentung entsprechend dem effektiv gebundenen Kapital in den einzelnen Abrechungsperioden. Die kapitalproportionale Verrentung erfordert daher eine Ermittlung des effektiv gebundenen Kapitals im jeweiligen Kredit- bzw. Einlagengeschäft. Die zeitliche Abgrenzung des Erfolgs ist damit auch vom verwendeten Verfahren der Effektivzinsrechnung abhängig.

Das Grundkonzept und das Barwertkonzept der Marktzinsmethode unterscheiden sich letztlich nur durch die zeitliche Verteilung des gesamten mittels Marktzinsmethode inhaltlich identisch abgegrenzten Erfolgs bzw. Konditionsbeitragsbarwerts auf einzelne Abrechnungsperioden. Indes hat die zeitliche Verteilung keinen Einfluß auf den kumulierten Erfolgsbeitrag des jeweiligen Kundengeschäfts über dessen gesamte Laufzeit.[121] Dies folgt aus der Identität der Vorteilhaftigkeitskalküle nach der Kapitalwert- und der Annuitätenmethode aufgrund der finanzmathematisch zwingenden Bedingung, daß sich die Barwerte der verrenteten Konditionsbeitragsbarwerte wiederum entsprechen.[122] Alle Ansätze zur Verrentung des Konditionsbeitragsbarwerts sind abhängig von den individuellen Zielen

---

121 Vgl. ROLFES, Bernd, HASSELS, Matthias, Das Barwertkonzept in der Banksteuerung, in: Bankarchiv, o. Jg. (5/1994), S. 337 - 349, hier S. 338.

122 Vgl. WIMMER, Konrad, Bankkalkulation, 2. Aufl., Berlin 1996, S. 163.

der jeweiligen Bank einzusetzen.[123] Die unterschiedliche zeitliche Abgrenzung von Erfolgsbeiträgen gemäß Marktzinsmethode beruht also auf geschäftspolitischen Entscheidungen. Nur in der Form des Konditionsbeitragsbarwerts ist der Zinserfolg von Kundengeschäften aber in einer einzigen Größe darstellbar. Außerdem ist der Konditionsbeitragsbarwert von weiteren Einflußgrößen wie der geschäftspolitisch zu bestimmenden zeitlichen Verteilung unabhängig. Um Erfolgswirkungen der inhaltlichen Erfolgsabgrenzung durch die Marktzinsmethode unabhängig von der geschäftspolitisch beeinflußten zeitlichen Erfolgsabgrenzung untersuchen zu können, wird zunächst vom Konditionsbeitragsbarwert als Erfolgsgröße ausgegangen. Erst in einem gesonderten Kapitel 6.3 wird auf Verhaltenswirkungen unterschiedlicher zeitlicher Erfolgsabgrenzungen eingegangen.

3.2 Erfolgsermittlung und Lenkung durch Verrechnungszinsen gemäß Marktzinsmethode

Im folgenden interessiert nun, wie Verrechnungszinsen gemäß Marktzinsmethode der Erfolgsermittlungsfunktion und gegebenenfalls auch der Lenkungsfunktion gerecht werden. So bestimmt die entsprechende inhaltliche Abgrenzung des Filialerfolgs als implizite Verhaltensnorm das Verhalten von Mitarbeitern (Anfang von Kapitel 2). Verrechnungszinsen müssen dazu insbesondere dem Zweck der leistungsgerechten Erfolgsermittlung gerecht werden (Kapitel 2.2.3).

In der Literatur besteht zum Zweck der Bankkalkulation und insbesondere der Verrechnungszinsen in Banken keine einheitliche Auffassung.[124] Dies gilt insbesondere für die Unvereinbarkeit kostenorientierter Verrechnungszinsen zugleich zu Zwecken der Lenkung und der Erfolgsermittlung:

Beispielsweise verknüpft Plinke die Lenkungsfunktion und die Erfolgsermittlungsfunktion als Orientierungsgröße für das Verhalten. So werde über den Lenkpreis die Erwartung des Filialerfolgs und damit das Verhalten von Mitarbeitern beeinflußt.[125] Wenn aber beispielsweise kostenorientierte Lenkpreise nicht zugleich der leistungsgerechten Erfolgsermittlung gerecht werden, sind sie als Orientierungsgröße für das Verhalten ungeeignet (Kapitel 2.2.3). Slevogt spricht ohne Unterscheidung verschiedener Funktionen von einer "betriebswirtschaftlich

---

123 Vgl. SCHIERENBECK, Henner, Ertragsorientiertes Bankmanagement, 4. Aufl., Wiesbaden 1994, S. 176.

124 Vgl. BANKEN, Robert, Die Marktzinsmethode als Instrument der pretialen Lenkung in Kreditinstituten, Frankfurt/Main 1987, S. 7 f.

125 Vgl. PLINKE, Wulff, Kapitalsteuerung in Filialbanken, Wiesbaden 1975, S. 135.

korrekten Lösung"[126] des Verrechnungszinsproblems, wenn man nur nach objektiven Normen ermittelte Verrechnungszinsen verwendet, die eine "richtige Steuerung"[127] erlauben. Der Verrechnungspreis müsse dazu sicherstellen, daß Maßnahmen "möglichst in genau dem gleichen Maße, wie sie sich kalkulatorisch zum Vorteil ihres profit center auswirken, dem Gesamtinstitut zugute kommen"[128]. So geht Slevogt davon aus, daß an objektiven Normen orientierte Verrechnungszinsen sowohl der Lenkungsfunktion als auch der Erfolgsermittlung gerecht werden.

Mit der Entwicklung der Marktzinsmethode[129] verliert sich die Unterscheidung der Lenkungs- und Erfolgsermittlungsfunktion von Verrechnungszinsen in der Literatur zur Bankkalkulation fast völlig. Verrechnungszinsen gemäß Marktzinsmethode sollen im Sinne der pretialen Lenkung die Zielidentität von Profit Center-Erfolg und Gesamtbankerfolg sicherstellen, indem die Summe des Erfolgs aller Einzelgeschäfte genau den Gesamterfolg ergibt.[130] Damit wird explizit nur die Lenkungsfunktion berücksichtigt, und von der Erfüllung der Erfolgsermittlungsfunktion wird implizit ausgegangen. So wird angenommen, daß ein Verhalten, das den durch Lenkpreise im Sinne von Marktpreisen ermittelten Filialerfolg maximiert, auch zum Maximum des Unternehmenserfolgs führt. Entsprechend wird die Lenkungs- und Erfolgsermittlungsfunktion gleichgesetzt, denn die Ermittlung des Erfolgs höherer Aggregationsebenen über die Summe der Einzelgeschäfte wird zugleich als Voraussetzung für die zielgerichtete Lenkung von Entscheidungen über einzelne Geschäfte und für einen leistungsgerechten Erfolgsausweis angesehen.[131] Die Marktzinsmethode soll also die Lenkungsfunktion im Sinne der pretia-

---

126 SLEVOGT, Horst, Deckungsbeitragsgerechte Verrechnungszinsen nach Maßgabe von Strukturnormen und Marktdaten, in: B.Bl., 31. Jg. (1982), S. 141 - 146, hier: S. 141.

127 SLEVOGT, Horst, Deckungsbeitragsgerechte Verrechnungszinsen nach Maßgabe von Strukturnormen und Marktdaten, in: B.Bl., 31. Jg. (1982), S. 141 - 146, hier: S. 142.

128 SLEVOGT, Horst, Deckungsbeitragsgerechte Verrechnungszinsen nach Maßgabe von Strukturnormen und Marktdaten, in: B.Bl., 31. Jg. (1982), S. 141 - 146, hier: S. 142.

129 Vgl. FLECHSIG, Rolf, FLESCH, Hans-Rudolf, Die Wertsteuerung - Ein Ansatz des operativen Controlling im Wertbereich, in: Die Bank, o. Jg. (1982), S. 454 - 464.

130 Vgl. SCHIMMELMANN, Wulf von, HILLE, Werner, Banksteuerung über ein System von Verrechnungszinsen, in: Schierenbeck, Henner, Wielens, Hans (Hrsg.), Schriftenreihe des Instituts für Kreditwesen der Westfälischen Wilhelms-Universität Münster, Band 27, Frankfurt/Main 1984, S. 47 - 65, hier: S. 49 und SCHIERENBECK, Henner, Ertragsorientiertes Bankmanagement, 4. Aufl., Wiesbaden 1994, S. 45.

131 Vgl. SCHIERENBECK, Henner, Ertragsorientiertes Bankmanagement, 4. Aufl., Wiesbaden 1994, S. 45

len Lenkung erfüllen,[132] indem sie zugleich eine leistungsgerechte Erfolgsermittlung und damit geeignete Orientierungsgröße für das Verhalten von Mitarbeitern bietet.[133] Dies ist jedoch gerade aufgrund des Opportunitätsprinzip in Frage zu stellen, auf dem die Marktzinsmethode aufbaut.[134] So sind gerade Opportunitätskosten als Verrechnungspreise für einen leistungsgerechten Erfolgsausweis ungeeignet, weil mit ihnen nicht die Leistung, sondern die Knappheit bewertet wird.[135]

Diesen Überlegungen kann man zunächst entgegenhalten, daß mit der Marktzinsmethode gerade Zinsen des externen Geld- und Kapitalmarkts - also so etwas wie Marktpreise - zur Verrechnung innerbetrieblicher Kapitalströme verwendet werden. Allerdings sind nicht alle Marktpreise in jedem Fall geeignet, als Verrechnungspreise die Lenkungsfunktion und zugleich insbesondere die verhaltensrelevante Erfolgsermittlungsfunktion zu erfüllen (Kapitel 2.2.3). Bisher ist noch kein Nachweis dafür ersichtlich, daß die Zinssätze des Geld- und Kapitalmarkts sowohl der Lenkungs- als auch der Erfolgsermittlungsfunktion in der Profit Center-Konzeption für Bankfilialen gerecht werden. Es bleibt also die Eignung von Verrechnungszinsen gemäß Marktzinsmethode für eine leistungsgerechte Erfolgsermittlung zu untersuchen.

Für entsprechende Überlegungen interessiert zunächst die pretiale Lenkung durch Verrechnungszinsen gemäß Marktzinsmethode (Kapitel 3.2.1). Als wesentliche daraus ableitbare Bedingung für die leistungsgerechte Erfolgsermittlung wird sodann untersucht, wieweit es die Marktzinsmethode Filialen ermöglicht, Konditionsbeiträge unabhängig von anderen Erfolgskomponenten zu beeinflussen. Nur soweit nämlich eine isolierte Beeinflussung des Filialerfolgs möglich ist, kann die Marktzinsmethode sowohl der Lenkungs- als auch der Erfolgsermittlungsfunktion von Verrechnungspreisen gerecht werden, weil dann die Maximierung des Gesamtgewinns tatsächlich über die Maximierung der Filialgewinne möglich ist (Kapitel 3.2.2).

---

132 Vgl. BANKEN, Robert, Die Marktzinsmethode als Instrument der pretialen Lenkung in Kreditinstituten, Frankfurt/Main 1987 und AKMANN, Michael, Ergebnissteuerung in Kreditinstituten, Diss., Frankfurt/Main 1994, S. 46.

133 Vgl. SCHIERENBECK, Henner, Ertragsorientiertes Bankmanagement, 4. Aufl., Wiesbaden 1994, S. 1, 69 und 129.

134 Vgl. DROSTE, Klaus D., FAßBENDER, Heino, PAULUHN, Burkhardt, SCHLENZKA, Peter F., LÖHNEYSEN, Eberhard von, Falsche Ergebnisinformation - Häufige Ursache für Fehlentwicklungen in Banken, in: Die Bank, o. Jg. (1983), S. 313 - 323, hier S. 313.

135 Vgl. SCHNEIDER, Dieter, Die Theorie der Verrechnungspreise heute, in: Liiketalaudellinen Aikakauskirja, 16. Jg. (1967), S. 106 - 124, hier S. 118.

3.2.1 Marktzinsmethode und pretiale Lenkung

Als angebliches Instrument der pretialen Lenkung soll die Marktzinsmethode im zinstragenden Geschäft über die Kalkulation von Verrechnungszinsen dezentrales Verhalten ermöglichen, das mit seinen Beiträgen zum Filialerfolg der Erfüllung der Ziele der Gesamtbank dient.[136] Verrechnungszinsen gemäß Marktzinsmethode sollen dazu zugleich der Lenkungs- als auch der Erfolgsermittlungsfunktion gerecht werden. So ist das Gewinnziel des Unternehmens im Sinne der pretialen Lenkung derart durch Verrechnungspreise zu separieren, daß die verrechneten Bereichsgewinne in ihrem Umfang zum Gesamtgewinn beitragen und zugleich Ausdruck der Leistung in den Bereichen sind.[137] Verrechnungspreise, die diese Anforderung erfüllen, nennt Schmalenbach die "optimale Geltungszahl"[138].

Entsprechend ermöglicht die Marktzinsmethode zunächst eine Aggregation des Erfolgs vom einzelnen Geschäft über verschiedene Dimensionen wie Produkte, Kunden oder Filialen zum Gesamterfolg einer Bank.[139] Umgekehrt ist also der Gesamterfolg einer Bank im zinstragenden Geschäft durch Konditionsbeiträge von Bankfilialen und den Strukturbeitrag der Zentrale separierbar. Weil einzelne Kundengeschäfte von Filialen zu den Zinssätzen des Geld- und Kapitalmarkts mit der Zentrale verrechnet werden, bestehen damit zwischen den Filialen gemäß Marktzinsmethode keine unmittelbaren Kapitalverflechtungen.[140] Indem der Konditionsbeitrag jedes Kundengeschäfts der jeweiligen Filiale zugeschrieben wird, geht man mit der Marktzinsmethode vielmehr von einem Kontrahierungszwang der Filialen mit der Zentrale für alle Kundengelder aus.[141] Durch diese

---

136 Vgl. BANKEN, Robert, Die Marktzinsmethode als Instrument der pretialen Lenkung in Kreditinstituten, Frankfurt/Main 1987, S. 115 f. und SCHIERENBECK, Henner, Ertragsorientiertes Bankmanagement, 4. Aufl., Wiesbaden 1994, S. 129.

137 Vgl. SCHMALENBACH, Eugen, Pretiale Wirtschaftslenkung, Bd. 2, Bremen-Horn 1948, S. 8 f.

138 SCHMALENBACH, Eugen, Pretiale Wirtschaftslenkung, Bd. 1, Bremen-Horn 1947, S. 14.

139 Vgl. SCHIMMELMANN, Wulf von, HILLE, Werner, Banksteuerung über ein System von Verrechnungszinsen, in: Schierenbeck, Henner, Wielens, Hans (Hrsg.), Schriftenreihe des Instituts für Kreditwesen der Westfälischen Wilhelms-Universität Münster, Band 27, Frankfurt/Main 1984, S. 47 - 65, hier: S. 48 f.

140 Vgl. BANKEN, Robert, Die Marktzinsmethode als Instrument der pretialen Lenkung in Kreditinstituten, Frankfurt/Main 1987, S. 125.

141 Vgl. PAUL, Stephan, Lenkungssysteme in Filialbanken, Steuerung durch Komponenten oder Verrechnungszinsen?, Wiesbaden 1987, S. 287.

Form der Separierbarkeit des Erfolgs einzelner Filialen erscheint deren isolierte Beeinflussung im Sinne der pretialen Lenkung zunächst möglich.

Mit der Separation des Filialerfolgs dienen Verrechnungszinsen für den "gewillkürten"[142] innerbetrieblichen Kapitalaustausch zwischen den Filialen und der Zentrale (Kapitel 2.2.2) der impliziten Steuerung des Verhaltens[143] bei der Kapitalbeschaffung und -verwendung im Geschäft mit Kunden. Mitarbeiter orientieren ihr Verhalten dabei an der Maximierung von Konditionsbeiträgen, weil ihre Leistung im Kundengeschäft daran gemessen wird. Damit dienen die Zinssätze am Geld- und Kapitalmarkt in der Profit Center-Konzeption zugleich zwei Funktionen von Verrechnungszinsen:

- Einerseits stellen sie die Informationen dar, die es den Filialen ex ante ermöglichen sollen, das ihnen von der Zentrale zur Verfügung gestellte bzw. von dieser abgenommene Kapital optimal einzusetzen bzw. zu beschaffen (Lenkungsfunktion).[144]

- Andererseits dienen sie ex post der Erfolgskontrolle und Leistungsmessung. Allein damit begründen die Verrechnungszinsen schon ein Eigeninteresse von Filialen, ihr Verhalten tatsächlich an diesen Konditionen zu orientieren (Erfolgsermittlungsfunktion).[145]

Beide Funktionen sind durch Zinssätze am Geld- und Kapitalmarkt erfüllbar, wenn bei einer Maximierung der Konditionsbeiträge in den Filialen das Maximum aller Konditionsbeiträge auf Gesamtbankebene erzielt wird.[146] Die Erzielung von Konditionsbeiträgen durch einzelne Filialen darf also keinen Einfluß auf die Möglichkeiten anderer Filialen haben, Konditionsbeiträge zu erzielen. Die entsprechend isolierte Beeinflußbarkeit des Filialerfolgs gemäß Marktzinsmethode wird im folgenden Kapitel 3.2.2 untersucht.

---

142 BLATTMANN, Jörg, Zum operativen Controlling des Liquiditätsmäßig-finanziellen Bereichs von Bankbetrieben, Göttingen 1991, S. 65.

143 Vgl. HAX, Herbert, Die Koordination von Entscheidungen, Habil., Köln, Berlin, Bonn, München 1965, S. 129.

144 Vgl. SCHMALENBACH, Eugen, Pretiale Wirtschaftslenkung, Bd. 2, Bremen-Horn 1948, S. 9.

145 Vgl. PLINKE, Wulff, Kapitalsteuerung in Filialbanken, Wiesbaden 1975, S. 135 und HAX, Herbert, Die Koordination von Entscheidungen, Habil., Köln, Berlin, Bonn, München 1965, S. 201.

146 Vgl. HAX, Herbert, Die Koordination von Entscheidungen, Habil., Köln, Berlin, Bonn, München 1965, S. 130.

3.2.2 Isolierte Beeinflußbarkeit des Filialerfolgs gemäß Marktzinsmethode

Mit der Marktzinsmethode werden die Beschaffung und Verwendung von Kapital am Kundenmarkt bankintern mit den externen Zinssätzen des Geld- und Kapitalmarkts verrechnet. Anders als interne Knappheitspreise, die eine optimale Allokation betrieblicher Ressourcen ermöglichen, bilden solche Marktpreise immer nur die Verhältnisse dieses Geld- und Kapitalmarkts ab.[147] Unterscheidet sich der Wert interner Austauschbeziehungen für eine Bank beispielsweise aufgrund interner Knappheiten von den Preisen, die sich am externen Markt bilden, so werden aufgrund der Verrechnung mit Marktpreisen nur zufällig optimale Entscheidungen getroffen. Der entsprechend kalkulierte Filialerfolg entspricht dann nämlich nur zufällig dem Wert der zugrundeliegenden Leistungen für die Bank.[148]

Schierenbeck weist nun auf innerbetriebliche Interdependenzen hin, die keinen Niederschlag in den Zinsen am Geld- und Kapitalmarkt finden. So werde im Grundmodell der Marktzinsmethode zunächst nur die Liquidität als innerbetrieblicher Engpaß berücksichtigt, indem jedes Geschäft kassenneutral kalkuliert wird.[149] Über die Liquidität hinaus sind zinstragende Kundengeschäfte aber wegen innerbetrieblicher Interdependenzen und Knappheiten nicht unabhängig voneinander.[150] Zur entsprechenden kalkulatorischen Berücksichtigung gesetzlicher Bestimmungen[151] sowie Risikoeinstellung und strategischer Ziele der Bankleitung mit Blick auf eine angestrebte Bilanzstruktur, schlägt Schierenbeck sodann die Lösung eines Linearen Programms vor:[152]

> In einem ersten Schritt werden ausgehend von der linearen Zielfunktion einer Maximierung der Konditionsbeiträge und Strukturbeiträge aller Geschäfte einer Bank die innerbetrieblichen Interdependenzen durch entsprechende Nebenbedingungen ausgedrückt. Der Zinsentwicklung am Geld- und Kapital-

---

147 Vgl. PLINKE, Wulff, Kapitalsteuerung in Filialbanken, Wiesbaden 1975, S. 192.

148 Vgl. COSMIDIS, Byron, Die Filialerfolgsrechnung im Dienste der Bankleitung, Diss., Frankfurt/Main 1968, S. 162.

149 Vgl. SCHIERENBECK, Henner, Ertragsorientiertes Bankmanagement, 4. Aufl., Wiesbaden 1994, S. 780.

150 Vgl. GERKEN, Arno, Optimale Entscheidungen in Banken, Diss., Wiesbaden 1994, S. 90 f.

151 Dies sind z.B. gemäß §§ 10 und 11 KWG die Grundsätze zum Eigenkapital und zur Liquidität und die Anweisungen der Deutschen Bundesbank über Mindestreserven.

152 Vgl. SCHIERENBECK, Henner, Ertragsorientiertes Bankmanagement, 4. Aufl., Wiesbaden 1994, S. 757 - 779

markt wird durch den Ansatz prognostizierter Konditions- und Strukturmargen für den betrachteten Abrechnungszeitraum und für alle Geschäftsarten Rechnung getragen. Die Lösung des Linearen Programms ergibt die optimale Bilanzstruktur und zeigt die wirksamen Engpässe an.

Sodann wird die Konstellation wirksamer Engpässe durch die Kalkulation eines Bonus/Malus für die Entlastung/Belastung der Engpässe durch einzelne Kundengeschäfte berücksichtigt: Der Bonus/Malus auf die Verrechnungszinsen gemäß Marktzinsmethode ergibt sich aus der Summe aller Kosten und Erlöse für Ausgleichsgeschäfte, die zur Kompensation von Engpaßwirkungen des Kundengeschäfts erforderlich sind. Solche (kalkulatorischen) Ausgleichsgeschäfte sind jedoch nicht immer am Geld- und Kapitalmarkt möglich.[153] Stattdessen geht auch die Verdrängung anderer Kundengeschäfte in die Opportunitätsüberlegung ein.[154] Dadurch erfolgt letztlich eine "Anhebung der Meßlatte Geld- und Kapitalmarkt auf das Niveau der Meßlatte Kundengelder erster Bonität."[155]

Im Ergebnis dieses Verfahrens ermittelt man Verrechnungszinsen simultan mit der optimalen Bilanzstruktur im Sinne der Maximierung der Zielfunktion unter Nebenbedingungen. Dazu werden zum einen Konditions- und Strukturmargen prognostiziert, indem man Annahmen über die zukünftige Zinsstruktur am Geld- und Kapitalmarkt trifft. Zum anderen wird Planungsunsicherheit in den Nebenbedingungen durch stochastische Größen berücksichtigt, und für Risikokennziffern werden Sicherheitsreserven angesetzt. Der skizzierte Ansatz zur Berücksichtigung innerbetrieblicher Interdependenzen ist aufgrund solcher Vorgaben in einer unsicheren Umwelt daher nur begrenzt einsetzbar.[156]

---

153 Beispielsweise läßt sich für einen Engpaß im Eigenkapital gemäß Grundsatz I des BAKred zu einem Kundengeschäft kein Opportunitätsgeschäft in Bundesanleihen am Geld- und Kapitalmarkt finden, weil diese im Sinne des Grundsatz I kein Eigenkapital binden. Vielmehr können Bankschuldverschreibungen als Opportunitätsgeschäft betrachtet werden, die aber nur mit 20% im Grundsatz I angerechnet werden und daher einen entsprechend höheren spezifischen Deckungsbeitrag je Engpaßeinheit bieten können als der zu bewertende Kundenkredit. Vgl. SCHIERENBECK, Henner, Ertragsorientiertes Bankmanagement, 4. Aufl., Wiesbaden 1994, S. 768.

154 Vgl. SCHIERENBECK, Henner, Ertragsorientiertes Bankmanagement, 4. Aufl., Wiesbaden 1994, S. 780 - 830.

155 SCHIERENBECK, Henner, Ertragsorientiertes Bankmanagement, 4. Aufl., Wiesbaden 1994, S. 811.

156 Vgl. GERKEN, Arno, Optimale Entscheidungen in Banken, Diss., Wiesbaden 1994, S. 31.

Wegen der Bedeutung innerbetrieblicher Interdependenzen sollte man zinstragende Geschäfte nach Gerken daher nicht anhand alternativer Geld- und Kapitalmarktgeschäfte messen, sondern zur Bewertung unmittelbar alternative Kundengeschäfte heranziehen.[157] So ist entsprechend der Theorie der Verrechnungspreise zur innerbetrieblichen Verrechnung von Kundengeschäften mit Zinssätzen des Geld- und Kapitalmarkts zu beachten, daß sich Kundengeschäfte am Geld- und Kapitalmarkt gerade nicht handeln lassen, und die Zinssätze des Geld- und Kapitalmarkts somit auch keine Marktpreise für diese Geschäfte darstellen.[158] Lenkungsorientierte Verrechnungspreise müssen für Kundengeschäfte also betriebsindividuell durch Grenz- und Opportunitätskosten bestimmt werden, weil es für sie keinen Marktpreis gibt[159] bzw. am Kundenmarkt kein solcher Marktpreis für Kredit- und Einlagengeschäfte beobachtbar ist.

Gerken schlägt daher zur betriebsindividuellen Separation des Gewinnziels der Bank unter Berücksichtigung innerbetrieblicher Interdependenzen und der Unsicherheit zukünftiger Zahlungen im Kundengeschäft (z.B. wegen Kreditausfällen und Nachfrageschwankungen) einen iterativen Lösungsansatz vor. Dabei geht er von der zentralen Zielfunktion einer Maximierung des Zinsüberschusses aus und berücksichtigt innerbetriebliche Interdependenzen, Nachfragefunktionen "vor Ort" und Ausfallrisiken im Kreditgeschäft durch einen iterativen Prozeß des Informationsaustauschs zwischen den Filialen und der Zentrale.[160] Unabhängig von den besonderen Bedingungen von Kreditinstituten wurde schon früher ein entsprechendes iteratives Vorgehen beschrieben, das auf dem von Dantzig und Wolfe entwickelten Dekompositionsprinzip[161] beruht.[162]

---

157 Vgl. GERKEN, Arno, Optimale Entscheidungen in Banken, Diss., Wiesbaden 1994, S. 107 f.

158 Vgl. GERKEN, Arno, Optimale Entscheidungen in Banken, Diss., Wiesbaden 1994, S. 411.

159 Vgl. SCHNEIDER, Dieter, Die Theorie der Verrechnungspreise heute, in: Liiketalaudellinen Aikakauskirja, 16. Jg. (1967), S. 106 - 124, hier: S. 115 f.

160 Vgl. GERKEN, Arno, Optimale Entscheidungen in Banken, Diss., Wiesbaden 1994, S. 112 f. und S. 258.

161 Vgl. DANTZIG, George B., WOLFE, Philip, The Dekomposition Algorithm for Linear Programs, in: Econometrica, 29. Jg. (1961), S. 767 - 778.

162 Vgl. SCHNEIDER, Dieter, Die Theorie der Verrechnungspreise heute, in: Liiketalaudellinen Aikakauskirja, 16. Jg. (1967), S. 106 - 124, hier: S. 117 und STREIM, Hannes, Profit Center-Konzeption und Budgetierung, in: Die Unternehmung, 29. Jg. (1975), S. 23 - 42, hier: S. 37.

Letztlich läuft auch der Ansatz Gerkens darauf hinaus, Verrechnungspreise zu kalkulieren, die es den dezentralen Entscheidungsträgern ermöglichen, die im Rahmen einer simultanen Lösung iterativ ermittelten optimalen Entscheidungen zu treffen.[163] Selbst wenn solche Verrechnungspreise sämtliche Interdependenzen innerhalb der Bank und die Marktbedingungen "vor Ort" in Form von Nachfragefunktionen sowie die durch Filialen ermittelten Ausfallrisiken von Krediten berücksichtigen, bleibt das Dilemma simultaner Lösungsansätze auch bei Anwendung des Dekompositionsprinzips erhalten:[164] Entscheidungsorientierte Verrechnungspreise sind als implizite Verhaltensnormen überflüssig, wenn sie nur simultan mit den optimalen Entscheidungen ermittelbar sind. Dann ist nämlich auch eine explizite Vorgabe des Verhaltens durch die Zentrale möglich. So erfolgt auch beim Dekompositionsverfahren die Planung nämlich letztlich durch die Zentrale.[165] Auch Gerken weist den Filialen also lediglich "quasi-autonome"[166] Entscheidungen zu, die letztlich der Umsetzung der Gesamtinteressen dienen sollen. Schon Lüder nennt dies eine "Scheinautonomie"[167].

Im Zusammenhang mit der zweckorientierten Ermittlung des Filialerfolgs durch Verrechnungszinsen für das zinstragende Kundengeschäft genügen hier nun zwei grundsätzliche Erkenntnisse:

- Aufgrund struktureller Erfordernisse sind dezentrale Entscheidungen zu Kapitalüberlassungen im zinstragenden Geschäft von Bankfilialen nicht unabhängig voneinander.

---

163 Vgl. GERKEN, Arno, Optimale Entscheidungen in Banken, Diss., Wiesbaden 1994, S. 302.

164 Vgl. SCHNEIDER, Dieter, Die Theorie der Verrechnungspreise heute, in: Liiketalaudellinen Aikakauskirja, 16. Jg. (1967), S. 106 - 124, hier: S. 115 und 119 und STREIM, Hannes, Profit Center-Konzeption und Budgetierung, in: Die Unternehmung, 29. Jg. (1975), S. 23 - 42, hier: S. 37.

165 Vgl. HAX, Herbert, Verrechnungspreise, in: Kosiol, Erich, Chmielewicz, Klaus, Schweitzer, Marcell (Hrsg.), Handwörterbuch des Rechnungswesens, 2. Aufl., Stuttgart 1981, Sp. 1688 - 1699, hier: Sp. 1696.

166 GERKEN, Arno, Optimale Entscheidungen in Banken, Diss., Wiesbaden 1994, S. 303.

167 LÜDER, Klaus, Investment-Center-Kontrollverfahren zur Steuerung dezentralisierter Großunternehmen, in: Layer, Manfred, Strebel, Heinz (Hrsg.) Rechnungswesen und Betriebswirtschaftspolitik, Festschrift, Berlin 1969, S. 305 - 319, hier S. 315 oder STREIM, Hannes, Profit Center-Konzeption und Budgetierung, in: Die Unternehmung, 29. Jg. (1975), S. 23 - 42, hier: S. 37.

- Optimale Verrechnungspreise, die dennoch eine vollständige Separation des Gewinnziels für Filialen ermöglichen, erfordern die zentrale Kenntnis sämtlicher Interdependenzen und Engpässe sowie eine zentrale Gesamtplanung (Lineares Programm) oder nur eine zentrale Gesamtplanung (iteratives Verfahren). Bei entsprechend vollkommener Kenntnis aller Interdependenzen durch die Zentrale[168] oder der zentralen Gesamtplanung sind Verrechnungszinsen aber überflüssig, weil es dann keiner impliziten Verhaltensnorm im Sinne des Profit Center-Erfolgs mehr bedarf.

Diese Erkenntnisse gelten jedenfalls für alle bekannten Verfahren der Bankkalkulation und erscheinen zudem als unüberwindbare logische Konsequenz aus dem Gegensatz gesamtbetrieblicher Interdependenzen und dem Erfordernis dezentraler Entscheidungen. Es verbleibt also nur die Möglichkeit einer näherungsweisen Ermittlung von Verrechnungspreisen[169] unter Inkaufnahme unvollkommener Informationen der Zentrale über Interdependenzen und Nachfragefunktionen. Diese Verrechnungspreise können dann im Sinne des erweiterten Modells der Marktzinsmethode nach Schierenbeck am Geld- und Kapitalmarkt orientiert und durch Zusatzinstrumente ergänzt werden oder entsprechend dem Ansatz von Gerken betriebsindividuell ermittelt werden. Jedenfalls erfolgt durch Verrechnungszinsen nur eine unvollkommene Separation des Gewinnziels.

Mit den aufgezeigten Ansätzen Schierenbecks und Gerkens kann man also lediglich versuchen, der Bestimmung optimaler Verrechnungszinsen näher zu kommen. Damit wird aber zugleich deutlich, daß die inhaltliche Abgrenzung des Filialerfolgs auf der innerbetrieblichen Seite der Bewertung von Erfolgskomponenten auch durch die Marktzinsmethode nur modellhaft erfolgt. Um Filialen als Profit Center im Sinne des Gewinnziels der Gesamtbank zu lenken, sind Instrumente zur Ergänzung der Verrechnungszinsen erforderlich. Solche Instrumente fast Schierenbeck im sog. Dualen Steuerungsmodell zusammen. Im wesentlichen sind dies mit Blick auf Bankfilialen:[170] Zielvereinbarungen im Sinne von Budgets und Sollmargen, Richtkonditionen, Limite sowie Bonifizierungen und Malifizierungen von Verrechnungszinsen. Die Notwendigkeit für solche Ergänzungen der Zinssätze am Geld- und Kapitalmarkt zeigt deutlich, daß die Verrechnung kapi-

---

168 Auf die Unmöglichkeit entsprechend vollkommener Kenntnis weist Ratzlaff hin (RATZLAFF, Rolf, Aufgaben des Internen Rechnungswesens im bankbetrieblichen Zinsgeschäft und Ausbau zur Steuerung des Zinsrisikos, Diss., Frankfurt/Main 1995, S. 94).

169 Vgl. PENZKOFER, Peter, TÄUBE, Klaus, Profit Centers im Bankbetrieb, II. Teil, in: Bank Betrieb, 12. Jg. (1972), S. 109 - 113, hier: S. 112.

170 Vgl. SCHIERENBECK, Henner, Ertragsorientiertes Bankmanagement, 4. Aufl., Wiesbaden 1994, S. 130 und S. 289 ff.

talmäßiger Verflechtungen mittels Marktzinsmethode unvollkommen ist.[171] Im Umkehrschluß gilt dann, daß die Zinssätze am Geld- und Kapitalmarkt keine Marktpreise bzw. -zinsen für die Verrechnung zinstragender Kundengeschäfte im Sinne der pretialen Lenkung darstellen. Vielmehr erfolgt die Verrechnung mit Zinssätzen für Leistungen, die gerade nicht am Kundenmarkt von Bankfilialen gehandelt werden und Kundengeschäfte somit nicht voll substituieren können. So läßt sich mit lenkungsorientierten Verrechnungszinsen der erweiterten Marktzinsmethode nach Schierenbeck oder dem Modell Gerkens simultan und näherungsweise die optimale Bilanzstruktur aus Sicht der Gesamtbank ermitteln. Allerdings kommen mit solchen Lenkungspreisen nicht die Leistung von Filialen sondern die innerbetrieblichen Interdependenzen und die Knappheit der Ressourcen zum Ausdruck. Das Verhalten von Mitarbeitern wird in der Profit Center-Konzeption aber durch die leistungsorientierte Erfolgsermittlung bestimmt. Mit der Marktzinsmethode sind also mangels geeigneter Marktpreise unterschiedliche Wertansätze für Verrechnungszinsen in der Lenkungs- und in der Erfolgsermittlungsfunktion erforderlich (Kapitel 2.2.3).

Wegen der entsprechend modellhaft eingeschränkten Erfolgsermittlung durch die Marktzinsmethode ist die Erzielung des sog. unternehmerischen Verhaltens in der idealtypischen Vorstellung der Profit Center-Konzeption also für Bankfilialen nicht sichergestellt (Kapitel 1). Anders als in bisherigen Untersuchungen zur Marktzinsmethode wird die Modellhaftigkeit der Erfolgsermittlung hier aber nicht weiter in Frage gestellt und aufzulösen versucht. Vielmehr wird die entsprechend eingeschränkte Zweckerfüllung von Verrechnungszinsen gemäß Marktzinsmethode als gegeben hingenommen. Wegen der unausweichlichen Modellhaftigkeit der Erfolgsermittlung durch die Marktzinsmethode müssen Verhaltenswirkungen also explizit untersucht werden, um dysfunktionale Verhaltenswirkungen erkennen und gegebenenfalls vermeiden zu können.[172] Dazu wird im folgenden die Erfolgsermittlung durch Verrechnungszinsen gemäß Marktzinsmethode zugrundegelegt, ohne Ergänzungen dieser Verrechnungszinsen beispielsweise im Sinne des Dualen Steuerungsmodells nach Schierenbeck zu berücksichtigen, weil diese lenkungsorientiert eingesetzt werden und die Modellhaftigkeit der Erfolgsermittlung nicht auflösen.

---

171 Vgl. GERKEN, Arno, Optimale Entscheidungen in Banken, Diss., Wiesbaden 1994, S. 89.

172 Vgl. SCHOENFELD, Hanns-Martin W., Behavioral Accounting, in: Wittmann, Waldemar, Kern, Werner, Köhler, Richard, Küpper, Hans-Ulrich, v. Wysocki, Klaus (Hrsg.), Handwörterbuch der Betriebswirtschaft, 5. Aufl., Stuttgart 1993, Sp. 280 - 292, hier Sp. 282.

3.3 Ansatz zur Analyse dysfunktionaler Verhaltenswirkungen der Erfolgsermittlung gemäß Marktzinsmethode

Im folgenden wird ein Ansatz zur Analyse dysfunktionaler Verhaltenswirkungen des mittels Marktzinsmethode gemessenen Filialerfolgs auf Mitarbeiter abgeleitet. Dieser baut auf den erläuterten Grundlagen zur Erfolgsverantwortung als impliziter Verhaltensnorm in der Profit Center-Konzeption und der modellhaften Erfolgsermittlung für Bankfilialen durch Verrechnungszinsen gemäß Marktzinsmethode auf.

Zur Identifikation dysfunktionaler Verhaltenswirkungen wird die Ausrichtung des Verhalten an der Erfolgsermittlung durch die Marktzinsmethode dem unternehmerischen Verhalten in Bankfilialen gegenübergestellt, das mit der Profit Center-Konzeption angestrebt wird. Verhaltenswirkungen im Sinne der Ausrichtung des Verhaltens an der Erfolgsermittlung lassen sich dann in dem Ausmaß als funktional bezeichnen, in dem sie unternehmerischem Verhalten entsprechen. Als dysfunktional werden entsprechend Verhaltenswirkungen der Erfolgsermittlung bezeichnet, die nicht mit unternehmerischem Verhalten in Einklang stehen.[173] Funktionale und dysfunktionale Verhaltenswirkungen sind also durch das Ausmaß der Kongruenz des Verhaltens, das sich an der modellhaften Erfolgsmessung ausrichtet, mit unternehmerischem Verhalten bestimmt:

- Die **Ausrichtung des Verhaltens an der Erfolgsmessung** mittels Marktzinsmethode ist in dem Sinne zu verstehen, daß Mitarbeiter solche Merkmale zinstragender Geschäfte zu manipulieren suchen, die als Determinanten des Filialerfolgs Einfluß auf die Höhe von Konditionsbeitragsbarwerten haben. Beispielsweise können Mitarbeiter ihr Verhalten an der Manipulation der Kapitalbindung von Kundengeschäften ausrichten, wenn dadurch höhere Konditionsbeitragsbarwerte zu erzielen sind. Mit entsprechenden Beiträgen zum Filialerfolg können sie ihr Leistungsbedürfnis befriedigen.

- **Unternehmerisches Verhalten** von Mitarbeiter interessiert im Rahmen des Vertriebs zinstragender Geschäfte und soll der Nachhaltigkeit der Erfolgserzielung dienen. Damit sind Grundzüge unternehmerischen Verhaltens zunächst unabhängig von der Erfolgsmessung zu ermitteln: Zur nachhaltigen Erfolgserzielung sind beispielsweise Kundenpräferenzen auf die eigene Bank zu lenken, um die Kundenbindung zu stärken.

---

173 Vgl. HÖLLER, Hans, Verhaltenswirkungen betrieblicher Planungs- und Kontrollsysteme, Diss., München 1978, S. 205.

Damit ist für die Analyse von Verhaltenswirkungen die Unterscheidung von funktionalen und dysfunktionalen Verhaltenswirkungen der Erfolgsmessung entscheidend (Abb. 3: Dysfunktionale Verhaltenswirkungen der Marktzinsmethode, S. 66).

Aus der Abbildung läßt sich nun die Abgrenzung funktionalen und dysfunktionalen Verhaltens ableiten:

- **Funktionales Verhalten** resultiert in dem Ausmaß aus der Erfolgsmessung mittels Marktzinsmethode, als sich die Manipulation von Determinanten des Filialerfolgs mit unternehmerischem Verhalten zur nachhaltigen Erfolgserzielung deckt.

- **Dysfunktionales Verhalten** resultiert aus der Erfolgsmessung mittels Marktzinsmethode, wenn die Manipulation von Determinanten des Filialerfolgs sich nicht mit unternehmerischem Verhalten deckt.

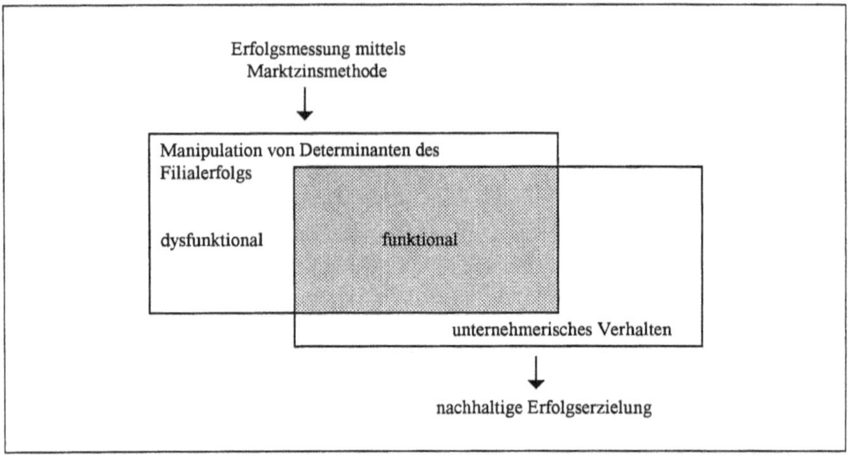

Abb. 3: Dysfunktionale Verhaltenswirkungen der Marktzinsmethode

- **Dysfunktionales Verhalten** resultiert aus der Erfolgsmessung mittels Marktzinsmethode, wenn die Manipulation von Determinanten des Filialerfolgs sich nicht mit unternehmerischem Verhalten deckt.

- Ein **dritter Bereich** bezeichnet unternehmerisches Verhalten, soweit dieses ohne Bezug zu den Determinanten des Filialerfolgs im Sinne der Marktzinsmethode ist. Verhaltenswirkungen in diesem dritten Bereich sind also von der Marktzinsmethode unabhängig. Beispielsweise kann darunter die Planung der Kapazitäten an Personal und Sachmitteln der Filiale verstanden werden. Die zugehörigen Erfolgskomponenten werden durch die Marktzinsmethode nicht erfaßt (Kapitel 2.2.1). Entsprechendes Verhalten interessiert daher im folgenden nicht weiter.

Die Erfolgsmessung gemäß Marktzinsmethode ist also soweit unproblematisch, als daraus funktionales Verhalten resultiert.[174] Die Ermittlung dysfunktionaler Verhaltenswirkungen dient dazu, Bedingungen unerwünschter Verhaltenswirkungen der Erfolgsmessung mittels Marktzinsmethode in der Profit Center-Konzeption systematisch aufzuzeigen, die zunächst aus der Modellhaftigkeit der Erfolgsmessung resultieren. Aus diesen Bedingungen läßt sich schließlich ein Ausblick auf Ansätze zur Vermeidung dysfunktionaler Verhaltenswirkungen ableiten.

Zur Unterscheidung funktionaler und dysfunktionaler Verhaltenswirkungen durch die Erfolgsmessung gemäß Marktzinsmethode sind also zunächst Grundzüge unternehmerischen Verhaltens beim Vertrieb zinstragender Geschäfts zu bestimmen. Sodann sind die inhaltliche und die zeitliche Abgrenzung des Filialerfolgs durch die Marktzinsmethode auf Merkmale zinstragender Kundengeschäfte hin zu untersuchen, die als Determinanten des Filialerfolgs durch Bankfilialen manipulierbar sind. Darauf aufbauend kann analysiert werden, wieweit sich eine Manipulation solcher Determinanten des Filialerfolgs mit unternehmerischem Verhalten deckt, um die Gefahren dysfunktionaler Verhaltenswirkungen zu erkennen. Entsprechend ist die folgende Analyse aufgebaut:

- Grundzüge unternehmerischen Verhaltens von Bankfilialen im Vertrieb des zinstragenden Geschäfts werden unabhängig von der Erfolgsmessung untersucht, weil diese den Maßstab zur Beurteilung von Verhaltenswirkungen der Erfolgsermittlung gemäß Marktzinsmethode darstellen **(Kapitel 4)**.

- Die Erfolgsermittlung gemäß Marktzinsmethode wird auf diejenigen Determinanten hin untersucht, die den Filialerfolg bestimmen. Verhaltenswirkungen der Marktzinsmethode gehen nämlich von Möglichkeiten zur Manipulation derjenigen Merkmale von Kundengeschäften aus, die Einfluß auf die Höhe des Filialerfolgs als Leistungsindikator haben **(Kapitel 5)**.

- Ausrichtungen des Verhaltens im Sinne der in Kapitel 5 analysierten Möglichkeiten zur Manipulation zinstragender Geschäfte werden sodann auf die Gefahr dysfunktionaler Wirkungen hin untersucht **(Kapitel 6)**. Zunächst wird

---

174 Vgl. HÖLLER, Hans, Verhaltenswirkungen betrieblicher Planungs- und Kontrollsysteme, Diss., München 1978, S. 207.

dazu ein Bezugsrahmen erläutert, der die Ableitung von Verhaltenswirkungen im Spannungsfeld zwischen den Möglichkeiten zur entsprechenden Manipulation zinstragender Geschäfte gemäß Kapitel 5 und den Grundzügen unternehmerischen Verhaltens gemäß Kapitel 4 ermöglicht (Kapitel 6.1). In diesem Bezugsrahmen lassen sich dann Verhaltenswirkungen der inhaltlichen (Kapitel 6.2) und der zeitlichen (Kapitel 6.3) Erfolgsabgrenzung gemäß Marktzinsmethode ableiten, und die Gefahr dysfunktionaler Verhaltenswirkungen wird erkennbar. Schließlich können Bedingungen abgeleitet werden, von denen die Gefahr dysfunkionaler Verhaltenswirkungen der Marktzinsmethode ausgeht.

- Mit der Zusammenfassung dysfunktionaler Verhalenswirkungen der Marktzinsmethode und deren Bedingungen wird abschließend ein Ausblick auf Ansätze zur Vermeidung der entsprechenden Gefahren für die nachhaltige Erfolgserzielung gegeben **(Kapitel 7)**.

4 Grundzüge unternehmerischen Verhaltens in Bankfilialen

Zur Identifikation dysfunktionaler Verhaltenswirkungen bedarf es eines Beurteilungsmaßstabs für Ausrichtungen des Verhaltens von Mitarbeitern an der Erfolgsermittlung durch die Marktzinsmethode. Die entsprechenden Ausrichtungen des Verhaltens sind als Manipulation der Determinanten des so abgegrenzten Filialerfolgs zu verstehen. Aufgrund der Kongruenz solcher Ausrichtungen des Verhaltens mit dem Beurteilungsmaßstab lassen sich funktionale bzw. dysfunktionale Verhaltenswirkungen unterscheiden. Der Beurteilungsmaßstab muß dazu unabhängig von der Erfolgsabgrenzung durch die Marktzinsmethode ermittelt werden, und er muß das mit der Erfolgsmessung in der Profit Center-Konzeption verfolgte Ziele der Motivation zu unternehmerischem Verhalten wiedergeben (Kapitel 3.3).

Unternehmerisches Verhalten interessiert in dieser Arbeit in der spezifischen Funktion von Filialen. Es werden also Grundzüge unternehmerischen Verhaltens beim Vertrieb zinstragender Geschäfte durch Bankfilialen aufgezeigt. Aus unternehmerischer Sicht dienen Bankfilialen der nachhaltigen Erfolgserzielung bei der "Ausweitung - mindestens aber Erhaltung - des mengenmäßigen Absatzvolumens"[175] insbesondere durch Zufriedenstellung von Kundenbedürfnissen. Filialen werden also als Instrument zur Überwindung von Widerständen beim Absatz von Kredit- und Einlagengeschäften am Kundenmarkt eingesetzt.[176]

Um Grundzüge entsprechenden Verhaltens in Bankfilialen zu erkennen, werden im folgenden zunächst die Merkmale des Kundenmarkts von Filialen strukturiert. Diese lassen sich in Preis-Absatz-Funktionen abbilden um Auswirkungen der Überwindung von Marktwiderstände beim Absatz zinstragender Geschäfte auf den Filialerfolg zu erkennen (Kapitel 4.1). Dabei wird gezeigt, daß Präferenzen von Kunden eine besondere Rolle bei der Überwindung von Marktwiderständen durch Bankfilialen zukommt. Die Überwindung von Marktwiderständen bedeutet nämlich für Bankfilialen als Vertriebswege insbesondere, Präferenzen von Kunden auf die eigene Bank zu lenken. In Kapitel 4.2 werden die Präferenzen der Kunden strukturiert und ihre Bedeutung für den Vertrieb zinstragender Geschäfte durch Bankfilialen herausgestellt. Schließlich werden die Möglichkeiten zur Überwindung von Marktwiderständen im Sinne des angestrebten unternehmerischen Verhaltens definiert. Dazu werden die Instrument des Marketing auf ihre Einsatzmöglichkeit zur Lenkung von Kundenpräferenzen geprüft (Kapitel 4.3).

---

175 GERCKENS, Barbara, Absatzwegepolitik im breiten Privatkundengeschäft einer Universalbank, Diss., Frankfurt/Main 1982, S. 27 f. und vgl. NIESCHLAG, Robert, DICHTL, Erwin, HÖRSCHGEN, Hans, Marketing, 14. Aufl., Berlin 1985, S. 16 ff.

176 Vgl. SÜCHTING, Joachim, Bankmanagement, 3. Aufl., Stuttgart 1992, S. 420.

4.1 Kundenmarkt von Bankfilialen als Rahmenbedingung unternehmerischen Verhaltens

Um angestrebtes unternehmerisches Verhalten für Bankfilialen in Grundzügen zu strukturieren, müssen zunächst die Rahmenbedingungen des relevanten Markts betrachtet werden. Bankfilialen dienen dabei als Vertriebswege für zinstragende Geschäfte, d.h. hier werden als Rahmenbedingungen für das Verhalten der Mitarbeiter in Bankfilialen die Merkmale des Markts für zinstragende Geschäfte betrachtet, der vereinfachend als Kundenmarkt bezeichnet wird. Dazu erfolgt eine begriffliche Abgrenzung des Kundenmarkts (Kapitel 4.1.1) und eine Erläuterung der wesentlichen Merkmale dieses Markts (Kapitel 4.1.2). Darauf aufbauend folgt eine Darstellung der Widerstände, die sich dem Vertrieb zinstragender Geschäfte auf diesem Markt entgegenstellen (Kapitel 4.1.3).

4.1.1 Abgrenzung des Kundenmarkts von Bankfilialen

Vom Markt für den Vertrieb zinstragender Geschäfte durch Bankfilialen werden nach der Marktzinsmethode der Interbankenmarkt und Geschäfte der Bank mit sog. institutionellen Anlegern abgegrenzt. Entsprechende Interbanken- und Wertpapiergeschäfte werden am Geld- und Kapitalmarkt getätigt und stehen ausschließlich im Zuständigkeitsbereich der Zentrale.[177] Damit sind Filialen im Sinne dieser Arbeit ein Vertriebsweg für den Absatz von Bankleistungen[178] an Kunden, die nicht dem institutionellen Bereich als sog. institutionelle (Firmen-)Kunden zuzurechnen sind.[179]

Solche Kundenmärkte von Filialen sind neben der Abgrenzung durch die Zielgruppe regional abgegrenzt. Sie umfassen also alle Kunden eines festgelegten Gebiets. Regional abgegrenzte Märkte verschiedener Filialen unterscheiden sich in ihrer Nachfragestruktur teilweise erheblich voneinander.[180] Dabei ist die regionale

---

177 Vgl. DROSTE, Klaus D., FAßBENDER, Heino, PAULUHN, Burkhardt, SCHLENZKA, Peter F., LÖHNEYSEN, Eberhard von, Falsche Ergebnisinformation - Häufige Ursache für Fehlentwicklungen in Banken, in: Die Bank, o. Jg. (1983), S. 313 - 323, hier S. 313 f. und SCHIERENBECK, Henner, Ertragsorientiertes Bankmanagement, 4. Aufl., Wiesbaden 1994, S. 69.

178 Vgl. BÜSCHGEN, Hans E., Bankbetriebslehre, 3. Aufl., Stuttgart, Jena 1994 , S. 150.

179 Vgl. SINKEY, Joseph F. Jr., Commercial Bank financial management, New York 1983, S. 11.

180 Vgl. zu den Möglichkeiten der räumlichen Abgrenzung von Kundenmärkten HRNCIR, Michael, Informationsbedarf für Bankfilialen, Wien 1987, S. 97 - 100.

Abgrenzung auch von der Zielgruppe abhängig: So nimmt die Relevanz des regionalen Kundenmarkts beispielsweise mit zunehmender Größe von Firmenkunden ab, deren Tätigkeitsgebiet das Filialgebiet oder gar das Geschäftsgebiet der Bank übersteigt. Geschäfte mit entsprechenden "Großkunden" erfolgen in der Regel nicht über eine Filiale sondern unmittelbar über die Zentrale.[181] Regionale Märkte einer Filiale umfassen also Privatkunden und Firmenkunden nur bis zu einer begrenzten Größe. Dabei kommt es im Zusammenhang dieser Arbeit nicht auf eine operationale Festlegung der Größengrenze von Firmenkunden an, weil Verhaltenswirkungen der Profit Center-Konzeption davon unberührt bleiben. Vielmehr erleichtert das Bestehen einer solchen Größengrenze die Abgrenzung des Kundenmarkts von Filialen zum Geld- und Kapitalmarkt. So werden Geschäfte mit "großen" Kunden über die Zentrale getätigt und interessieren daher hier unabhängig davon nicht weiter, ob sie dort zu Geschäften des Geld- und Kapitalmarkts zählen oder zu Geschäften mit (großen) Firmenkunden.

4.1.2 Merkmale des Kundenmarkts von Bankfilialen

Kundenmärkte von Bankfilialen zeichnen sich durch eine spezifische Unvollkommenheit aus. Auf vollkommenen Märkten gibt es nämlich keine Intermediation von Kapitalnachfrage und -angebot durch Banken, die damit Gewinne erwirtschaften könnten. Vielmehr finden Nachfrage und Angebot dort unmittelbar zum Gleichgewicht und Gewinne, die aus einer Zinsspanne resultieren, gibt es definitionsgemäß nicht.[182] Auf entsprechend unvollkommenen Kundenmärkten lassen sich die Möglichkeiten von Bankfilialen zur Erfolgserzielung im Vertrieb zinstragender Geschäfte sodann an folgenden Merkmalen festmachen:[183]

a. Unsicherheit über Dispositionen von Kunden,

b. Präferenzen von Kunden und

c. mangelnde Markttransparenz.

---

181 Vgl. BÜSCHGEN, Hans E., Bankbetriebslehre, 4. Aufl., Wiesbaden 1993, S. 283.

182 Vgl. SCHÄFER, Henry, Information und Kooperation im Absatz von Bankdienstleistungen, in: ZfbF, 47. Jg. (6/1995), S. 531 - 544, hier S. 532.

183 Vgl. HAGENMÜLLER, Karl Friedrich, Die Bestimmungsfaktoren preispolitischer Autonomie bei Kreditinstituten, in: Büschgen, Hans (Hrsg.), Geld, Kapital und Kredit, Stuttgart 1968, S. 158 - 170, hier S. 160 und S. 166 GUTENBERG, Erich, Grundlagen der Betriebswirtschaftslehre, Bd. 2, Absatz, 17. Aufl., Berlin u.a. 1984, S. 292 und SÜCHTING, Joachim, Bankmanagement, 3. Aufl., Stuttgart 1992, S. 415 und S. 444.

Zu a. Unsicherheit über Dispositionen von Kunden: Eine Bank disponiert nicht ihre Einlagen und Kredite, sondern sie muß in der Regel auf Dispositionen ihrer Kunden reagieren. Diese Dispositionen treffen die Kunden für jede Transaktion erneut aufgrund ihrer individuellen Bedürfnisse. Die Möglichkeit, solche Dispositionen auf die eigene Bank zu lenken, wird durch die **Nachfragefähigkeit** und die individuelle **Nachfragebereitschaft** von Kunden determiniert:[184]

- In der **Nachfragefähigkeit** kommen die objektiven Voraussetzungen der Leistungsinanspruchnahme wie das Geldvermögen, die Sparquote[185] und das Einkommen von Kunden zum Ausdruck. Diese Voraussetzungen sind nicht durch Anstrengungen im Vertrieb beeinflußbar. Sie stellen lediglich das Nachfragepotential dar, das durch Banken insgesamt ausschöpfbar ist.

- Mit der **Nachfragebereitschaft** kommen die individuellen Bedürfnisse von Kunden zum Ausdruck, die im Rahmen ihrer Nachfragefähigkeit Bankleistungen in Anspruch zu nehmen. Bei welcher Bankfiliale die Nachfragebereitschaft schließlich realisiert wird, ist von deren absatzpolitischen Anstrengungen abhängig.[186] Diese können also insbesondere auf die Lenkung von Kundenpräferenzen auf die eigene Bankfiliale ausgerichtet werden.

Das zinstragende Kundengeschäft ist also durch Unsicherheit bezüglich der Dispositionen auf Kredit- und Einlagenkonten geprägt.[187] Diese resultiert aus der unbeeinflußbaren Nachfragefähigkeit und der Nachfragebereitschaft von Kunden, die dem Einfluß von Bankfilialen unterliegt.

Zu b. Präferenzen von Kunden: Präferenzen von Kunden bestehen in räumlicher, zeitlicher, persönlicher und sachlicher Hinsicht für eine bestimmte Bankfiliale und deren Mitarbeiter.[188] Aufgrund solcher Präferenzen urteilen Kunden im direkten Vergleich der Leistungen zweier bzw. mehrerer Anbieter über die Vor-

---

184 Vgl. SÜCHTING, Joachim, Bankmanagement, 3. Aufl., Stuttgart 1992, S. 426 ff. und BÜSCHGEN, Hans E., Bankmarketing, Düsseldorf 1995, S. 51 f.

185 Vgl. RICHTER, Andreas, Neuausrichtung des Finanzdienstleistungsmarketings, Diss., Wiesbaden 1996, S. 18.

186 Vgl. KAAS, Klaus Peter, Marketing als Bewältigung von Information- und Unsicherheitsproblemen am Markt, in: DBW, 50. Jg. (1990), S. 539 - 548, hier S. 539 und S. 542.

187 Vgl. HRNCIR, Michael, Informationsbedarf für Bankfilialen, Wien 1987, S. 95 und SÜCHTING, Joachim, Bankmanagement, 3. Aufl., Stuttgart 1992, S. 415 ff.

188 Vgl. HAGENMÜLLER, Karl Friedrich, Die Bestimmungsfaktoren preispolitischer Autonomie bei Kreditinstituten, in: Büschgen, Hans (Hrsg.), Geld, Kapital und Kredit, Stuttgart 1968, S. 158 - 170, hier S. 160.

ziehenswürdigkeit eines dieser Anbieter.[189] Kunden sind aufgrund ihrer Präferenzen geneigt, ihre Nachfrage längerfristig an eine bestimmte Bank zu binden, und mit zunehmenden Präferenzen sinkt die Preisempfindlichkeit von Kunden. Dieser Zusammenhang weist bereits darauf hin, daß die Lenkung von Kundenpräferenzen durch die Instrumente des Marketing auf die eigene Bankfiliale der nachhaltigen Erfolgserzielung dient.[190]

Zu c. mangelnde Markttransparenz: Im Unterschied zu Geschäften der Zentrale am Geld- und Kapitalmarkt zeichnet sich der Kundenmarkt einer Filiale durch mangelnde Transparenz aus.[191] Damit kommt zum Ausdruck, daß Bankkunden nur in begrenztem Umfang Kenntnisse über die verschiedenen Bankleistungen und Preise aller Anbieter haben.[192] Dabei ist die Markttransparenz bei Privatkunden mit geringer ökonomischer Bildung und nur einer einzigen Bankverbindung geringer als bei großen Firmenkunden mit einer Vielzahl von Bankverbindungen.[193] Weiterhin ist aufgrund mangelnder Markttransparenz ein Wechsel des Anbieters für Kunden mit hohen Transaktionskosten für Informationssuche und -auswertung verbunden. Mit zunehmender Höhe solcher Transaktionskosten nimmt also die Kundenbindung wegen der Lästigkeit eines Bankwechsels zu.[194] Entsprechend sinkt mit abnehmender Markttransparenz die Preisempfindlichkeit von Kunden und steigen die Möglichkeiten zu Erfolgserzielung durch Bankfilialen.

---

189 Vgl. NIESCHLAG, Robert, DICHTL, Erwin, HÖRSCHGEN, Hans, Marketing, 17. Aufl., Berlin 1994, S. 224.

190 Vgl. ARBEITSKREIS "FINANZIERUNG" DER SCHMALENBACH-GESELLSCHAFT, Ansätze zur Gestaltung des Netzes von Bankverbindungen durch Unternehmen, in: ZfbF, 40. Jg. (1988), S. 739 - 767, hier S. 740 ff., SÜCHTING, Joachim, Bankmanagement, 3. Aufl., Stuttgart 1992, S. 444, BÜSCHGEN, Hans E., Bankbetriebslehre, 3. Aufl., Stuttgart, Jena 1994, S. 152 und SCHÄFER, Henry, Information und Kooperation im Absatz von Bankdienstleistungen, in: ZfbF, 47. Jg. (6/1995), S. 531 - 544, hier S. 540.

191 Vgl. SÜCHTING, Joachim, Bankmanagement, 3. Aufl., Stuttgart 1992, S. 444.

192 Vgl. LINDEMANN, Egbert, Markttransparenz und Preispolitik, Berlin 1968, S. 12 ff. und FELDBAUSCH, Friedrich K., Bankmarketing, München 1974, S. 307.

193 Vgl. SÜCHTING, Joachim, Die Theorie der Bankloyalität - (noch) eine Basis zum Verständnis der Absatzbeziehungen von Kreditinstituten?, in: Süchting, Joachim, van Hooven, Eckart (Hrsg.), Handbuch des Bankmarketing, 2. Aufl., Wiesbaden 1991, S. 25 - 43, hier S. 34.

194 Vgl. KRÜMMEL, Hans-Jacob, Bankzinsen, Habil., Köln u.a. 1964, S. 249 und SCHÄFER, Henry, Information und Kooperation im Absatz von Bankdienstleistungen, in: ZfbF, 47. Jg. (6/1995), S. 531 - 544, hier S. 540.

Aus den so gekennzeichneten Merkmalen von Kundenmärkten (Unsicherheit über Kundendispositionen, Kundenpräferenzen und mangelnde Markttransparenz) werden nun die Marktwiderstände auf Kundenmärkten abgeleitet, die es von Bankfilialen in ihrer Funktion als Vertriebsweg zu überwinden gilt (Kapitel 4.1.3).[195]

4.1.3 Marktwiderstände als Determinanten des Filialerfolgs

In ihrer Funktion als Vertriebswege dienen Bankfilialen der Überwindung von Marktwiderständen beim Absatz zinstragender Geschäfte (Kapitel 2.1). Dabei bestimmen die zuvor gekennzeichneten Merkmale von Kundenmärkten die zu überwindenden Marktwiderstände (Kapitel 4.1.2). Diese Marktwiderstände lassen sich anhand der Merkmale von Kundenmärkten in Preis-Absatz-Funktionen abbilden, um die Möglichkeiten der nachhaltigen Erfolgserzielung durch die Überwindung von Marktwiderständen abzuleiten.

Im folgenden werden dazu Möglichkeiten der Erfolgserzielung mit Hilfe der Abbildung von Marktwiderständen in Preis-Absatz-Funktionen erläutert und begrifflich an die Besonderheiten zinstragender Geschäft angepaßt. Vereinfachend werden dafür zunächst die besonderen Merkmale der Kundenmärkte von Bankfilialen vernachlässigt und ein monopolistisches Angebot unterstellt (Kapitel 4.1.3.1). In einem weiteren Schritt wird die Abbildung um die besonderen Merkmale von Kundenmärkten ergänzt (Kapitel 4.1.3.2). Durch die entsprechende statische Abbildung der jeweils aktuellen Marktwiderstände werden Ansätze zu deren Überwindung erkennbar, in denen Grundzüge des angestrebten unternehmerischen Verhaltens zum Ausdruck kommen (Kapitel 4.2 und 4.3).

4.1.3.1 Abbildung von Marktwiderständen in Preis-Absatz-Funktionen für zinstragende Geschäfte

In Preis-Absatz-Funktionen kommt die Wechselwirkung des für eine Leistung geforderten Preises und dem daraufhin zu erwartenden Absatzvolumen zum Ausdruck.[196] Für den hier interessierenden Absatz zinstragender Geschäfte durch Bankfilialen ist unter dem Begriff des Absatzvolumens der Betrag der Nutzungsüberlassung an Zahlungsmittelbeständen zu verstehen, der kurz als Volumen be-

---

195 Vgl. SÜCHTING, Joachim, Bankmanagement, 3. Aufl., Stuttgart 1992, S. 420 und S. 422.

196 Vgl. NIESCHLAG, Robert, DICHTL, Erwin, HÖRSCHGEN, Hans, Marketing, 17. Aufl., Berlin 1994, S. 350.

zeichnet wird.[197] Die Preiskomponente, die sich auf die entsprechende Darlehenssumme bzw. den entsprechenden Einlagenbetrag und auf die Laufzeit von einem Jahr bezieht, ist der Zinssatz (Kapitel 2.1.2). Die jeweils aktuellen Marktwiderstände im zinstragenden Geschäft lassen sich damit durch Zins-Volumen-Kombinationen im Kundengeschäft als statische Preis-Absatz-Funktion darstellen. Diese bildet die Wechselwirkung zwischen dem geforderten Preis (hier: Zinssatz) und dem erwarteten Absatz (hier: Volumen) als Marktreaktionsfunktion ab.[198]

Die Zins-Volumen-Kombination, die den erzielbaren Erfolg (als Produkt von Zinssatz und Volumen abzüglich Kosten) bei gegebenen Marktwiderständen abbildet, ist bestimmt durch:

a. den Verlauf der Preis-Absatz-Funktion und

b. die Kosten bzw. dem Kostenverlauf des Unternehmens.

Zu a. Verlauf der Preis-Absatz-Funktion: Der Verlauf der Preis-Absatz-Funktion ist vom Vollkommenheitsgrad des Marktes abhängig, d.h. vom Nachfrageverhalten aufgrund von Kundenpräferenzen, von der gegebenen Markttransparenz und von den Wettbewerbern.[199] Dem unsicheren Nachfrageverhalten von Kunden steht das akquisitorische Potential eines Unternehmens gegenüber. Mit dem Begriff des akquisitorischen Potentials verbindet man dabei die Gesamtheit aller Merkmale eines Unternehmens und dessen Leistungen, wegen derer sich die Nachfragebereitschaft gerade an dieses Unternehmen richtet. Jedes Unternehmen hat also eine individuelle Preis-Absatz-Funktion,[200] soweit sich Präferenzen der Kunden unterschiedlich auf die einzelnen Wettbewerber als Anbieter auf einem Markt verteilen.[201] Der Wettbewerb bestimmt sodann über die Zahl der Konkurrenten am Markt den Verlauf der Preis-Absatz-Funktion. Dabei wird zunächst vereinfachend von einem monopolistischen Angebot ausgegangen (Abb. 4: Zinserfolg und Preis-Absatz-Funktion im Aktivgeschäft, S. 79), weil der damit ver-

---

197 Vgl. KRÜMMEL, Hans-Jacob, Bankzinsen, Habil., Köln u.a. 1964, S. 15.

198 Vgl. NIESCHLAG, Robert, DICHTL, Erwin, HÖRSCHGEN, Hans, Marketing, 17. Aufl., Berlin 1994, S. 350

199 Vgl. GUTENBERG, Erich, Grundlagen der Betriebswirtschaftslehre, Bd. 2, Absatz, 17. Aufl., Berlin u.a. 1984, S. 250 f. und NIESCHLAG, Robert, DICHTL, Erwin, HÖRSCHGEN, Hans, Marketing, 17. Aufl., Berlin 1994, S. 352.

200 Vgl. GUTENBERG, Erich, Grundlagen der Betriebswirtschaftslehre, Bd. 2, Absatz, 17. Aufl., Berlin u.a. 1984, S. 243.

201 Vgl. GUTENBERG, Erich, Grundlagen der Betriebswirtschaftslehre, Bd. 2, Absatz, 17. Aufl., Berlin u.a. 1984, S. 252.

bundene fallende Verlauf der Preis-Absatz-Funktion weitgehend dem später erläuterten (Kapitel 4.1.3.2) autonomen Bereich der Preis-Absatz-Funktion von Bankfilialen entspricht.

Zu b. Kosten bzw. Kostenverlauf: Der erzielbare Erfolg wird sodann durch den Kostenverlauf bestimmt. In den Grundformen ist dabei der lineare Kostenverlauf vom S-förmigen (ertragsgesetzlichen) Kostenverlauf zu unterscheiden.[202] Im zinstragenden Kreditgeschäft von Bankfilialen interessieren nach der Marktzinsmethode als Kostengröße von Bankfilialen ausschließlich Verrechnungszinsen für kapitalmäßige Verflechtungen mit der Zentrale. Im Einlagengeschäft werden Bankfilialen durch die Zentrale entsprechende Zinserlöse verrechnet. Kosten des Betriebsbereichs werden vernachlässigt, weil sie keine Auswirkungen auf Verhaltenswirkungen der Marktzinsmethode haben (Kapitel 2.2.1). Die Höhe der Verrechnungszinsen wird aufgrund der Zins- bzw. Kapitalbindung von Kundengeschäften von der Zinsstruktur am Geld- und Kapitalmarkt abgeleitet (Kapitel 3.1.1). Verrechnungszinsen stellen sich damit unabhängig vom jeweiligen Geschäftsvolumen als konstanter Grenzzinssatz dar. Durch die Anwendung der Marktzinsmethode ist also ein linearer Kostenverlauf anzunehmen.[203]

Aus Sicht der Filiale bestimmt nun die Höhe der Verrechnungszinsen neben dem Verlauf der Preis-Absatz-Funktion den erzielbaren Erfolg bei gegebenen Marktwiderständen. Dieser Zusammenhang läßt sich für das Kreditgeschäft von Bankfilialen zunächst vereinfachend unter der Annahme einer monopolistischen Angebotsstruktur[204] und einem entsprechenden Verlauf der Preis-Absatz-Funktion (PAF) durch folgende Abbildung darstellen (Abb. 4: Zinserfolg und Preis-Absatz-Funktion im Aktivgeschäft, S. 79). Die Zins-Volumen-Kombination (z^*,V^*), die den Erfolg der Filiale maximiert (Erfolg*), ist durch den Cournot'schen Punkt (C) für das Volumen gekennzeichnet, bei dem Grenzkosten (K') in Höhe der Grenzerlöse (E') anfallen.[205]

---

202 Vgl. NIESCHLAG, Robert, DICHTL, Erwin, HÖRSCHGEN, Hans, Marketing, 17. Aufl., Berlin 1994, S. 350.

203 Vgl. BANKEN, Robert, Die Marktzinsmethode als Instrument der pretialen Lenkung in Kreditinstituten, Frankfurt/Main 1987, S. 174 und S. 208.

204 Ein solcher Verlauf der Preis-Absatz-Funktion wird auch von Gerken ohne nähere Begründung angenommen, um marktorientierte Verrechnungspreise kalkulieren zu können, vgl. GERKEN, Arno, Optimale Entscheidungen in Banken, Diss., Wiesbaden 1994, S. 446 und S. 449.

205 Vgl. GUTENBERG, Erich, Grundlagen der Betriebswirtschaftslehre, Bd. 2, Absatz, 17. Aufl., Berlin u.a. 1984, S. 204 f.

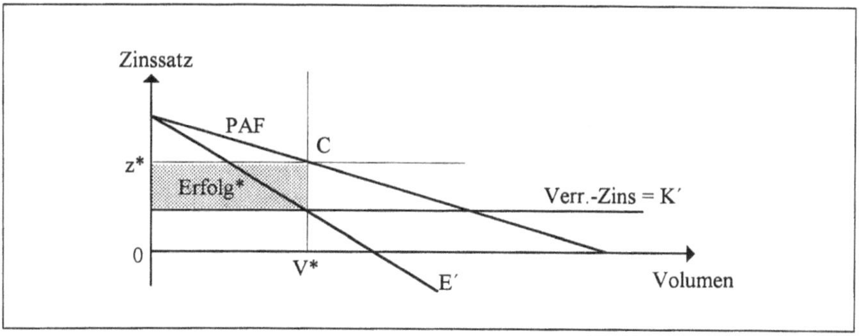

Abb. 4: Zinserfolg und Preis-Absatz-Funktion im Aktivgeschäft

Die entsprechende monopolistische Preis-Absatz-Funktion für zinstragende Passivgeschäfte mit der zugehörigen erfolgsmaximalen Zins-Volumen-Kombination (z*,V*) ergibt sich aus folgender Überlegung: Ist die Bank nicht bereit, Passiva zu verzinsen, so wird sie kein Passivgeschäft abschließen können. Mit steigenden Zinssätzen im Einlagengeschäft steigt das erzielbare Geschäftsvolumen. Auch im Passivgeschäft wird die Zins-Volumen-Kombination (z^*,V^*) des maximalen Erfolgs (Erfolg*) durch den Cournot´schen Punkt (C) gekennzeichnet. Bei dem zunächst auch hier vereinfachend angenommenen monopolistisch linearen Verlauf der Preis-Absatz-Funktion steigt das absetzbare Volumen mit steigenden Zinssätzen für Einlagen. Dabei müssen Banken einen Zinssatz von deutlich größer Null bieten, damit sie überhaupt Einlagen akquirieren können.[206] Das optimale Volumen (V^*) wird sodann auch im Einlagengeschäft durch den Schnittpunkt der Grenzkosten (K´) mit den Grenzerlösen (E´) bestimmt (Abb. 5: Zinserfolg und Preis-Absatz-Funktion im Passivgeschäft, S. 80). Dabei entsprechen die Grenzkosten (K´) den steigenden Grenzzinssätzen,[207] die von der Bank bei der angenommenen monopolistischen Preis-Absatz-Funktion zur Erzielung eines größeren Volumens für Kundeneinlagen gezahlt werden müssen. Die konstanten Grenzerlöse (E´) des Passivgeschäfts einer Filiale sind die Verrechnungszinsen, die der Filiale für entsprechende Einlagen gemäß Marktzinsmethode gutgeschrieben werden (Kapitel 3.1.1).

---

206 Vgl. zum idealtypischen Verlauf der Preis-Absatz-Funktion im Passivgeschäft GEHRKE, Rainer, Sonderangebote als preispolitisches Instrument von Kreditinstituten, Diss., Göttingen 1995, S. 22 f.

207 Die Steigung der Grenzkostenfunktion ist dabei doppelt so groß wie die Steigung der Preis-Absatz-Funktion. Dies ist aus dem exponentiellen Kostenverlauf zu schließen, der sich aus der linear steigenden Preis-Absatz-Funktion im Einlagengeschäft ergibt.

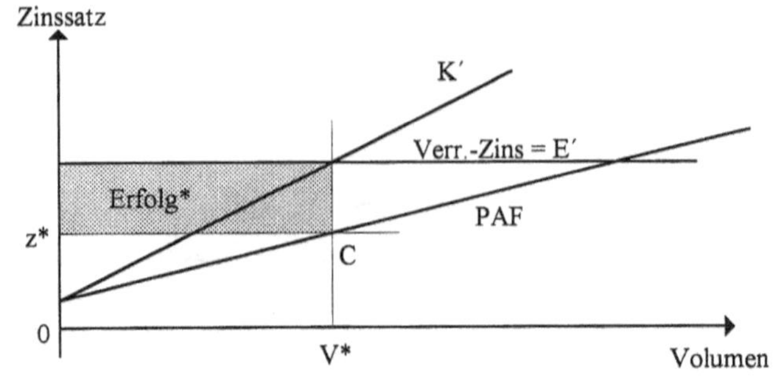

Abb. 5: Zinserfolg und Preis-Absatz-Funktion im Passivgeschäft

Aus Sicht einer Filiale ist der maximal erzielbare Erfolg also offensichtlich durch den Verlauf der Preis-Absatz-Funktion[208] und die Höhe des Verrechnungszinses bestimmt. Geht man von gegebenen Marktwiderständen und damit einer statischen Preis-Absatz-Funktion als deren Abbild aus, so kann eine Filiale ihr Verhalten zur Beeinflussung des Erfolgs auf folgende Merkmale richten:

a. Der maximal erzielbare Erfolg läßt sich auf einem Markt durch die optimale Zins-Volumen-Kombination (z^*,V^*) ausschöpfen, dessen Widerstände als Datum betrachtet werden.

b. Die Filiale kann versuchen, solche Geschäfte abzuschließen, die einen vergleichsweise zu Höhe der Kundenzinsen günstigen Verrechnungszins aufweisen.

Zu a. Ausschöpfen des maximal erzielbaren Erfolgs: Die Ausschöpfung des maximal erzielbaren Erfolgs ist bei gegebenen Widerständen am Absatzmarkt lediglich durch eine optimale Preis- bzw. Zinsfestsetzung möglich. Das Volumen ist nämlich in Anbetracht der in Kapitel 4.1.2 erläuterten Determination des Kundengeschäfts durch das Nachfrageverhalten der Kunden und nicht unmittelbar durch Bankfilialen bestimmbar. Damit würde sich das Verhalten von Bankfilialen also darauf beschränken, das optimale Geschäftsvolumen (V^*) zu erreichen, indem ein optimaler Zinssatz (z^*) von Kunden gefordert wird (im Passivgeschäft: an Kunden entrichtet wird). In der betrieblichen Praxis stoßen solche Maßnahmen auf Probleme. So ist der Verlauf der Preis-Absatz-Funktion zumeist unbekannt.

---

208 Vgl. GUTENBERG, Erich, Grundlagen der Betriebswirtschaftslehre, Bd. 2, Absatz, 17. Aufl., Berlin u.a. 1984, S. 205 f.

Die Kenntnis der Preis-Absatz-Funktion wird in der Praxis vielmehr als "utopische Informationsvoraussetzung" angesehen, die nur ein "Herantasten"[209] an die optimale Lösung ermöglicht. Mit der Zinsbestimmung bei gegebenen Marktwiderständen kann also lediglich angestrebt werden, der optimalen Zins-Volumen-Kombination (z^*,V^*) möglichst nahe zu kommen.

Zu b. Abschluß von Geschäften mit günstigen Verrechnungszinsen: Mit der Marktzinsmethode werden Verrechnungszinsen für Kundengeschäfte durch kongruente Geld- und Kapitalmarktgeschäfte hinsichtlich deren Zins- und Kapitalbindung bestimmt. Neben der Zins- und Kapitalbindung des jeweiligen Kundengeschäfts ist also die Zinsstruktur am Geld- und Kapitalmarkt für die Höhe der Verrechnungszinsen entscheidend (Kapitel 3.1.1). Bankfilialen können den ihnen zugerechneten Erfolg also manipulieren, indem sie solche Kundengeschäfte abzuschließen suchen, die aufgrund ihrer Zins- und Kapitalbindung vergleichsweise zur Höhe der Kundenzinsen günstige Verrechnungszinsen aufweisen. Dabei sind im Aktivgeschäft vergleichsweise niedrige Verrechnungszinsen anzustreben und im Passivgeschäft vergleichsweise hohe Verrechnungszinsen. Ein solches Verhalten zielt unmittelbar auf die Manipulation von Determinanten des Filialerfolgs, aufgrund seiner inhaltlichen Abgrenzung durch die Marktzinsmethode. Diese werden in einem gesonderten Kapitel 5 untersucht.

In einer gegebenen Preis-Absatz-Funktion kommen ebenfalls gegebene Marktwiderstände zum Ausdruck. Der maximal erzielbare Erfolg kann demnach bei statischer Betrachtung der Preis-Absatz-Funktion durch die oben genannten Maßnahmen erreicht werden. Aus dynamischer Perspektive können Bankfilialen zur Erhöhung des maximal erzielbaren Erfolgs die Preis-Absatz-Funktion jedoch nach rechts oben zu verschieben suchen. Da die Preis-Absatz-Funktion die bestehenden Marktwiderstände abbildet, bedeutet ihre graphische Verschiebung nach rechts oben zugleich eine Überwindung der Marktwiderstände. Entsprechend kann man zurückschließen, daß die Überwindung bestehender Marktwiderstände die Möglichkeiten zur Erfolgserzielung durch Bankfilialen stärkt. Eine solche Stärkung der Erfolgsmöglichkeiten durch die Überwindung von Marktwiderständen impliziert im Unterschied zu den oben gekennzeichneten Maßnahmen unter statischer Betrachtung der Preis-Absatz-Funktion eine nachhaltige Erfolgserzielung. Um diesen Zusammenhang genauer erläutern zu können werden im folgenden die speziellen Merkmale der Preis-Absatz-Funktion und damit der Marktwiderstände von Bankfilialen erläutert.

---

209 NIESCHLAG, Robert, DICHTL, Erwin, HÖRSCHGEN, Hans, Marketing, 17. Aufl., Berlin 1994, S. 361.

4.1.3.2 Besondere Merkmale der Preis-Absatz-Funktion am Kundenmarkt von Bankfilialen

Zur Darstellung des Zusammenhangs von Marktwiderständen einerseits, Verrechnungszinsen andererseits und dem daraus resultierenden Zinserfolg wurde zuvor ein monopolistischer Verlauf der Preis-Absatz-Funktion unterstellt (Kapitel 4.1.3.1). Diese Annahme wird im folgenden aufgegeben, indem die für Bankfilialen relevanten Merkmale der Marktwiderstände am Kundenmarkt berücksichtigt werden.

Kundenmärkte von Bankfilialen sind im wesentlichen gekennzeichnet durch unsichere Kundendispositionen, Kundenpräferenzen und mangelnde Markttransparenz (Kapitel 4.1.2). Die Wettbewerbsbedingungen am Kundenmarkt von Bankfilialen sind sodann durch einige wenige Anbieter (oligopolistisches Angebot) und viele Nachfrager (atomistische Nachfrage) gekennzeichnet.[210] Bankfilialen weisen unter diesen Bedingungen individuelle Preis-Absatz-Funktionen ihres Kundenmarkts auf, in deren sog. autonomen Bereich das akquisitorische Potential der jeweiligen Filiale aufgrund von Kundenpräferenzen zum Ausdruck kommt.[211] Aufgrund ihres akquisitorischen Potentials können Bankfilialen innerhalb des autonomen Bereichs ihre Preise bzw. Zinssätze vergleichsweise stark variieren, ohne mit größeren Reaktionen der oligopolistischen Konkurrenz rechnen zu müssen. In der idealtypischen Vorstellung eines solchen Gutenberg-Oligopols ist "der autonome Bereich (...) frei von Konkurrenzreaktionen:"[212] Auf Gütermärkten variieren bestehende Kunden bei Preissenkungen innerhalb des autonomen Bereichs ihre Nachfrage nach dem betroffenen Gut. Das Unternehmen aktiviert also eine latente Nachfrage von Kunden, die sich das entsprechende Gut erst nach erfolgter Preissenkung leisten können oder wollen. Bei Preissenkungen unterhalb des autonomen Bereichs durch ein Unternehmen verlagern bisherige Kunden anderer Anbieter ihre Nachfrage nach dem Gut aufgrund des günstigen Preises zu diesem Unternehmen. Dies wiederum löst bei den betroffenen Wettbewerbern Maßnahmen gegen die Kundenabwanderung aus. Im umgekehrten Fall von Preiserhöhung über den autonomen Bereich der Preis-Absatz-Funktion hinaus, muß das preis-

---

210 Vgl. SÜCHTING, Joachim, Bankmanagement, 3. Aufl., Stuttgart 1992, S. 444.

211 Vgl. GUTENBERG, Erich, Grundlagen der Betriebswirtschaftslehre, Bd. 2, Absatz, 17. Aufl., Berlin u.a. 1984, S. 290.

212 GUTENBERG, Erich, Grundlagen der Betriebswirtschaftslehre, Bd. 2, Absatz, 17. Aufl., Berlin u.a. 1984, S. 294.

setzende Unternehmen selbst mit erheblichen Kundenabwanderungen rechnen.[213] Solche Preiserhöhungen werden im folgenden nicht weiter betrachtet, weil die Reaktion oligopolistischer Wettbewerber spiegelbildlich zu entsprechenden Preissenkungen erfolgt, und solche Preiserhöhungen im Regelfall nicht dem Absatz dienen.

Die Überlegungen zum Gutenberg-Oligopol lassen sich nun auf Bankfilialen übertragen, um mit dem Verlauf der Preis-Absatz-Funktion von Bankfilialen deren spezifische Marktwiderstände bestimmen zu können. Dazu ist im Vertrieb zinstragender Geschäfte als Preiskomponente der Zinssatz und als Mengenkomponente des Absatzes das Volumen von Kredit- und Einlagengeschäften zu verstehen (Kapitel 4.1.3.1). Sodann gilt für Bankfilialen anstelle der Aktivierung latenter Nachfrage, daß sich durch Variation der Zinssätze im autonomen Bereich partielle Substitutionseffekte zwischen verschiedenen Leistungen der Bankfiliale oder zwischen verschiedenen Wettbewerbern erzielen lassen:[214] So können Kunden einzelne Leistungen aufgrund der jeweils günstigsten Zinssätze bei unterschiedlichen Banken nachfragen, ohne die Bankverbindung insgesamt zu wechseln. Außerdem können Kunden einer Bankfiliale aufgrund von Zinsvariationen andere Leistungen derselben Bankfiliale nachfragen, also beispielsweise Prämiensparen anstelle des einfachen Sparbuchs. Ein solches Verhalten von Bankkunden ist zunehmend zu beobachten.[215]

Außerhalb des autonomen Bereichs ist mit Reaktionen der Wettbewerber zu rechnen, weil die Variationen[216] der Zinssätze einer Bank durch Substitutionseffekte zugunsten dieser Bank für Wettbewerber deutlich wahrnehmbar werden. So kommt es beispielsweise verstärkt zu einem Wechsel der Bankverbindung durch Kunden. Senkt eine Bankfiliale also beispielsweise die Zinssätze für Kredite unter die untere Grenze des autonomen Bereichs, so werden ihre Wettbewerber aufgrund möglicher Substitutionseffekte zu ihren Lasten ihrerseits mit Zinssenkungen reagieren.[217] Unter der Annahme gleichbleibender Kundenpräferenzen führt eine

---

213 Vgl. GUTENBERG, Erich, Grundlagen der Betriebswirtschaftslehre, Bd. 2, Absatz, 17. Aufl., Berlin u.a. 1984, S. 245 und S. 299 ff.

214 Vgl. GEHRKE, Rainer, Sonderangebote als preispolitisches Instrument von Kreditinstituten, Diss., Göttingen 1995, S. 34 f.

215 Vgl. KÖCHER, Renate, Kundenpräferenzen und Kundenorientierung in einem schwieriger werdenden Markt, in: Geldinstitute, 23. Jg. (1992), S. 6 - 17, hier S. 6.

216 Im Kreditgeschäft: Zinssenkungen; im Einlagengeschäft: Zinserhöhungen.

217 Vgl. GUTENBERG, Erich, Grundlagen der Betriebswirtschaftslehre, Bd. 2, Absatz, 17. Aufl., Berlin u.a. 1984, S. 294.

solche Zinssenkung daher zu einer Verschiebung der Preis-Absatz-Funktion aller Banken auf einer Gleitkurve nach unten bis die niedrigeren Zinssätze etwa beim ursprünglichen Geschäftsvolumen wiederum in den autonomen Bereichen der jeweiligen Preis-Absatz-Funktionen liegen. So lassen sich durch solche Zinssenkungen kaum dauerhafte Veränderungen der Marktanteile erzielen.[218] Zinssenkungen unter den autonomen Bereich führen allenfalls kurzfristig zu temporären Erfolgserhöhungen durch zwischenzeitlich steigenden Absatz, bevor mit Reaktionen der Wettbewerber zu rechnen ist, die zu einer Verschiebung der Preis-Absatz-Funktion auf der Gleitkurve führen. Solche Zinssenkungen gefährden aber die nachhaltige Erfolgserzielung aller Anbieter aufgrund einer dauerhaften Absenkung des gesamten Zinsniveaus.[219] Das Konzept der Gleitkurve zeigt mit der Gefährdung der dauerhaften Erfolgserzielung also, daß im Oligopol auf unvollkommenen Märkten Zinssenkungen im Regelfall[220] nur ein Instrument zur Aktivierung von partiellen Substitutionseffekten sein können, kaum aber der Gewinnung neuer Kunden zur nachhaltigen Erfolgserzielung dienen können.[221]

Aufgrund erheblicher Substitutionseffekte außerhalb des autonomen Bereichs ist die Neigung der Preis-Absatz-Funktion dort also geringer als innerhalb des autonomen Bereichs (zwischen "a" und "b" in der folgenden Abb. 6: Doppelt geknickte Preis-Absatz-Funktion im Aktivgeschäft, S. 85). Die entsprechende Preis-Absatz-Funktion des Gutenberg-Oligopols hat also einen doppelt geknickten Verlauf.[222]

Aus der Abbildung wird deutlich, daß der maximal erzielbare Erfolg (Erfolg*) am Kundenmarkt von Bankfilialen vom Verlauf der (doppelt geknickten) Preis-Absatz-Funktion und den Verrechnungszinsen abhängt, die mit der Marktzinsmetho-

---

218 Vgl. GUTENBERG, Erich, Grundlagen der Betriebswirtschaftslehre, Bd. 2, Absatz, 17. Aufl., Berlin u.a. 1984, S. 298 f. und S. 302 - 304.

219 Vgl. SIMON, Hermann, Preismanagement, 2. Aufl., Wiesbaden 1992, S. 229 f.

220 Eine Ausnahmesituation liegt beispielsweise dann vor, wenn über die Preispolitik ein Verdrängungswettbewerb stattfindet oder eingeleitet werden soll, oder eine Bank aufgrund besonders günstiger Kostenstrukturen eine Preisführerschaft anstrebt. Solche Strategien sind aber nicht Gegenstand des operativen Verhaltens in Bankfilialen, sondern strategischen Planungen der Zentrale zuzurechnen.

221 Vgl. GUTENBERG, Erich, Grundlagen der Betriebswirtschaftslehre, Bd. 2, Absatz, 17. Aufl., Berlin u.a. 1984, S. 306 f.

222 Vgl. zum Konzept der doppelt geknickten Preis-Absatz-Funktion GUTENBERG, Erich, Grundlagen der Betriebswirtschaftslehre, Bd. 2, Absatz, 17. Aufl., Berlin u.a. 1984, S. 248 - 251 und S. 292 f. sowie für die Übertragung des Konzepts auf Banken SÜCHTING, Joachim, Bankmanagement, 3. Aufl., Stuttgart 1992, S. 446 f.

de als konstante Grenzkosten (K′) vom Geld- und Kapitalmarkt abgeleitet werden (Kapitel 2.3.1.1). Dabei ist es unerheblich, ob überhaupt ein Schnittpunkt von Grenzkosten (K′) und Grenzerlösen (E′) existiert. Liegen die Grenzkosten (K′) nämlich in den unstetigen Bereichen (gestrichelte Linien) der Funktion der Grenzerlöse (E′), so wird der maximal erzielbare Erfolg (Erfolg*) durch die Zins-Volumen-Kombination der Preis-Absatz-Funktion bestimmt, die im oberen (a) bzw. unteren (b) Grenzpunkt des autonomen Bereichs liegt.

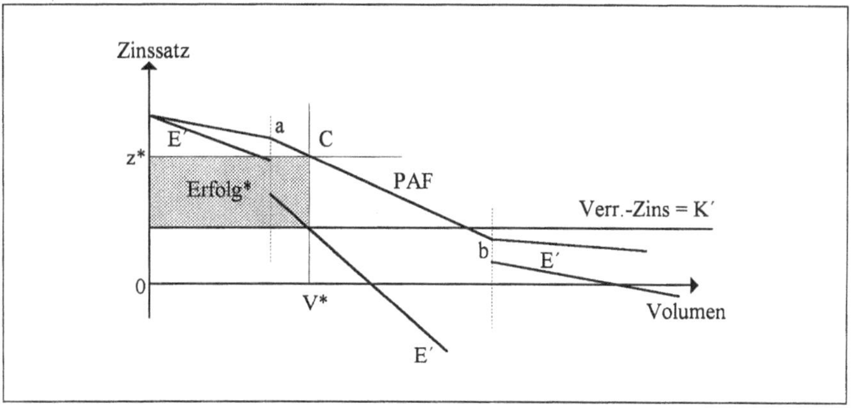

Abb. 6: Doppelt geknickte Preis-Absatz-Funktion im Aktivgeschäft[223]

Die vorhergehenden Überlegungen zur doppelt geknickten Preis-Absatz-Funktion gelten für Passivgeschäfte entsprechend (Abb. 7: Doppelt geknickte Preis-Absatz-Funktion im Passivgeschäft, S. 86).[224]

223 Vgl. SÜCHTING, Joachim, Bankmanagement, 3. Aufl., Stuttgart 1992, S. 446.

224 Vgl. zur Preis-Absatz-Funktion im Passivgeschäft GEHRKE, Rainer, Sonderangebote als preispolitisches Instrument von Kreditinstituten, Diss., Göttingen 1995, S. 23.

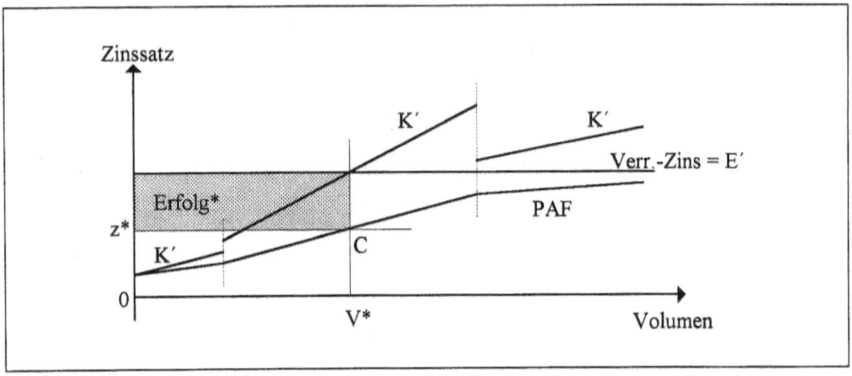

Abb. 7: Doppelt geknickte Preis-Absatz-Funktion im Passivgeschäft[225]

Das Konzept der geknickten Preis-Absatz-Funktion bedarf dabei für Bankfilialen aufgrund der zuvor erläuterten partiellen Substitutionseffekte der Nachfrage nach zinstragenden Geschäften einer Modifikation: So ist eine Abgrenzung des autonomen Bereichs am Kundenmarkt durch die Unterscheidung einer Aktivierung latenter Nachfrage in diesem Bereich von dem Wechsel ganzer Kundenverbindungen außerhalb dieses Bereichs nicht möglich. Vielmehr treten aufgrund von Variationen der Zinssätze innerhalb des autonomen Bereichs vergleichsweise geringe partielle Substitutionseffekte zwischen einzelnen Leistungen aber auch zwischen verschiedenen Wettbewerbern auf. Außerhalb des autonomen Bereichs sind Substitutionseffekte dadurch zu kennzeichnen, daß ihr Ausmaß zu Reaktionen der Wettbewerber führt.[226] Der Übergang vom autonomen Bereich zu den oligopolistischen Bereichen am Kundenmarkt von Bankfilialen ist also durch das zunehmende Ausmaß an Substitutionseffekten gekennzeichnet und damit fließend. Aufgrund partieller Substitutionseffekte der Nachfrage weist die Preis-Absatz-Funktionen von Bankfilialen damit keine Knicke, sondern einen stetigen Verlauf auf, der durch allmähliche Übergänge gekennzeichnet ist.[227]

Aus dem Zusammenhang zwischen dem Verlauf der Preis-Absatz-Funktion und den Verrechnungszinsen folgt, daß sich Bankfilialen zur nachhaltigen Erfolgser-

---

225 Siehe dazu auch Abb. 5: Zinserfolg und Preis-Absatz-Funktion im Passivgeschäft, S. 79.

226 Vgl. GEHRKE, Rainer, Sonderangebote als preispolitisches Instrument von Kreditinstituten, Diss., Göttingen 1995, S. 35.

227 Vgl. ALBACH, Horst, Das Gutenberg-Oligopol, in: Koch, Helmut (Hrsg.), Theorien des Absatzes, Wiesbaden 1973, S. 9 - 33, hier S. 18 und zur formalen Abbildung vgl. SIMON, Hermann, Preismanagement, 2. Aufl., Wiesbaden 1992, S. 227 f.

zielung im Sinne unternehmerischen Verhaltens zwei grundsätzliche Ansätze bieten (Kapitel 4.1.3.1):

- Sie können Zinssätze so bestimmen, daß der maximal erzielbare Erfolg bei gegebenen Marktwiderständen resultiert und
- sie können versuchen, die jeweils gegebenen Marktwiderstände zu überwinden.

Die aufgezeigte Dynamik der Preis-Absatz-Funktion in der Form der Gleitkurve zeigt bei der Festsetzung der Zinssätze die Gefahr einer dauerhaften Gefährdung von Erfolgsmöglichkeiten: Wenn der autonome Bereich der Preis-Absatz-Funktion im Kreditgeschäft unterschritten wird (im Einlagengeschäft: überschritten) kann es zur dauerhaften Senkung bzw. Anhebung des Zinsniveaus kommen, die nur aufgrund besonderer Potentiale oder Kostenstrukturen der jeweiligen Gesamtbank im Wettbewerb vorteilhaft sein kann.[228] Die Auslösung entsprechender Auswirkungen auf das Zinsniveau sollte also nur der Zentrale zustehen. Aus diesem Grund muß sich die Zinsbestimmung durch Bankfilialen auf den autonomen Bereich der Preis-Absatz-Funktion beschränken, um allenfalls partielle Substitutionseffekte zugunsten des maximal erzielbaren Erfolgs zu realisieren. Der Bestimmung von Zinssätzen kommt also nur eine eingeschränkte Bedeutung im Vertrieb zinstragender Geschäfte durch Bankfilialen zu.

Der Bestimmung der Zinssätze vorgelagert ist vielmehr die Dynamik der Preis-Absatz-Funktion durch eine Überwindung von Marktwiderständen. Diese dient der Ausweitung des autonomen Bereichs der Preis-Absatz-Funktion und deren Verschiebung nach rechts oben (Kapitel 4.1.3.1). Die graphisch erkennbar damit verbundene nachhaltige Erhöhung des maximal erzielbaren Erfolgs sollte im Vordergrund des Verhaltens von Bankfilialen beim Vertrieb zinstragender Geschäfte stehen.[229] Entsprechend sind in der Überwindung von Marktwiderständen Grundzüge des angestrebten unternehmerischen Verhaltens in Bankfilialen zu finden. Daher werden im folgenden Kapitel die Marktwiderstände im autonomen Bereich dargestellt, die es durch Bankfilialen zu beeinflussen gilt.

---

228 Vgl. GUTENBERG, Erich, Grundlagen der Betriebswirtschaftslehre, Bd. 2, Absatz, 17. Aufl., Berlin u.a. 1984, S. 305 und S. 312.

229 Vgl. STROTHMANN, Helmuth, Anmerkungen zur Preispolitik im Bankgeschäft, in: bank und markt, 15. Jg. (6/1986), S. 31 - 35, hier S. 31 und S. 34 und GEHRKE, Rainer, Sonderangebote als preispolitisches Instrument von Kreditinstituten, Diss., Göttingen 1995, S. 32 f.

4.1.4 Steigerung der Nachfragebereitschaft durch die Überwindung von Marktwiderständen

Zuvor wurde gezeigt, daß Grundzüge unternehmerischen Verhaltens insbesondere in der Überwindung von Marktwiderständen liegen, weil sich damit der nachhaltig erzielbare Erfolg erhöhen läßt (Kapitel 4.1.3). Außerdem wurden mit der Unsicherheit von Kundendispositionen sowie der Existenz von Kundenpräferenzen und mangelnder Markttransparenz die Merkmale von Kundenmärkten erläutert, die den Verlauf der Preis-Absatz-Funktion bestimmen (Kapitel 4.1.2). Im folgenden werden daraus die spezifischen Marktwiderstände des Kundenmarkts abgeleitet, die durch Bankfilialen zu überwinden sind, um unternehmerischem Verhalten durch die Steigerung der Nachfragebereitschaft gerecht zu werden.

Wie in Kapitel 4.1.2 gezeigt, ist das Nachfrageverhalten am Kundenmarkt zunächst durch die Unsicherheit von Kundendispositionen gekennzeichnet. Die tatsächliche Nachfrage ist auf autonome Kundendispositionen zurückzuführen, die sich aufgrund der Nachfragefähigkeit und Nachfragebereitschaft von Kunden an eine bestimmte Bank richtet. Die Nachfragefähigkeit ist durch Bankfilialen genauso unbeeinflußbar, wie autonome Kundendispositionen. Die Überwindung von Marktwiderständen im Sinne der Ausweitung des autonomen Bereichs der oligopolistischen Preis-Absatz-Funktion und deren Verschiebung nach rechts dient also dazu die Nachfragebereitschaft zu steigern (Kapitel 4.1.2). Neben der Markttransparenz und den damit verbundenen Transaktionskosten für den Wechsel einer Bankverbindung wird die Nachfragebereitschaft durch Kundenpräferenzen geprägt:[230]

- Die Markttransparenz ist eine wesentliche Determinante des autonomen Bereichs der Preis-Absatz-Funktion. Je geringer die Markttransparenz aufgrund mangelhafter Vergleichbarkeit der Leistungen und deren Preise durch die Kunden ist, desto größer ist der autonome Preisspielraum und desto geringer ist die Preiselastizität der Nachfrage.[231] Mit abnehmender Markttransparenz nehmen nämlich die Kosten zu, die für Kunden mit einem Bankwechsel verbunden sind. Zu solchen Kosten zählt Albach Kosten der Informationsbeschaffung über die Leistungen und Preise anderer Anbieter, Umstellungskosten,

---

230 Vgl. HAGENMÜLLER, Karl Friedrich, Die Bestimmungsfaktoren preispolitischer Autonomie bei Kreditinstituten, in: Büschgen, Hans (Hrsg.), Geld, Kapital und Kredit, Stuttgart 1968, S. 158 - 170, hier S. 160 und S. 166 und GEHRKE, Rainer, Sonderangebote als preispolitisches Instrument von Kreditinstituten, Diss., Göttingen 1995, S. 26 f.

231 Vgl. GUTENBERG, Erich, Grundlagen der Betriebswirtschaftslehre, Bd. 2, Absatz, 17. Aufl., Berlin u.a. 1984, S. 254.

Umrüstkosten und gegebenenfalls Versuchskosten. Je höher diese Wechselkosten sind, um so geringer ist die Substituierbarkeit der Leistungen zwischen den Wettbewerbern. Der autonome Bereich wächst also mit steigenden Wechselkosten bzw. abnehmender Markttransparenz.[232] Entsprechend steht die mangelnde Markttransparenz der Bereitschaft von Kunden entgegen, Bankleistungen bei anderen Banken nachzufragen.

- Durch Präferenzen werden Kunden in dem Sinne an eine Bank gebunden, daß sie bereit sind, Bankleistungen wiederholt bei dieser Bank nachzufragen. Die über Kundenpräferenzen ausgelöste Kundenbindung wirkt also der Substituierbarkeit der Leistungen zwischen Wettbewerbern entgegen. Je größer die Kundenbindung ist, um so größer ist somit der autonome Bereich der Preis-Absatz-Funktion.[233] Die Kundenbindung wurde von Süchting für Banken aus der Theorie der brand loyalty abgeleitet und als Bankloyalität bezeichnet.[234] Danach steigt die Kundenbindung mit Lernvorgängen, durch die Kunden Vertrauen zu Mitarbeitern der Bank gewinnen.[235]

Gerade der Bildung von Kundenpräferenzen zur Überwindung von Marktwiderständen kommt bei derzeit zunehmender Preisempfindlichkeit von Bankkunden erhöhte Bedeutung für die Steigerung der Nachfragebereitschaft zu.[236] Die steigende Preisempfindlichkeit wird etwa durch neue Informationstechniken wie dem Homebanking bewirkt. So nimmt durch solche Entwicklungen die Markttransparenz grundsätzlich zu, weil beispielsweise die Kosten der Informationsbeschaffung sinken.[237] Banken versuchen daher teilweise durch gezielte Preis- bzw. Ge-

---

232 Vgl. ALBACH, H., Das Gutenberg-Oligopol, in: Koch, H. (Hrsg.), Zur Theorie des Absatzes, Wiesbaden 1973, S. 9 - 33, hier S. 17 f. und HAHN, Oswald, Kritische Betrachtung zum Bank-Marketing mit dem Privatkunden, in: GfK-Jahrbuch der Absatz- und Verbrauchsforschung, 34. Jg. (3/1988), S. 284 - 301, hier S. 293.

233 Vgl. GUTENBERG, Erich, Grundlagen der Betriebswirtschaftslehre, Bd. 2, Absatz, 17. Aufl., Berlin u.a. 1984, S. 252 f. und GEHRKE, Rainer, Sonderangebote als preispolitisches Instrument von Kreditinstituten, Diss., Göttingen 1995, S. 33.

234 Vgl. SÜCHTING, Joachim, Die Bankloyalität als Grundlage zum Verständnis der Absatzbeziehungen von Kreditinstituten, in: Kredit und Kapital, 6. Jg. (1972), S. 269 - 299.

235 Vgl. SÜCHTING, Joachim, Die Bankloyalität als Grundlage zum Verständnis der Absatzbeziehungen von Kreditinstituten, in: Kredit und Kapital, 6. Jahrgang (1972), S. 269 - 299, hier S. 276.

236 Vgl. NERDINGER, Friedemann W., Motivation in der Kundenbetreuung, in: Bayerisches Genossenschaftsblatt, 100. Jg. (1996), S. 24 - 27, hier S. 24

237 Vgl. GEHRKE, Rainer, Sonderangebote als preispolitisches Instrument von Kreditinstituten, Diss., Göttingen 1995, S. 33.

bührenpolitik die Markttransparenz gerade im bargeldlosen Zahlungsverkehr zu verringern. Zu solchen Maßnahmen zählen beispielsweise die Valutierungspolitik, die Erhebung von Abwicklungsgebühren bei der Auflösung von Konten und die Erschwerung von Preisvergleichen durch eine Vielzahl von Preisbezugsbasen und Preiszählern.[238] Solche Maßnahmen sind aber von Kunden bemerkbar, bewirken Verunsicherung und gefährden mit dem Vertrauen in die Bank die Kundenbindung. Damit wird aber die nachhaltige Erfolgserzielung gefährdet.[239] Die Verringerung der Markttransparenz durch Bankfilialen kann also nicht als Ansatz des angestrebten unternehmerischen Verhaltens zur nachhaltigen Erfolgserzielung gesehen werden. Im folgenden wird daher angenommen, daß sich Bankfilialen im Vertrieb zinstragender Geschäft einer Markttransparenz gegenübergestellt sehen, die durch sie nicht beeinflußbar ist.

Zur nachhaltigen Erfolgserzielung ist von Bankfilialen also insbesondere anzustreben, durch die Zufriedenstellung von Kundenbedürfnissen, deren Präferenzen für die eigene Bankfiliale zu stärken.[240] Im folgenden wird daher die Bedeutung von Kundenpräferenzen für die Beeinflußbarkeit der Nachfragebereitschaft durch Bankfilialen analysiert (Kapitel 4.2). Darauf aufbauend lassen sich dann die Grundzüge des angestrebten unternehmerischen Verhaltens von Bankfilialen bestimmen, die mit der Beeinflussung von Kundenpräferenzen der nachhaltigen Erfolgserzielung dienen (Kapitel 4.3).

4.2 Bedeutung von Kundenpräferenzen für die Beeinflußbarkeit der Nachfragebereitschaft

Üblicherweise werden räumliche, zeitliche, persönliche und sachliche Präferenzen unterschieden.[241] Diese Präferenzen beeinflussen die Bereitschaft nachfrage-

---

238 Vgl. HAHN, Oswald, Kritische Betrachtung zum Bank-Marketing mit dem Privatkunden, in: GfK-Jahrbuch der Absatz- und Verbrauchsforschung, 34. Jg. (3/1988), S. 284 - 301, hier: S. 292 ff. und BÜSCHGEN, Hans E., Bankbetriebslehre, 4. Aufl., Wiesbaden 1993, S. 539.

239 Vgl. HARWALIK, Peter, Preispolitik und Nachfrageverhalten im standardisierten Geschäft der Banken mit dem privaten Kunden, Diss., Erlangen-Nürnberg 1988, S. 172 f.

240 Vgl. KOTLER, Philip, BLIEMEL, Friedhelm, Marketing-Management, 7. Aufl., Stuttgart 1992, S. 26 f., NADER, Georg, Zufriedenheit mit Finanzdienstleistungen, Wien 1995, S. 94 und zur empirischen Bestätigung des Zusammenhangs von Kundenzufriedenheit und finanziellem Erfolg NADER, Georg, JOHNSON, Michael D., BÜHLER, Wilhelm, Kundenzufriedenheit und Unternehmenserfolg, in: Bankarchiv, 44. Jg. (1996), S. 702 - 710.

241 Vgl. HAGENMÜLLER, Karl Friedrich, Die Bestimmungsfaktoren preispolitischer Autonomie bei Kreditinstituten, in: Büschgen, Hans (Hrsg.), Geld, Kapital und Kredit, Stuttgart

fähiger Kunden, Leistungen genau bei einer bestimmten Bankfiliale nachzufragen. Aufgrund ihrer Präferenzen urteilen Kunden nämlich im direkten Vergleich der Leistungen zweier bzw. mehrerer Anbieter über die Vorziehenswürdigkeit eines Anbieters.[242]

4.2.1 Räumliche Präferenzen

Aufgrund räumlicher Präferenzen wendet sich die Nachfragebereitschaft von Kunden an diejenige Bankfiliale, die örtlich bzw. verkehrsmäßig am günstigsten zu erreichen ist.[243] Die Günstigkeit der Erreichbarkeit wird nach Süchting sodann durch die Einkaufswirtschaftlichkeit der Leistungsinanspruchnahme bestimmt. Zur Bestimmung der Einkaufswirtschaftlichkeit setzen Kunden den Einkaufsaufwand, der mit dem Erreichen des Leistungsorts verbunden ist (im wesentlichen: Länge, Kosten und Zeit der Einkaufswege), mit den Vorteilen aus der nachgefragten Leistung in Beziehung. Die räumliche Präferenz richtet sich dann auf diejenige Bankfiliale, für die das Vergleichsergebnis der Einkaufswirtschaftlichkeit am höchsten ausfällt. Für die Gegenüberstellung des Aufwands der Leistungsinanspruchnahme gegen die Vorteile der nachgefragten Leistung sind sodann die Kontaktintensität und die Kontakthäufigkeit der Leistungsinanspruchnahme zu beachten:[244]

- Mit der Kontaktintensität kommt das Ausmaß der Einbindung des jeweiligen Kunden in die Leistungserstellung und damit die "Intensität des menschlichen Kontakts"[245] zum Ausdruck.[246] Dabei wird die Kontaktintensiät vom Problemgehalt der Leistungen bestimmt, die der jeweils nachfragende Kunde subjektiv

---

1968, S. 158 - 170, S. 160 und NIESCHLAG, Robert, DICHTL, Erwin, HÖRSCHGEN, Hans, Marketing, 17. Aufl., Berlin 1994, S. 36.

242 Vgl. NIESCHLAG, Robert, DICHTL, Erwin, HÖRSCHGEN, Hans, Marketing, 17. Aufl., Berlin 1994, S. 224.

243 Vgl. HAGENMÜLLER, Karl Friedrich, Die Bestimmungsfaktoren preispolitischer Autonomie bei Kreditinstituten, in: Büschgen, Hans (Hrsg.), Geld, Kapital und Kredit, Stuttgart 1968, S. 158 - 170, hier S. 160.

244 Vgl. SÜCHTING, Joachim, Bankmanagement, 3. Aufl., Stuttgart 1992, S. 458 ff.

245 SÜCHTING, Joachim, Bankmanagement, 3. Aufl., Stuttgart 1992, S. 458.

246 Vgl. zur der unterschiedlichen Einbindung von Kunden bzw. des externen Faktors in die Erstellung von Dienstleistungen ENGELHARDT, Werner Hans, Dienstleistungsorientiertes Marketing - Anwort auf die Herausforderung durch neue Technologien, in: Adam, Backhaus, Meffert, Wagner (Hrsg.), Integration und Flexibilität, Wiesbaden 1989, S. 269 - 289, hier S. 82 f.

wahrnimmt: Ein ökonomisch gebildeter Kunde wird die gleiche Leistung für weniger problematisch halten als ein ökonomisch unbedarfter Kunde. Je größer der Problemgehalt der Leistung empfunden wird, desto mehr Bedeutung erhält die Intensität der persönlichen Beratung. Kontaktintensive Leistungen werden aufgrund ihres hohen Problemgehalts daher auch als Problemleistungen bezeichnet und von sog. Routineleistungen mit geringer Kontaktintensität unterschieden. Mit dem Ausmaß der (subjektiven) Kontaktintensität steigt also das Gewicht sonstiger Präferenzarten (z.B. persönlicher Präferenzen), und die Bedeutung räumlicher Präferenzen nimmt ab.

- Mit Kontakthäufigkeit wird die Anzahl der Besuche von Kunden in einer Bank für die Inanspruchnahme einer Leistung bezeichnet. Die Kontakthäufigkeit wird von der jeweiligen Leistung und den individuellen Bedürfnissen der Kunden determiniert. Bestimmte Zahlungsverkehrsleistungen werden beispielsweise von einem Firmenkunden häufiger nachgefragt als von einem Privatkunden. Je häufiger eine Leistung nachgefragt wird, desto größeres Gewicht hat die räumliche Präferenz, weil dann der Einkaufsaufwand zur Ermittlung der Einkaufswirtschaftlichkeit steigt.

Insgesamt treffen kontakthäufige Routineleistungen auf die stärksten räumlichen Präferenzen, weil hier eine hohe Anzahl von Besuchen in der Bankfiliale mit geringer Bedeutung des menschlichen Kontakts zusammenfällt. Bei kontaktseltenen Problemleistungen haben räumliche Präferenzen dagegen relativ geringe Bedeutung. Problematisch ist dabei aber, daß die Leistungen einer Bank nicht eindeutig auf Skalen der Kontaktintensität und Kontakthäufigkeit eingeordnet werden können. Vielmehr unterliegt die Kontaktintensität dem subjektiv wahrgenommenen Problemgehalt durch Kunden und die Kontakthäufigkeit den individuellen Bedürfnissen der Kunden.

Durch die Standortwahl für Bankfilialen werden also aufgrund der Einkaufswirtschaftlichkeit räumliche Präferenzen von Kunden beeinflußt.[247] Hier wird der Standort aber als vorgegebene Rahmenbedingung des Marketing von Filialen angesehen, weil die Standortwahl gemäß Kapitel 2.1 nicht Gegenstand operativer Handlungsspielräume von Bankfilialen ist. Als vorgegebene Rahmenbedingung kann die Filiale die räumlichen Präferenzen durch gezielte Standortwahl also nicht beeinflussen. Dennoch haben unbeeinflußbare räumliche Präferenzen aufgrund des vorgegebenen Standorts Auswirkungen auf die Beeinflußbarkeit sonstiger Kundenpräferenzen im Vertrieb zinstragender Geschäfte durch Bankfilialen,

---

247 Vgl. SÜCHTING, Joachim, Bankmanagement, 3. Aufl., Stuttgart 1992, S. 460 ff. und BÜSCHGEN, Hans E., Bankmarketing, Düsseldorf 1995, S. 185 f.

weil die verschiedenen Präferenzarten letztlich nicht isoliert, sondern gesamthaft das Präferenzurteil von Kunden bestimmen. So hat der vorgegebene Standort wegen der unterschiedlichen Kontakthäufigkeit und Kontaktintensität der nachgefragten Leistungen Auswirkung auf die Möglichkeiten der Bankfiliale, Marktwiderstände durch die Beeinflussung sonstiger Kundenpräferenzen zu überwinden:

- Erstens beruht die Nachfragebereitschaft um so stärker auf (sonstigen) Präferenzen, je geringer die individuelle Häufigkeit der Leistungsinanspruchnahme ist. Denn die relative Bedeutung räumlicher Präferenzen im Präferenzurteil nimmt mit zunehmender Seltenheit der Nachfrage ab.

- Zweitens beruht die Nachfragebereitschaft um so stärker auf (sonstigen) Präferenzen, je größer der subjektiv empfundene Problemgehalt der Leistungsinanspruchnahme ist. Je größer der Problemgehalt ist, desto mehr treten räumliche Präferenzen im Präferenzurteil in den Hintergrund.

Bei häufig nachgefragten Routineleistungen ist ferner zu beachten, daß diese immer stärker durch Kundenselbstbedienung an Bankautomaten außerhalb der Filiale und vom heimischen Telefon bzw. Personal-Computer aus abgewickelt werden.[248] Die räumlichen Präferenzen der Kunden sind dabei offensichtlich so stark, daß bereits kürzeste Wege zur Filiale vermieden werden: Die Bank muß dem Kunden für Routineleistungen bis in dessen Wohnung bzw. an dessen Arbeitsplatz entgegenkommen. Kommen sodann mehrere Anbieter mit ihrem Leistungsangebot den Kunden so weit entgegen, so verlieren räumliche Präferenzen im Vergleich dieser Anbieter gänzlich an Bedeutung, und sonstige Präferenzen treten wiederum in den Vordergrund.[249]

4.2.2 Zeitliche Präferenzen

Zeitliche Präferenzen zeigen sich in Nachfragebereitschaft, die sich aufgrund der zeitlich günstigsten Ausprägung des Angebots eines bestimmten Unternehmens an dieses Unternehmen richtet. Zeitliche Präferenzen beruhen auf dem Wunsch

---

248 Vgl. RAPP, Andreas, Bankpreise und Kundenverhalten, Diss., Frankfurt/Main u.a. 1991, S. 145 f.

249 Vgl. BAXMANN, Ulf G., Bankloyalität im Wandel?, in: bank und markt, 16. Jg. (2/1987), S. 12 - 14, hier S. 13.

der Kunden nach Minimierung des Zeitaufwands der Leistungsabwicklung. Dabei können unterschieden werden:[250]

a. der Zeitraum des Leistungsangebots und

b. die Dauer der Leistungserstellung.

Zu a. Zeitraum des Leistungsangebots: Der Zeitraum des Leistungsangebots wird in Bankfilialen durch tarifvertragliche und institutseinheitliche Regelungen der Schalteröffnungszeiten bestimmt,[251] die durch einzelne Filialen nicht beeinflußbar sind. Wie der Standort der Filiale stellt also auch der Zeitraum des Leistungsangebots eine vorgegebene Rahmenbedingung des Vertriebs zinstragender Geschäfte durch Bankfilialen dar. Der Zeitraum des Leistungsangebots bestimmt also lediglich über die Verknüpfung aller Präferenzarten im Präferenzurteil die Möglichkeiten von Filialen, auf die Nachfragebereitschaft ihrer Kunden einzuwirken:

Ähnlich wie die vorgegebene Standortwahl haben vorgegebene Schalteröffnungs- und Arbeitszeiten Auswirkungen auf die Beeinflußbarkeit sonstiger Kundenpräferenzen durch die Filiale: Die Nachfragebereitschaft nach häufig nachgefragten Routineleistungen mit hoher zeitlicher Präferenz ist durch die Beeinflussung sonstiger Präferenzen nur in geringem Ausmaß veränderbar. Bei selten nachgefragten Problemleistungen sind zeitliche Präferenzen im Präferenzurteil untergeordnet, weil der Zeitraum des Leistungsangebots wegen der Seltenheit der Nachfrage kaum Bedeutung hat. Gerade hier kann die Beeinflussung sonstiger Präferenzen also Auswirkungen auf die Nachfragebereitschaft der Kunden haben. Ist der Zeitraum des Leistungsangebots bei allen Anbietern identisch, so verlieren zeitliche Präferenzen ihre Bedeutung für das Präferenzurteil. Dann sind sonstige Präferenzen auch bei häufig nachgefragten Routineleistungen von Bedeutung.

Leistungen wie die Anlage- oder Kreditberatung können grundsätzlich auch außerhalb der Schalteröffnungszeiten und außerhalb der Bankfiliale erbracht werden. Durch die entsprechende Bereitschaft der Mitarbeiter, solche Leistungen außerhalb zu erbringen, scheinen zeitliche Präferenzen also auf die eigene Bank lenkbar zu sein. Dabei ist allerdings zu beachten, daß zeitliche Prä-

---

250 Vgl. HAGENMÜLLER, Karl Friedrich, Die Bestimmungsfaktoren preispolitischer Autonomie bei Kreditinstituten, in: Büschgen, Hans (Hrsg.), Geld, Kapital und Kredit, Stuttgart 1968, S. 158 - 170, hier S. 162.

251 Vgl. SÜCHTING, Joachim, Bankmanagement, 3. Aufl., Stuttgart 1992, S. 471.

ferenzen besonders bei häufig nachgefragten Leistungen und insbesondere bei Routineleistungen das Präferenzurteil der Kunden bestimmen können. Bei kontaktseltenen Problemleistungen, die für Beratungen außerhalb der Öffnungszeiten in Betracht kommen, ist neben zeitlichen Präferenzen die hohe Bedeutung des Problemgehalts für sonstige Präferenzen zu beachten. Zeitliche Präferenzen sind also vergleichsweise schwer durch Bankfilialen zu beeinflussen.

Zu b. Dauer der Leistungserstellung: Die Dauer der Leistungserstellung wird im Regelfall vom Prinzip der Tagfertigkeit geprägt.[252] Ausnahmen von der sofortigen Leistungserstellung treten aber auf, wenn Kunden aufgrund von Spitzenbelastungen Wartezeiten beispielsweise vor Automaten oder am Schalter in Kauf nehmen müssen,[253] oder wenn Entscheidungen im Kreditgeschäft aufgrund von Kreditwürdigkeitsprüfungen, Arbeitsabläufen und Kompetenzregeln seitens der Filiale nicht sofort getroffen werden können. Zeitliche Präferenzen aufgrund der Dauer der Leistungserstellung können vornehmlich durch die Einrichtung von zusätzlichen Vertriebswegen wie Automaten und Telefon-Banking beeinflußt werden, die den Vertriebsweg Filiale ergänzen,[254] aber nicht Gegenstand dieser Arbeit sind.

Zeitliche Präferenzen können für diese Arbeit somit als unbeeinflußbar angenommen werden. Wie räumliche Präferenzen haben sie also nur einen mittelbaren Einfluß auf die Nachfragebereitschaft von Kunden über deren sonstige Präferenzen: Je seltener Leistungen nachgefragt werden, und je geringer damit die Bedeutung zeitlicher Präferenzen ist, um so eher läßt sich die Nachfragebereitschaft von Kunden durch sonstige Präferenzen beeinflussen.

4.2.3 Persönliche Präferenzen

Persönliche Präferenzen werden in der Literatur uneinheitlich definiert. Jedenfalls knüpfen persönliche Präferenzen aber an der Arbeit derjenigen Mitarbeiter an, die in Kundenkontakt treten.

---

252 Vgl. SÜCHTING, Joachim, Bankmanagement, 3. Aufl., Stuttgart 1992, S. 471.

253 Vgl. hier und im folgenden HAGENMÜLLER, Karl Friedrich, Die Bestimmungsfaktoren preispolitischer Autonomie bei Kreditinstituten, in: Büschgen, Hans (Hrsg.), Geld, Kapital und Kredit, Stuttgart 1968, S. 158 - 170, hier S. 162.

254 Vgl. SÜCHTING, Joachim, Bankmanagement, 3. Aufl., Stuttgart 1992, S. 471 f.

Persönliche Präferenzen haben Einfluß auf die Nachfragebereitschaft, wenn Mitarbeiter durch ihre Personifizierung der Bank eine persönliche Bindung der Kunden an die Bank schaffen.[255] Mit der persönlichen Bindung, die auf einem "emotional geprägten Verhältnis"[256] des Kunden zur Bank beruht, ist bereits ein Anknüpfungspunkt persönlicher Präferenzen angesprochen. Darüber hinaus werden persönliche Präferenzen mit Begriffen wie "soziales Einfühlungsvermögen und Teamfähigkeit"[257], "menschliches Element"[258], "persönliche Zuwendung"[259], "menschliche Qualität" sowie "Kunst des Bedienens"[260] in Verbindung gebracht. Zur Analyse der Beeinflußbarkeit persönlicher Präferenzen durch Bankfilialen im Vertrieb zinstragender Geschäfte ist es angesichts dieser Begriffsvielfalt angebracht, sich dem Begriff der persönlichen Präferenzen von den Eigenarten bankbetrieblicher Leistungen aus zu nähern: Bankbetriebliche Leistungen zeichnen sich nach Süchting aufgrund der Abstraktheit des Leistungsgegenstands "Geld" durch ihre Erklärungsbedürftigkeit und ihre Vertrauensempfindlichkeit aus:[261]

- Die Erklärungsbedürftigkeit beruht auf der Abstraktheit von Dienstleistungen sowie der Notwendigkeit einer vertraglichen Gestaltung der Leistungen. Die Erklärungsbedürftigkeit ist je nach Ausgestaltung der Leistung und dem ökonomischen Bildungsgrad des jeweiligen Kunden unterschiedlich stark ausgeprägt. Sie resultiert aus dem Zusammentreffen spezifischer Vertragsgestaltungen über einen abstrakten Leistungsgegenstand mit dem individuellen ökonomischen Bildungsgrad eines Kunden.

---

255 Vgl. HAGENMÜLLER, Karl Friedrich, Die Bestimmungsfaktoren preispolitischer Autonomie bei Kreditinstituten, in: Büschgen, Hans (Hrsg.), Geld, Kapital und Kredit, Stuttgart 1968, S. 158 - 170, hier S. 163, HAHN, Oswald, Die Bedeutung der menschlichen Qualität innerhalb der Bankleistung, in: Die Bank, o. Jg. (2/1982), S. 56 - 61, hier S. 57 und POLAN, Ralf, Ein Meßkonzept für die Bankloyalität, Diss., Wiesbaden 1995, S. 85 f.

256 So für den Privatkundenbetreuer: POLAN, Ralf, Ein Meßkonzept für die Bankloyalität, Diss., Wiesbaden 1995, S. 86.

257 SCHÜTTE, Martin, Anforderungen an die Entwicklung von Kundenbetreuern, in: Süchting, Joachim, van Hooven, Eckart (Hrsg.), Handbuch des Marketing, 2. Aufl., Wiesbaden 1991, S. 211 - 230, hier S. 223.

258 SÜCHTING, Joachim, Bankmanagement, 3. Aufl., Stuttgart 1992, S. 444.

259 RAPP, Andreas, Bankpreise und Kundenverhalten, Diss., Frankfurt/Main u.a. 1991, S. 142.

260 HAHN, Oswald, Die Bedeutung der menschlichen Qualität innerhalb der Bankleistung, in: Die Bank, o. Jg. (2/1982), S. 56 - 61, hier S. 57.

261 Vgl. SÜCHTING, Joachim, Bankmanagement, 3. Aufl., Stuttgart 1992, S. 422 f.

- Die Vertrauensempfindlichkeit beruht auf der zeitlichen Erstreckung von Vertragsbeziehungen über abstrakte bankbetriebliche Leistungen. Weil sämtliche zukünftige Entwicklungen nicht überschaubar und damit auch nicht vertraglich fixierbar sind, müssen Kunden und Bank bei Geschäftsabschluß darauf vertrauen, das Geschäft mit gleichen Erwartungen anzugehen. Vertrauen wächst aus entsprechenden Erfahrungen in der Vergangenheit.[262] Es wird aber auch durch ein vertrauenswürdiges Image der Bank hervorgerufen und wirkt in die Zukunft.

Die Erklärungsbedürftigkeit verlangt von Banken eine Vermittlung ihrer Leistungen, die es dem jeweiligen Kunden ermöglicht, die Leistung mit Blick auf den gewünschten Verwendungszweck zu verstehen. Aufgrund solchen Verständnisses können Kunden das Leistungsangebot verschiedener Banken vergleichen und aufgrund erkennbarer Leistungsunterschiede Präferenzen für einen Anbieter bilden. Solche Präferenzen beruhen auf der sachlichen Vermittlung der Bankleistungen etwa durch Beratung oder Werbung.[263] Daher wird in dieser Arbeit Verhalten von Mitarbeitern, das Einfluß auf die Befriedigung des Erklärungsbedürfnisses von Kunden hat, der Beeinflussung sachlicher Präferenzen zugeordnet. Indem Mitarbeiter den Kunden Leistungen erklären, werden also sachliche und nicht persönliche Präferenzen beeinflußt. Auf sachliche Präferenzen wird im folgenden Kapitel eingegangen (Kapitel 4.2.4).

Die Beeinflussung persönlicher Präferenzen wird demnach an der Vertrauensempfindlichkeit von Bankleistungen festgemacht: Die Vertrauensempfindlichkeit beruht auf einer asymmetrischen Informationsverteilung zwischen Kunde und Bank über die zu erbringenden Leistungen. Die asymmetrische Informationsverteilung führt zu Transaktionskosten, deren Senkung eine existentielle Funktion von Banken ist.[264] Je größer das Vertrauen der Kunden in die Bank ist, um so geringer sind die Transaktionskosten für Vertragsabschluß und Vertragsumsetzung. Dabei hat das Vertrauen bei kontaktarmen Routineleistungen im sog. Mengengeschäft wegen der weitgehend standardisiert festgelegten Vertragsgestaltung und Vertragsumsetzung einen geringeren Stellenwert als bei kontaktintensiven Problemleistungen. Über die Umsetzung kontaktintensiver Problemleistungen ist

---

262 Vgl. SCHÄFER, Henry, Information und Kooperation im Absatz von Bankdienstleistungen, in: ZfbF, 47. Jg. (6/1995), S. 531 - 544, hier S. 533.

263 Vgl. HAGENMÜLLER, Karl Friedrich, Die Bestimmungsfaktoren preispolitischer Autonomie bei Kreditinstituten, in: Büschgen, Hans (Hrsg.), Geld, Kapital und Kredit, Stuttgart 1968, S. 158 - 170, hier S. 164 f.

264 Vgl. hier und im folgenden SCHÄFER, Henry, Information und Kooperation im Absatz von Bankdienstleistungen, in: ZfbF, 47. Jg. (6/1995), S. 531 - 544, hier S. 532 f.

der Kunde bei Vertragsabschluß nämlich weniger informiert als bei standardisierten Routineleistungen. Gerade bei kontaktintensiven Problemleistungen bedarf der Kunde im Zeitpunkt des Vertragsabschlusses eines vergleichsweise großen Vertrauens in eine Vertragsumsetzung, die seinen Erwartungen entspricht. Damit kann für die Bedeutung persönlicher Präferenzen eine leistungsabhängige Unterscheidung getroffen werden: Bei kontaktintensiven Problemleistungen kommt den persönlichen Präferenzen eine größere Bedeutung zu als bei kontaktarmen Routineleistungen.[265] Im Umkehrschluß lassen sich persönliche Präferenzen insbesondere im Vertrieb kontaktintensiver Problemleistungen beeinflussen.

Die Bedeutung des Vertrauens der Kunden zu einer Bank für deren Nachfragebereitschaft beruht dabei auf solchen Leistungsmerkmalen, die jedenfalls bei Vertragsabschluß der Unkenntnis der Vertragspartner unterliegen (Vertrauen ist in eine unsichere Zukunft gerichtet) und daher rational nicht erfaßbar sind. Das Vertrauen unterliegt also dem emotionalen Bereich der Bank-Kunde-Beziehung. Diese Emotionen werden einerseits durch die Mitarbeiter im Kundenkontakt gestaltet, indem sie ein hohes Maß an Glaubwürdigkeit ausstrahlen,[266] und so die Bank personifizieren.[267] Andererseits richten sich emotionale Bindungen nach dem Image, das Kunden von einzelnen Banken vermittelt wird, und das wenig mit rationaler Kenntnis zu tun hat.[268]

Die persönlichen Präferenzen sind also im wesentlichen durch eine vertrauensorientierte Gestaltung der emotionalen Bank-Kunde-Beziehungen von seiten der Mitarbeiter in Bankfilialen beeinflußbar.[269] Dabei ist die dynamische Entwicklung des Vertrauens im After-Sales-Service[270] bzw. während der Vertragsumsetzung zu beachten: Entsprechend der Theorie der Lernkurve der Bankloyalität stärken positive Erfahrungen eines Kunden dessen Vertrauen zur Bank. Dabei ist das

---

265 Vgl. RAPP, Andreas, Bankpreise und Kundenverhalten, Diss., Frankfurt/Main u.a. 1991, S. 142.

266 Vgl. SÜCHTING, J., BOENING, D., Der personale Produktions- und Verkaufsprozeß von Bankleistungen, in: Bank-Betrieb, 11. Jg. (1971), S. 364 - 370, hier S. 364 ff.

267 Vgl. POLAN, Ralf, Ein Meßkonzept für die Bankloyalität, Diss., Wiesbaden 1995, S. 85 f.

268 Das Image bzw. die Reputation einer "feinen Adresse" wird zukünftig allerdings im Vergleich zur Beratungsqualität eine immer geringere Rolle spielen (vgl. ROLFES, Bernd, Schwierige Zukunft für Deutschlands Banken, in: Frankfurter Allgemeine Zeitung (Hrsg.), Die Bank der Zukunft, Verlagsbeilage Nr. 31, 6.2.1996, S. B3 - B4, hier S. B4).

269 Vgl. RAPP, Andreas, Bankpreise und Kundenverhalten, Diss., Frankfurt/Main u.a. 1991, S. 142.

270 Vgl. NIESCHLAG, Robert, DICHTL, Erwin, HÖRSCHGEN, Hans, Marketing, 17. Aufl., Berlin 1994, S. 484.

Ausmaß zusätzlicher Stärkungen des Vertrauen mit zunehmender Erfahrung immer geringer. Dagegen können einzelne negative Erfahrungen das aufgebaute Vertrauen sehr stark mindern oder gänzlich vernichten.[271]

4.2.4 Sachliche Präferenzen

Aufgrund sachlicher Präferenzen bevorzugen Kunden bestimmte Anbieter, weil sie die Zweckerfüllung durch deren Leistungen im Vergleich zu anderen Anbietern höher einstufen. Für eine solche Leistungsbeurteilung stehen bei der Gestaltung des Vertriebs subjektive Kriterien im Vordergrund. Die Nachfragebereitschaft hängt demnach von der subjektiv durch Kunden wahrgenommenen Eignung von Leistungen zur Erfüllung des gewünschten Verwendungszwecks ab. Zunächst müssen Mitarbeiter also aufgrund ihrer fachlichen Qualifikation diejenigen Bankleistungen auswählen können, mit denen sich die individuellen Bedürfnisse des jeweiligen Kunden bestmöglich befriedigen lassen. Die wahrgenommene Eignung dieser Leistungen zur Zweckerfüllung wird wiederum durch die Erklärungsbedürftigkeit geprägt, die von den Mitarbeitern individuell auszufüllen ist.[272]

Das Ausmaß der Erklärungsbedürftigkeit ist zum einen von der jeweiligen Leistung abhängig. Bei einfachen Sparleistungen ist es beispielsweise geringer als bei Immobilienfinanzierungen. Zum anderen ist die Erklärungsbedürftigkeit individuell vom ökonomischen Wissen des jeweiligen Kunden abhängig. Je geringer dieses Wissen ist, um so größer ist c.p. die Erklärungsbedürftigkeit von Bankleistungen.[273] Dabei ist für einen Großteil von Bankkunden anzunehmen, daß ihrem Bedarf an Finanzgeschäften eine vergleichsweise geringe Kenntnis derselben gegenübersteht.[274] Entsprechend kann in dieser Arbeit angenommen werden, daß jede Bankleistung mehr oder weniger stark erklärungsbedürftig ist.

Je besser es den Mitarbeitern einer Bankfiliale aufgrund ihres Fachwissens gelingt, bedarfsgerechte Bankleistungen auszuwählen und der individuellen Erklä-

---

271 Vgl. SÜCHTING, Joachim, Bankmanagement, 3. Aufl., Stuttgart 1992, S. 428 f.

272 Vgl. HAGENMÜLLER, Karl Friedrich, Die Bestimmungsfaktoren preispolitischer Autonomie bei Kreditinstituten, in: Büschgen, Hans (Hrsg.), Geld, Kapital und Kredit, Stuttgart 1968, S. 158 - 170, hier S. 165 und NIESCHLAG, Robert, DICHTL, Erwin, HÖRSCHGEN, Hans, Marketing, 17. Aufl., Berlin 1994, S. 212 f.

273 Vgl. SÜCHTING, Joachim, Bankmanagement, 3. Aufl., Stuttgart 1992, S. 423.

274 Vgl. HANSEN, Jochen, Kommunikation mit Kunden: Wie wandeln sich Präferenzen und Interessen?, in: bank und markt, o. Jg. (8/1994), S. 19 - 26, hier S. 22 f.

rungsbedürftigkeit gerecht zu werden, um so stärker werden sachliche Präferenzen gebildet.[275] Die Feststellbarkeit von entsprechenden Leistungsunterschieden zwischen verschiedenen Anbietern durch Kunden nimmt dabei mit der Standardisierung der Leistung ab, weil mit dem Ausmaß der Standardisierung die Leistungen inhaltlich genauer festgelegt sind.[276] Mit der inhaltlich genaueren Festlegung sinkt zugleich der Erklärungsbedarf. Die Nachfragebereitschaft ist über sachliche Präferenzen also um so stärker beeinflußbar, je geringer die Leistungen standardisiert sind.

4.3 Überwindung von Marktwiderständen durch Lenkung von Kundenpräferenzen

Zuvor wurde die Bedeutung der verschiedenen Präferenzarten von Kunden für die Beeinflußbarkeit der Nachfragebereitschaft im Sinne der Überwindung von Marktwiderständen herausgestellt (Kapitel 4.2). Im folgenden wird erläutert, mit welchen Instrumenten des Marketing die Marktwiderstände durch Bankfilialen überwindbar sind. In dem entsprechenden Einsatz der Instrumente des Marketing werden die Grundzüge des angestrebten unternehmerischen Verhaltens von Bankfilialen erkennbar. Dieses wiederum bildet den Maßstab zur Beurteilung von Verhaltenswirkungen aufgrund der Ausrichtung des Verhaltens von Bankfilialen an der Erfolgsmessung mittels Marktzinsmethode als funktional bzw. dysfunktional in Kapitel 6. Zur entsprechenden Herleitung unternehmerischen Verhaltens wird zunächst ein Überblick über die relevanten Instrumente des Marketing im zinstragenden Geschäft gegeben (Kapitel 4.3.1). Sodann wird gezeigt, wie diese Instrumente zur Beeinflussung von Kundenpräferenzen einsetzbar sind, um Marktwiderstände zur nachhaltigen Erfolgserzielung zu überwinden (Kapitel 4.3.2).

4.3.1 Instrumente des Marketing im Vertrieb zinstragender Geschäfte

Marketing bezeichnet den an "Kundenbedürfnissen orientierten, zielgerichteten Einsatz des absatzpolitischen Instrumentariums zur Überwindung der zwischen Angebot und Nachfrage bestehenden Marktwiderstände."[277] Mit einem erfolgrei-

---

275 Vgl. HAGENMÜLLER, Karl Friedrich, Die Bestimmungsfaktoren preispolitischer Autonomie bei Kreditinstituten, in: Büschgen, Hans (Hrsg.), Geld, Kapital und Kredit, Stuttgart 1968, S. 158 - 170, hier S. 165.

276 Vgl. RAPP, Andreas, Bankpreise und Kundenverhalten, Diss., Frankfurt/Main u.a. 1991, S. 147.

277 SÜCHTING, Joachim, Bankmanagement, 3. Aufl., Stuttgart 1992, S. 420.

chen Marketing sollen Kundenbedürfnisse wirtschaftlicher und wirksamer zufriedengestellt werden als durch die Wettbewerber.[278] Entsprechend beeinflußte Kundenpräferenzen sollen die Nachfragebereitschaft auf die eigene Bankfiliale lenken.

Die Instrumente des Marketing lassen sich nach den "vier Ps im Marketing-Mix"[279] (place, product, promotion, price) nach folgenden Bereichen systematisieren:[280]

a. Distributionspolitik,

b. Produkt- und Sortimentspolitik,

c. Kommunikationspolitik sowie

d. Preispolitik.

Zu a. Distributionspolitik: Die Distributionspolitik umfaßt alle Entscheidungen über die Standortwahl und über den Vertriebskanal, wie die Alternativen Filiale oder Außendienst. Zur Distributionspolitik werden auch Entscheidungen über die zeitliche Erstreckung des Leistungsangebots gezählt, wie die Festlegung von Geschäftszeiten.[281]

Die Distributionspolitik betrifft damit Grundsatzentscheidungen der Geschäftspolitik, die kurzfristig nicht beeinflußbar sind.[282] Maßnahmen der Distributionspolitik sind also kein Bestandteil des operativen Verhaltens von Bankfilialen im Sinne der Profit Center-Konzeption. Bankfilialen müssen den Vertrieb von Bankleistungen vielmehr vom vorgegebenen Standort aus betrei-

---

278 Vgl. KOTLER, Philip, BLIEMEL, Friedhelm, Marketing-Management, 7. Aufl., Stuttgart 1992, S. 24 ff.

279 KOTLER, Philip, BLIEMEL, Friedhelm, Marketing-Management, 7. Aufl., Stuttgart 1992, S. 98.

280 Vgl. zur begrifflichen Anpassung an das Marketing von Banken SÜCHTING, Joachim, Bankmanagement, 3. Aufl., Stuttgart 1992, S. 423 f.

281 Vgl. SÜCHTING, Joachim, Bankmanagement, 3. Aufl., Stuttgart 1992, S. 424. und BÜSCHGEN, Hans E., Bankmarketing, Düsseldorf 1995, S. 184.

282 Vgl. KOTLER, Philip, BLIEMEL, Friedhelm, Marketing-Management, 7. Aufl., Stuttgart 1992, S. 739 f.

ben und haben in der Regel keinen eigenständigen Einfluß auf die Geschäftszeiten.[283]

Zu b. Produkt- und Sortimentspolitik: Die Produkt- und Sortimentspolitik umfaßt sowohl die Gestaltung einzelner Leistungen als auch Maßnahmen zur Gestaltung des gesamten Leistungsangebots der Bank, also die Aufnahme neuer Leistungen und den Ausschluß bisher angebotener Leistungen.[284]

Zur Sortimentspolitik gehören zunächst Grundsatzentscheidungen wie die Ausrichtung des Unternehmens als Spezial- oder Universalbank. Im Rahmen dieser Grundsatzentscheidung sind sodann die Einzelleistungen der Bank zu bestimmen. In Dienstleistungsunternehmen wie Banken betreffen solche Leistungsprogrammentscheidungen die Ausstattung mit entsprechenden Sachmitteln und Personal, die Bestimmung von Verrichtungs- und Ablaufprogrammen sowie die räumliche und zeitliche Planung der Kapazitäten.[285] Solche Entscheidungen betreffen zunächst die Kapazitäten des Betriebsbereichs von Banken, die nicht Gegenstand des Verhaltens im Sinne dieser Arbeit sind (Kapitel 2.1).

Daneben zählt Süchting die Gestaltung der Beratung von Kunden zur Produktpolitik.[286] Dieser Zuordnung der Beratung zur Produktpolitik wird hier aber nicht gefolgt, weil die Beratung von Kunden vor allem wesentliche Merkmale der Kommunikationspolitik erfüllt und eine entsprechende Abgrenzung zum persönlichen Verkauf als Bestandteil der Kommunikationspolitik dann nicht mehr sinnvoll erscheint. Maßnahmen der Produkt- und Sortimentspolitik werden hier also sämtlich nicht dem Einflußbereich von Bankfilialen zugerechnet. Sie stehen im Sinne der Profit Center-Konzeption als Grundsatzentscheidungen vielmehr im Zuständigkeitsbereich der Zentrale.[287] Die Produkt- und Sortimentspolitik wird also nicht zu den Maßnahmen von Bankfilialen im Rahmen ihrer operativen Handlungsspielräume gezählt. Entsprechend

---

283 Vgl. EISENFÜHR, Franz, Profit Center, in: Die Betriebswirtschaft, 45. Jg. (1985), S. 99 - 100, hier S. 99 und SÜCHTING, Joachim, Bankmanagement, 3. Aufl., Stuttgart 1992, S. 472.

284 Vgl. hier und im folgenden SÜCHTING, Joachim, Bankmanagement, 3. Aufl., Stuttgart 1992, S. 433 ff.

285 MEFFERT, Heribert, BRUHN, Manfred, Dienstleistungsmarketing, 2. Aufl., Wiesbaden 1997, S. 255.

286 Vgl. SÜCHTING, Joachim, Bankmanagement, 3. Aufl., Stuttgart 1992, S. 437.

287 Vgl. EISENFÜHR, Franz, Profit Center, in: Die Betriebswirtschaft, 45. Jg. (1985), S. 99 - 100, hier S. 99.

ist das Sortiment der Bankfiliale für diese Arbeit durch das zinstragende Geschäft vorgegeben (Kapitel 2.1).

Zu c. Kommunikationspolitik: Im Rahmen der Kommunikationspolitik von Banken ist die unpersönliche Kommunikation vom persönlichen Verkauf zu unterscheiden.[288]

Die unpersönliche Kommunikation beinhaltet den Einsatz von Werbemitteln, die Verkaufsförderung und die Öffentlichkeitsarbeit.[289] Mit den Instrumenten der unpersönlichen Kommunikation wird angestrebt, ein positives Image zu vermitteln sowie eine Vielzahl von Kunden zur Kontaktaufnahme zu bewegen und mit Leistungen der Bank vertraut zu machen. Die unpersönliche Kommunikation gehört zu wesentlichen absatzpolitischen Maßnahmen von Bankfilialen. Ihre Bedeutung ist mit der Zunahme des sog. Mengengeschäfts gestiegen, weil gerade hier die Ansprache einer Vielzahl von Kunden erforderlich ist.[290]

Im persönlichen Verkauf gilt es, Präferenzen einzelner Kunden durch die fachliche Qualifikation sowie Vertrauens- und Glaubwürdigkeit der Mitarbeiter auf die Bankfiliale zu lenken. Eine entsprechend sachliche und emotionale Gestaltung der Bank-Kunde-Beziehungen (Kapitel 4.2.3 und 4.2.4) ist durch Mitarbeiter in Bankfilialen unmittelbar beeinflußbar.

Zu d. Preispolitik: Unter dem Begriff der Preispolitik werden alle Maßnahmen der Preisgestaltung zusammengefaßt wie die Preisfestsetzung, die Preisspaltung, die Preiskoppelung und die Preisdifferenzierung.[291] Für Bankleistungen werden Preise sodann in verschiedenen Formen wie Zinsen, Provisionen, Gebühren, Auszahlungsaufschläge und Boni erhoben.[292] Im hier interessierenden zinstragenden Geschäft und der Ermittlung von Konditionsbeitragsbarwerten ist der Zinssatz die entscheidende Preiskomponente, die gegebenenfalls als Effektivzins sonstige Preiskomponenten beinhaltet (Kapitel 2.2.1). Entsprechend

---

288 Vgl. hier und im folgenden SÜCHTING, Joachim, Bankmanagement, 3. Aufl., Stuttgart 1992, S. 424 und S. 472 ff.

289 Vgl. NIESCHLAG, Robert, DICHTL, Erwin, HÖRSCHGEN, Hans, Marketing, 17. Aufl., Berlin 1994, S. 529.

290 Vgl. SÜCHTING, Joachim, Bankmanagement, 3. Aufl., Stuttgart 1992, S. 475.

291 Vgl. GEHRKE, Rainer, Sonderangebote als preispolitisches Instrument von Kreditinstituten, Diss., Göttingen 1995, S. 91 ff.

292 Vgl. HARWALIK, Peter, Preispolitik und Nachfrageverhalten im standardisierten Geschäft der Banken mit dem privaten Kunden, Diss., Erlangen-Nürnberg 1988, S. 1.

wird im folgenden ausschließlich die Bestimmung der Höhe effektiver Kredit- und Einlagenzinsen als Gegenstand der Preispolitik betrachtet.

Die Festlegung der Zinshöhe sollte zugunsten einer marktnahen Preispolitik grundsätzlich in der Kompetenz der Bankfilialen stehen. Allerdings sind der Festsetzung der Zinshöhe durch Bankfilialen Grenzen gesetzt: Alle preispolitischen Maßnahmen einer Bank müssen innerhalb eines strategischen Rahmens soweit aufeinander abgestimmt sein, daß ein homogenes preispolitisches Profil der Bank erkennbar ist, weil die Preispolitik auch das Image einer Bank prägt.[293] Außerdem darf die dezentrale Preispolitik im Rahmen operativer Handlungsspielräume von Bankfilialen aufgrund oligopolistischer Angebotsstrukturen nicht zur dauerhaften Gefährdung der Erfolgsmöglichkeiten der Bank aufgrund einer allgemeinen Absenkung des Zinsniveaus im Kreditgeschäft (im Einlagengeschäft: Erhöhung) führen (Kapitel 4.1.3.2).

Im sogenannten Marketing-Mix sind die verfügbaren Mittel von Bankfilialen sodann in verschiedenen Kombinationsmöglichkeiten des persönlichen Verkaufs, der unpersönlichen Kommunikation und der Preispolitik einzusetzen.[294] Die Wirkung der genannten Instrumente ist dabei interdependent. So werden beispielsweise Zinssenkungen im Kreditgeschäft von Kunden nur wahrgenommen, wenn sie durch Maßnahmen der unpersönlichen Kommunikation oder im persönlichen Verkauf vermittelt werden.[295]

Unter Berücksichtigung solcher Interdependenzen sollen Filialen nun zur Überwindung von Marktwiderständen das Marketing-Mix gestalten. Der Einsatz gegebener Ressourcen des Betriebsbereichs für die einzelnen Instrumente ist dabei so aufzuteilen, daß ihr Grenzerfolg jeweils gleich hoch ist. Der Mitteleinsatz ist also im Verhältnis der Elastizität der jeweiligen Instrumente auf diese zu verteilen:[296] So ist die Absatzwirkung preispolitischer Maßnahmen von Bankfilialen bei gegebenen Marktwiderständen durch die Preiselastizität im autonomen Bereich der oligopolistischen Preis-Absatz-Funktion bestimmt. Je höher die Preiselastizi-

---

293 Vgl. HARWALIK, Peter, Preispolitik und Nachfrageverhalten im standardisierten Geschäft der Banken mit dem privaten Kunden, Diss., Erlangen-Nürnberg 1988, S. 135 ff.

294 Vgl. KOTLER, Philip, BLIEMEL, Friedhelm, Marketing-Management, 7. Aufl., Stuttgart 1992, S. 100 und NIESCHLAG, Robert, DICHTL, Erwin, HÖRSCHGEN, Hans, Marketing, 17. Aufl., Berlin 1994, S. 528.

295 Vgl. SIMON, Hermann, Preismanagement, 2. Aufl., Wiesbaden 1992, S. 617 f.

296 Zur Bestimmung des optimalen Werbebudgets in Abhängigkeit von Preiselastizität und Werbeelastizität und Übertragung auf sonstige Instrumente des Marketing vgl. SIMON, Hermann, Preismanagement, 2. Aufl., Wiesbaden 1992, S. 625 f.

tät in diesem Bereich ist, um so größer ist die Absatzwirkung preispolitischer Maßnahmen.[297] Der Verlauf der Preis-Absatz-Funktion als Bestimmungsgröße der Preiselastizität hängt im wesentlichen von den Möglichkeiten der Substituierbarkeit der jeweiligen Bankleistung durch andere Bankleistung oder durch Leistungen der Wettbewerber ab. Die Substituierbarkeit der Bankleistung und damit die Preiselastizität sind dabei um so höher, je geringer die Präferenzen sind.[298] Bei dynamischer Betrachtung der Marktwiderstände im Sinne von Kapitel 4.1.3.2 sinkt die Preiselastizität also durch Maßnahmen des Marketing wie den persönlichen Verkauf, wenn diese beispielsweise auf steigende Präferenzen der Kunden und damit sinkende Substituierbarkeit von Bankleistungen ausgerichtet werden. Mit sinkender Preiselastizität sinkt aber auch die Wirksamkeit preispolitischer Maßnahmen für den Absatz.[299] Soweit also Bankfilialen durch unpersönliche Kommunikation und persönlichen Verkauf Kundenpräferenzen auf die eigene Filiale lenken, ist die Bedeutung der Preispolitik vergleichsweise gering. Je schwächer die Kundenpräferenzen sind, um so größer ist umgekehrt die Bedeutung preispolitischer Maßnahmen.

4.3.2 Lenkung von Kundenpräferenzen im Sinne unternehmerischen Verhaltens

Räumliche und zeitliche Kundenpräferenzen sind im Marketing von Bankfilialen in der Regel nicht zu beeinflussen (Kapitel 4.2.1 und 4.2.2). Damit konzentriert sich die angestrebte Überwindung von Marktwiderständen durch Bankfilialen auf die Beeinflussung persönlicher und sachlicher Präferenzen. Durch die Schaffung und Aufrechterhaltung persönlicher und sachlicher Präferenzen werden Marktwiderstände überwunden, indem die Nachfragebereitschaft auf die eigene Filiale gelenkt wird. Dies bedarf eines individuellen Eingehens auf die vertrauensbegründende emotionale Beziehung zum jeweiligen Kunden sowie die Bedürfnisse und die ökonomische Bildung einzelner Kunden durch die Mitarbeiter (Kapitel 4.2.3 und 4.2.4). Dazu sind von Bankfilialen die Instrumente des Marketing einzusetzen. Von diesen sind gemäß Kapitel 4.3.1 die Distributions- und die Sorti-

---

297 Vgl. GEHRKE, Rainer, Sonderangebote als preispolitisches Instrument von Kreditinstituten, Diss., Göttingen 1995, S. 37 f.

298 Vgl. HAGENMÜLLER, Karl Friedrich, Die Bestimmungsfaktoren preispolitischer Autonomie bei Kreditinstituten, in: Büschgen, Hans (Hrsg.), Geld, Kapital und Kredit, Stuttgart 1968, S. 158 - 170, hier S. 168 f.

299 Vgl. SCHIERENBECK, Henner, Ertragsorientiertes Bankmanagement, 4. Aufl., Wiesbaden 1994, S. 397 f. und GEHRKE, Rainer, Sonderangebote als preispolitisches Instrument von Kreditinstituten, Diss., Göttingen 1995, S. 37 f.

mentspolitik durch Filialen kaum gestaltbar, und der Preispolitik von Filialen kommt aus folgenden Gründen nur eine begrenzte Bedeutung zu:

- Zum einen werden durch die Festsetzung der Höhe von Kundenzinsen im Rahmen operativer Zielsetzungen lediglich bestehende Marktwiderstände ausgeschöpft. Entsprechende Maßnahmen dienen also nicht primär der angestrebten Überwindung von Marktwiderständen. Sie sind vielmehr nach einer Überwindung von Marktwiderständen anzustreben, um den jeweils maximalen Erfolg zu erzielen (Kapitel 4.1.3.1). Wie im vorhergehenden Kapitel 4.3.1 gezeigt, ist die Absatzwirkung preispolitischer Maßnahmen außerdem um so geringer, je besser es gelingt, Kundenpräferenzen auf die eigene Bankfilialen zu lenken.

- Zum anderen muß sich die Festsetzung der Kundenzinsen im autonomen Bereich der Preis-Absatz-Funktion bewegen, weil ansonsten mit einer dauerhaften Senkung des Zinsniveaus im Kreditgeschäft (im Einlagengeschäft: Erhöhung des Zinsniveaus) Gefahren für die nachhaltige Erfolgserzielung verbunden sind (Kapitel 4.1.3.2).

Neben der begrenzten Bedeutung preispolitischer Maßnahmen können Bankfilialen schließlich die Kommunikationspolitik einsetzen. Entsprechend soll durch Kommunikationspolitik die Nachfragebereitschaft der Kunden in einem distributions- und sortimentspolitisch bestimmten Rahmen auf das eigene Unternehmen bzw. die eigene Filiale gelenkt werden. Die Kommunikationspolitik beinhaltet dafür den persönlichen Verkauf, Werbung und Verkaufsförderung sowie die Öffentlichkeitsarbeit:[300]

- Im **persönlichen Verkauf** sollen Mitarbeiter der typischen Vertrauensempfindlichkeit und Erklärungsbedürftigkeit von Bankleistungen durch Verhandlungsgeschick, Kontaktfähigkeit und fachliches Wissen Rechnung tragen.[301] Die Mitarbeiter einer Filiale sollen so persönliche und sachliche Präferenzen einzelner Kunden aufbauen und erhalten. Der persönliche Verkauf ist damit insbesondere beim Vertrieb kontaktintensiver Problemleistungen einzu-

---

300 Vgl. KOTLER, Philip, BLIEMEL, Friedhelm, Marketing-Management, 7. Aufl., Stuttgart 1992, S. 827 f. SÜCHTING, Joachim, Bankmanagement, 3. Aufl., Stuttgart 1992, S. 472 und NIESCHLAG, Robert, DICHTL, Erwin, HÖRSCHGEN, Hans, Marketing, 17. Aufl., Berlin 1994, S. 528 f.

301 Vgl. WEBER, Bernt, Produktwerbung und Verkaufsförderung im Privatkundengeschäft, in: Süchting, Joachim, van Hooven, Eckart (Hrsg.), Handbuch des Marketing, 2. Aufl., Wiesbaden 1991, S. 233 - 251, hier S. 236 und SÜCHTING, Joachim, Bankmanagement, 3. Aufl., Stuttgart 1992, S. 474 f.

setzen, weil deren Vertrauensempfindlichkeit und Erklärungsbedürftigkeit besonders hoch ist, und gemäß Kapitel 4.2.3 persönliche und sachliche Präferenzen große Bedeutung für die Nachfragebereitschaft haben.

- Mittels **Werbung und Verkaufsförderung** soll das Image der gesamten Bank oder einzelner Leistungen dahingehend beeinflußt werden, daß sich die Nachfragebereitschaft einer Vielzahl von Kunden der eigenen Bank zuwendet.[302] Bei einem entsprechenden Image können Bankfilialen sodann die Nachfragebereitschaft von Kunden nach bestimmten Leistungen oder nach Leistungsbündeln gezielt durch Werbung oder durch besondere Anreize zur Leistungsinanspruchnahme fördern (z.B. durch Gewinnspiele und Werbegeschenke).[303] Die Werbung für bestimmte Leistungen bzw. Leistungsbündel wirkt dabei durch Information von Kunden über das Leistungsangebot und zunächst vorbereitend für eine entsprechende Lenkung der Nachfragebereitschaft im persönlichen Verkauf.[304] Aufgrund ihres unpersönlichen Charakters sind Werbung und Verkaufsförderung vor allem im Mengengeschäft von Bedeutung.[305]

- Die **Öffentlichkeitsarbeit** läßt sich dadurch von Werbung und Verkaufsförderung abgrenzen, daß sie sich nicht gezielt Absatzmärkten zuwendet, sondern indirekt, über die allgemeine Öffentlichkeit, ein gewünschtes Image der Bank oder Filiale aufzubauen versucht.[306] Mangels persönlicher Kommunikation und Orientierung an den Leistungen einer Bank bzw. Filiale können durch Öffentlichkeitsarbeit weder persönliche noch sachliche Präferenzen unmittelbar beeinflußt werden. Vielmehr dient die Öffentlichkeitsarbeit in einer Art "Vorbereitungsfunktion"[307] dazu, die Wirksamkeit anderer Instrumente des

---

302 Vgl. BÜSCHGEN, Hans E., Bankmarketing, Düsseldorf 1995, S. 244.

303 Vgl. BÜSCHGEN, Hans E., Bankbetriebslehre, 4. Aufl., Wiesbaden 1993, S. 535.

304 Vgl. WEBER, Bernt, Produktwerbung und Verkaufsförderung im Privatkundengeschäft, in: Süchting, Joachim, van Hooven, Eckart (Hrsg.), Handbuch des Marketing, 2. Aufl., Wiesbaden 1991, S. 233 - 251, hier S. 236 ff.

305 Vgl. SÜCHTING, Joachim, Bankmanagement, 3. Aufl., Stuttgart 1992, S. 475 und KOTLER, Philip, BLIEMEL, Friedhelm, Marketing-Management, 7. Aufl., Stuttgart 1992, S. 828.

306 Vgl. NIESCHLAG, Robert, DICHTL, Erwin, HÖRSCHGEN, Hans, Marketing, 17. Aufl., Berlin 1994, S. 537.

307 BÜSCHGEN, Hans E., Bankmarketing, Düsseldorf 1995, S. 265.

Marketing zu unterstützen, indem zum Beispiel "eine Atmosphäre der Offenheit und des Verständnisses"[308] geschaffen wird.

Aufgrund der Ausrichtung der Instrumente des Marketing zum einen auf einzelne Kunden und zum anderen auf eine Vielzahl von Kunden wird im folgenden der persönliche Verkauf von den anderen Instrumenten der Kommunikationspolitik unterschieden. Soweit es nicht auf die einzelnen Instrumente ankommt, werden Werbung und Verkaufsförderung sowie die Öffentlichkeitsarbeit dazu unter dem Begriff der unpersönlichen Kommunikation zusammengefaßt und so gegen den persönlichen Verkauf abgegrenzt.

308 NIESCHLAG, Robert, DICHTL, Erwin, HÖRSCHGEN, Hans, Marketing, 17. Aufl., Berlin 1994, S. 537.

5 Determinanten des Filialerfolgs als Ansatzpunkte von Verhaltenswirkungen der Marktzinsmethode

Im vorhergehenden Kapitel wurden mit den Möglichkeiten von Filialen, Marktwiderstände im zinstragenden Geschäft zu überwinden, Grundzüge des angestrebten unternehmerischen Verhaltens von Mitarbeitern erläutert. Diese sollen im weiteren als Maßstab für die Beurteilung von Verhaltenswirkungen der Marktzinsmethode dienen (Kapitel 6). Solche Verhaltenswirkungen wiederum beruhen auf der Erfolgsmessung, die verschiedene Determinanten des Filialerfolgs zu Orientierungsgrößen werden läßt, an denen Mitarbeiter in der Profit Center-Konzeption ihr Verhalten ausrichten (Kapitel 2).[309] In diesem Kapitel 5 werden daher zunächst Ansatzpunkte für Verhaltenswirkungen der Marktzinsmethode - gleich ob funktional oder dysfunktional - an den Determinanten des Filialerfolgs festgemacht, die durch die Erfolgsmessung gemäß Marktzinsmethode bestimmt werden. Im folgenden wird also gezeigt, welche spezifischen Determinanten des Filialerfolgs gemäß Marktzinsmethode durch Filialen manipulierbar sind.

Die Determinanten des Filialerfolgs gemäß Marktzinsmethode sind einerseits durch den Kundenmarkt und die dort den jeweiligen Marktwiderständen entsprechend durchsetzbaren Zinsen bestimmt, andererseits durch die kalkulatorische Zinsverrechnung gemäß Marktzinsmethode. Die marktseitigen Determinanten des Filialerfolgs sind die Marktwiderstände, die in der Preis-Absatz-Funktion zum Ausdruck kommen. Entsprechend den zuvor beschriebenen Grundzügen angestrebten Verhaltens von Bankfilialen ist der Filialerfolg also auf der einen Seite durch die Überwindung von Marktwiderständen beeinflußbar (Kapitel 4). Entsprechende Maßnahmen des Marketing sind jedoch kein Spezifikum der Marktzinsmethode. Sie beruhen auf der Funktion von Filialen als Vertriebsweg und sind vom Kalkulationsverfahren zur Ermittlung des Filialerfolgs unabhängig. Auf der anderen, der innerbetrieblichen Seite der Erfolgsmessung stehen den Kundenzinsen Verrechnungszinsen als Determinanten des Filialerfolgs gegenüber, deren Höhe durch die Marktzinsmethode bestimmt wird (Kapitel 3.1.1). Entsprechend werden im folgenden zunächst die Merkmale von Kundengeschäften dargestellt, deren Manipulation über die Höhe der Verrechnungszinsen Einfluß auf den Filialerfolg hat, also die Kapitalbindung, die Zinsbindung und die verrechneten Risikoprämien (Kapitel 5.1) Daraufhin werden mögliche Manipulationen des Kundengeschäfts mit Blick auf die durchschnittlichen Konditionsmarge, also der Differenz zwischen den jeweiligen Kunden- und Verrechnungszinsen, erläutert (Kapitel 5.2).

---

309 Vgl. MENZ, Wolf-Dieter, Die Profit Center Konzeption, Diss., Bern 1973, S. 167.

5.1 Merkmale von Kundengeschäften als Determinanten der Verrechnungszinsen gemäß Marktzinsmethode

Die Höhe von Verrechnungszinsen als Bestimmungsgröße des Filialerfolgs gemäß Marktzinsmethode ist durch die Zins- und Kapitalbindung der Kundengeschäfte sowie die Zinsstruktur am Geld- und Kapitalmarkt bestimmt (Kapitel 3.1.1). Weil die im Kreditgeschäft erzielbaren Kundenzinsen als zusätzliche Erfolgskomponente eine Risikoprämie für Ausfallrisiken enthalten, ist außerdem die gesonderte Verrechnung entsprechender Risikoprämien mit den Verrechnungszinsen zu beachten (Kapitel 2.2.1). Damit bestimmen folgende Merkmale zinstragender Kundengeschäfte die Höhe der Verrechnungszinsen:

- Die Kapitalbindung der Kundengeschäfte,
- die Zinsbindung der Kundengeschäfte (variabel- versus festverzinslich) sowie
- die segmentspezifischen Risikoprämien im Kreditgeschäft.

Diese Merkmale von Kundengeschäften werden nun daraufhin überprüft, welchen Einfluß sie auf die Höhe der Verrechnungszinsen gemäß Marktzinsmethode haben. Besteht ein solcher Einfluß, so hat die Ausprägung dieser Merkmale auch Auswirkungen auf die Höhe des Filialerfolgs. In den folgenden Kapiteln geht es also um die Möglichkeiten von Mitarbeitern, durch die Manipulation der genannten Merkmale von Kundengeschäften den Filialerfolg über die Höhe der Verrechnungszinsen zu beeinflussen. Mit diesen Möglichkeiten zeigen sich also Ansatzpunkte von Verhaltenswirkungen, die in der Profit Center-Konzeption von der Marktzinsmethode ausgehen.

5.1.1 Kapitalbindung von Kundengeschäften als Determinante von Verrechnungszinsen

Die Kapitalbindung bezeichnet im Aktivgeschäft den einem Kunden zeitlich begrenzt oder vorläufig unbegrenzt zur Verfügung gestellten Geldbetrag, der über verschiedene Tilgungsvereinbarungen zurückzuführen ist (beispielsweise werden Konsumentenkredite mit einem festen Tilgungsplan verbunden, Kontokorrentkredite hingegen in der Regel vorläufig zeitlich unbegrenzt zur Verfügung gestellt). Im Passivgeschäft bezeichnet die Kapitalbindung analog den von Kunden der Bank zur Verfügung gestellten Einlagebetrag (beispielsweise werden Spareinlagen in der Regel nur mit einer Mindestlaufzeit verbunden und Termineinlagen auf einen festen Zeitraum begrenzt). Dabei wird in diesem Kapitel von Festzinsgeschäften ausgegangen. Die mit variabler Verzinsung verbundenen Merkmale von Kundengeschäften sind Gegenstand des folgenden Kapitels 5.1.2 zur Zinsbindung als Determinante von Verrechnungszinsen. Der so gekennzeichnete Begriff der Kapitalbindung festverzinslicher Kundengeschäfte vernachlässigt aber Zinsfälligkeiten als effektivem Bestandteil der Bindung von Zentralbankgeld. Die effektive Kapitalbindung unter Einbezug von Zinsfälligkeiten ist nämlich nur unter letztlich willkürlichen Annahmen der Effektivzinsrechnung ermittelbar.[310] Daher wird im folgenden der Begriff der Zahlungsstruktur als willkürfrei bestimmbares Merkmal von Kundengeschäften und zugleich Hilfsmittel zur Erfassung der Kapitalbindung von Kundengeschäften erläutert.

Der Begriff der Zahlungsstruktur festverzinslicher Kundengeschäfte umfaßt neben der nominalen Kapitalbindung die effektive Bindung von Zentralbankgeld durch Zinsfälligkeiten. Als umfassendem Ausdruck der pagatorischen Mengen- und Wertkomponente zinstragender Geschäfte ist deren Bewertung im Wertbereich daher nur durch Rückgriff auf ihre Zahlungsstruktur ohne Wiederanlageprämissen möglich.[311] Im folgenden wird die Kapitalbindung von Kundengeschäften daher im Sinne des umfassenden Begriffs der Zahlungsstruktur verstanden. Die Zahlungsstruktur von Kundengeschäften ist außerdem die Grundlage der Ermittlung des in Kapitel 3.1.1 zugrundegelegten effektivzinsunabhängigen Zinserfolgs gemäß Barwertkalkül der Marktzinsmethode.[312]

Die Zahlungsstruktur eines festverzinslichen Kundengeschäfts bestimmt nun soweit die Höhe der Verrechnungszinsen und damit des Zinserfolgs der Filiale, als dessen Bewertung anhand der Zinsstruktur am Geld- und Kapitalmarkt erfolgt (Kapitel 3.1.1). Für die folgenden Überlegungen wird zur entsprechenden Bewertung auf sog. Zerobond-Abzinsfaktoren zurückgegriffen. Zerobond-Abzinsfaktoren erleichtern die Ermittlung der Konditionsbeitragsbarwerte von Kundengeschäften vergleichsweise zu der in Kapitel 3.1.1 vorgestellten expliziten Konstruktion von zahlungsstrukturkongruenten Geld- und Kapitalmarktgeschäften: Zerobond-Abzinsfaktoren werden für jeden Zeitpunkt von Kundenzahlungen aus der Zinsstruktur des Geld- und Kapitalmarkts abgeleitet und bilden die zahlungs-

---

310 Vgl. SCHIERENBECK, Henner, Ertragsorientiertes Bankmanagement, 4. Aufl., Wiesbaden 1994, S. 134 ff. und WIMMER, Konrad, Bankkalkulation, 2. Aufl., Berlin 1996, S. 46 ff.

311 Vgl. FLESCH, Hans-Rudolf, PIASKOWSKI, Friedrich, SIEVI, Christian R., Erfolgsquellensteuerung durch Effektivzinsen im Konzept der Wertsteuerung, in: Die Bank, o. Jg. (8/1984), S. 357 - 366, hier S. 363.

312 Vgl. BENKE, Holger, GEBAUER, Burkhard, PIASKOWSKI, Friedrich, Die Marktzinsmethode wird erwachsen: Das Barwertkonzept (I), in: Die Bank, o. Jg. (8/1991), S.457 - 463, hier S. 459 und 460 und SCHIERENBECK, Henner, Ertragsorientiertes Bankmanagement, 4. Aufl., Wiesbaden 1994, S. 163 - 174.

strukturkongruenten Geld- und Kapitalmarktgeschäfte nur implizit ab. Dabei bildet die Differenz zwischen der Summe der mit Zerobond-Abzinsfaktoren diskontierten zukünftigen Zahlungen und der Anfangsauszahlung (Anfangseinzahlung) im Aktivgeschäft (Passivgeschäft) den Konditionsbeitragsbarwert.[313]

Für die Höhe des Konditionsbeitragsbarwerts sind also letztlich die Zahlungsstruktur im Kundengeschäft sowie die Zinssätze der zahlungsstrukturkongruenten Geld- und Kapitalmarktgeschäfte, also die Zinsstruktur entscheidend.[314] Für Manipulationen der Zahlungsstruktur von Kundengeschäften mit Blick auf den Filialerfolg interessiert im folgenden der Zusammenhang zwischen der Zahlungsstruktur eines Kundengeschäfts und der Höhe des Konditionsbeitragsbarwerts. Bei einem solchen Zusammenhang bietet die Zahlungsstruktur also eine spezifische Einflußmöglichkeit der Mitarbeiter auf den Filialerfolg gemäß Marktzinsmethode über die Höhe der Verrechnungszinsen.[315]

Zunächst ist unmittelbar einsichtig, daß der Konditionsbeitragsbarwert von Kundengeschäften mit gegebener Gesamtlaufzeit und gegebenem Kundenzinssatz bei flacher Zinsstruktur um so höher ist, je später Kredite bei gegebener Gesamtlaufzeit getilgt werden (z.B. endfällige Darlehen) bzw. je früher Einlagen aufgebaut werden (z.B. Sparpläne). So erhöhen spätere Tilgungsleistungen bzw. frühere Sparleistungen das zu verzinsende Kapital. Dabei wird nur vorausgesetzt, daß die Zinssätze im Kreditgeschäft (Einlagengeschäft) über (unter) den Zinssätzen am Geld- und Kapitalmarkt liegen.

Sodann ist aber zu fragen, welchen Einfluß Veränderungen der Zahlungsstruktur von Kundengeschäften mit gegebener Gesamtlaufzeit bei normaler und inverser Zinsstruktur am Geld- und Kapitalmarkt auf den Konditionsbeitragsbarwert haben. Ein solcher Einfluß ist beispielsweise gegeben, wenn der Konditionsbeitragsbarwert eines Kreditgeschäfts bei einer Zinsstruktur A durch spätere Tilgungen und bei einer Zinsstruktur B durch frühere Tilgungen erhöht werden kann. Hat die Zinsstruktur einen solchen Einfluß, so können Filialen ihr Verhalten nur

---

313 Vgl. SCHIERENBECK, Henner, Ertragsorientiertes Bankmanagement, 4. Aufl., Wiesbaden 1994, S. 166 ff. und WIMMER, Konrad, Bankkalkulation, 2. Aufl., Berlin 1996, S. 158 ff. Unter Bezugnahme auf das Barwertkalkül im zahlungsstrukturkongruenten Ansatz der Marktzinsmethode gilt dieser Zusammenhang sowohl für das Grundkonzept als auch für das Barwertkonzept (Kapitel 3.1.2).

314 Vgl. FLECHSIG, Rolf, FLESCH, Hans-Rudolf, Die Wertsteuerung - Ein Ansatz des operativen Controlling im Wertbereich, in: Die Bank, o. Jg. (1982), S. 454 - 464.

315 Vgl. zur Möglichkeit einer Einflußnahme von Mitarbeitern auf die Zahlungsstruktur von Kundengeschäften WIMMER, Konrad, Bankkalkulation, 2. Aufl., Berlin 1996, S. 131.

zinsstrukturspezifisch auf Manipulationen der Zahlungsstruktur von Kundengeschäften ausrichten, um den Konditionsbeitragsbarwert zu erhöhen. Im genannten Beispiel würde dies heißen, daß Filialen bei der Zinsstruktur A bestrebt sind, vergleichsweise späte Tilgungen zu vereinbaren (z.B. durch einen endfälligen Kredit), und bei der Zinsstruktur B bestrebt sind, vergleichsweise frühe Tilgungen zu vereinbaren (z.B. durch Ratentilgung).

Die Zinsstruktur am Geld- und Kapitalmarkt ist bestimmt durch das Zinsniveau und die Steigung der Zinsstrukturkurve. Aus den Kombinationsmöglichkeiten verschiedener Zinsniveaus und verschiedener Steigungen von Zinstrukturkurven ergibt sich eine unbegrenzte Vielzahl möglicher Zinsstrukturen am Geld- und Kapitalmarkt. Um die Existenz eines zinsstrukturabhängigen Effekts auf die Ausrichtung des Verhaltens von Filialen nachweisen zu können, muß es daher genügen, ein geeignetes Beispiel zu finden. Darin muß für zwei mögliche Zinsstrukturen am Geld- und Kapitalmarkt gezeigt werden, daß der Konditionsbeitragsbarwert für die erste Zinsstruktur bei späten Tilgungen höher ist als bei frühen Tilgungen, und dies genau umgekehrt für eine zweite Zinsstruktur gilt.

Für einen solchen Nachweis seien beispielhaft zwei Kredite mit unterschiedlichen Zahlungsströmen gemäß Barwertkonzept der Marktzinsmethode bewertet:

> Der endfällige Kredit K_E über 1.000 Geldeinheiten (GE) mit vierjähriger Laufzeit werde nominal und effektiv[316] zu 10 % p.a. verzinst. Der Tilgungskredit K_T laute ebenfalls über 1.000 GE zu einen nominalen und effektiven Zinssatz in Höhe von 10 % p.a., sei aber in gleichen jährlichen Raten in Höhe von 250 GE zu tilgen. Damit weisen die Kredite folgende unterschiedliche Zahlungsströme auf, die eine vergleichsweise späte Tilgung des endfälligen Kredits K_E deutlich machen:

Kredit	t0	t1	t2	t3	t4
KE, endfällig	-1000,0	+100,0	+100,0	+100,0	+1100,0
KT, Tilgungen	-1000,0	+350,0	+325,0	+300,0	+275,0

Zur Bewertung der Kredite werden jeweils eine normale und eine inverse Zinsstrukturkurve auf niedrigem, mittlerem und hohem Zinsniveau angenommen. Danach gelten am Geld- und Kapitalmarkt für t Jahre folgende Kuponzinssätze (i) zum einen bei normaler (i_{normal}) und zum anderen bei inverser

316 Der effektive Zinssatz entspricht bei ausschließlich jährlichen Zahlungen ohne Verzinsung eines Disagios und keiner unterjährigen Zinskapitalisierung dem nominalen Zinssatz.

Zinsstruktur (i_{invers}) mit den entsprechenden Zerobond-Abzinsfaktoren für die Zeitpunkte t der Zahlungen im Kundengeschäft (ZBF_t):[317]

$$ZBF_t = \frac{1 - \left(i_t \cdot \sum_{n=1}^{t-1} ZBF_n \right)}{1 + i_t}$$

mit:
- t Zeitpunkt der Zahlung
- n Laufindex für t
- i Zinssatz, dezimal

niedriges Zinsniveau	i_{normal}	ZBF_t	i_{invers}	ZBF_t
t=1	3,0 %	0,970873786	4,5 %	0,956937799
t=2	3,5 %	0,933352094	4,0 %	0,924733162
t=3	4,0 %	0,888299004	3,5 %	0,902552189
t=4	4,5 %	0,836685531	3,0 %	0,889779908

mittleres Zinsniveau	i_{normal}	ZBF_t	i_{invers}	ZBF_t
t=1	6,0 %	0,943396226	7,5 %	0,930232558
t=2	6,5 %	0,881388963	7,0 %	0,873723104
t=3	7,0 %	0,815200969	6,5 %	0,828866556
t=4	7,5 %	0,746047477	6,0 %	0,794368554

hohes Zinsniveau	i_{normal}	ZBF_t	i_{invers}	ZBF_t
t=1	8,0 %	0,925925926	9,5 %	0,913242009
t=2	8,5 %	0,849121010	9,0 %	0,842025889
t=3	9,0 %	0,770867684	8,5 %	0,784149519
t=4	9,5 %	0,692363572	8,0 %	0,737820932

317 Vgl. zur Berechnung von Zerobond-Abzinsfaktoren: SCHIERENBECK, Henner, Ertragsorientiertes Bankmanagement, 4. Aufl., Wiesbaden 1994, S. 173.

Die Konditionsbeitragsbarwerte (KBB) beider Kredite bei der jeweiligen Zinsstruktur können folgender Tabelle entnommen werden:

KBB (in GE)	niedriges Zinsniveau		mittleres Zinsniveau		hohes Zinsniveau	
	i_{normal}	i_{invers}	i_{normal}	i_{invers}	i_{normal}	i_{invers}
K_E	199,61	257,18	84,65	137,09	16,19	65,54
K_T	139,72	150,92	66,36	76,65	21,70	31,44

Der Vergleich der Konditionsbeitragsbarwerte des endfälligen Kredits mit vergleichsweise später Tilgung (K_E) und des Tilgungskredits mit vergleichsweise früher Tilgung (K_T) zeigt, daß erfolgserhöhende Effekte der Zahlungsstruktur tatsächlich nur zinsstrukturabhängig möglich sind: So ist der Konditionsbeitragsbarwert bei normaler Zinsstruktur auf hohem Zinsniveau durch die Vereinbarung früherer Tilgungen (K_T) höher als der Konditionsbeitragsbarwert des endfälligen Kredits (K_E). Bei inverser Zinsstruktur auf hohem Zinsniveau sowie unabhängig von der Zinsstruktur auf mittlerem und niedrigem Zinsniveau ist dagegen der Konditionsbeitragsbarwert bei später Tilgung (K_E) höher als bei früher Tilgung (K_T). Zur Erzielung positiver Effekte auf den Konditionsbeitragsbarwert durch Manipulation der Zahlungsstruktur von Kundengeschäften ist also die Zinsstruktur am Geld- und Kapitalmarkt zu beachten. Dies gilt insbesondere für den Fall, daß die Zinssätze im Kundengeschäft sehr nahe bei den Zinssätzen am Geld- und Kapitalmarkt liegen, die Marge also sehr klein ist.

Mit dem aufgezeigten Beispiel wurde die Existenz eines zinsstrukturspezifischen Effekts der Vorteilhaftigkeit verschiedener Zahlungsstrukturen von Kundengeschäften auf den Konditionsbeitragsbarwert nachgewiesen. Bankfilialen können den Konditionsbeitragsbarwert also nur zinsstrukturspezifisch und damit für die Marktzinsmethode spezifisch durch eine Manipulation der Zahlungsstruktur des Kundengeschäfts zu erhöhen suchen.

So ist beispielsweise ein Vorziehen von Tilgungsleistungen der Kreditnehmer in einem Fall von Vorteil und bei einer anderen Zinsstruktur von Nachteil für die Höhe des Konditionsbeitragsbarwerts. Daher ist die Zinsstruktur bei Überlegungen zur Manipulation der Zahlungsstruktur von Kundengeschäften insbesondere dann zu beachten, wenn die Marge zwischen den Zinssätzen im Kundengeschäft und den Zinssätzen am Geld- und Kapitalmarkt eng ist. Bei der allgemeinen Beobachtung zurückgehender Margen gewinnt die Beachtung der Zinsstruktur bei der Festlegung der Zahlungsstruktur von Kundengeschäften durch die Erfolgsmessung mittels Marktzinsmethode also immer mehr an Bedeutung für den Filialerfolg. Mit der Kapitalbindung bzw. Zahlungsstruktur von Kundengeschäften ist also eine zinsstrukturspezifische Determinante von Verrechnungszinsen identifiziert, die Filialen gezielt manipulieren können, um ihren Filialerfolg im Sinne der Profit Center-Konzeption zu erhöhen. Eine Wertung dieses Sachverhalts im Sinne funktionaler bzw. dysfunktionaler Verhaltenswirkungen erfolgt in Kapitel 6.2.1.1.

5.1.2 Zinsbindung von Kundengeschäften als Determinante von Verrechnungszinsen

Mit Blick auf die Zinsbindung von Kundengeschäften als Determinante von Verrechnungszinsen gemäß Marktzinsmethode sind der variable und der feste Zinstyp zu unterscheiden. Fraglich ist im hier zu untersuchenden Zusammenhang, ob der Konditionsbeitragsbarwert eines Kundengeschäfts durch die Wahl des Zinstyps aufgrund unterschiedlich hoher Verrechnungszinsen bei beiden Zinstypen manipulierbar ist.

Dazu sind Unterschiede zwischen der Bewertung variabel verzinslicher und festverzinslicher Kundengeschäfte zu untersuchen. Bisher wurde stets von festverzinslichen Kundengeschäften ausgegangen. Die Bewertung variabel verzinslicher Geschäfte und damit die Bestimmung der Verrechnungszinsen kann mangels variabel verzinslicher Kapitalmarktgeschäfte durch eine Mischung kurzfristiger Geldmarktgeschäfte und langfristiger Kapitalmarktgeschäfte erfolgen.[318] Entsprechend dem Grundgedanken der Marktzinsmethode, ist der Konditionsbeitrag bzw. Konditionsbeitragsbarwert danach frei von Zinsänderungsrisiken zu kalkulieren. Mit entsprechenden Opportunitäts- bzw. Gegengeschäften durch die Zentrale soll das Zinsänderungsrisiko auf der Ebene der Gesamtbank tatsächlich vermeidbar sein. Daher schlagen Rolfes/Schierenbeck vor, Verrechnungszinsen eines variabel verzinslichen Kundengeschäfts entsprechend der Zinsanpassungselastizität dieses Geschäfts aus einem Mischzins von Geld- und Kapitalmarktgeschäften zu bilden. Die einzelnen Tranchen dieser (festverzinslichen) Geld- und Kapitalmarktgeschäfte kann die Zentrale abschließen, um Zinsänderungsrisiken zu vermeiden. Das vorgeschlagene Verfahren sei an einem Beispiel erläutert:[319]

Seien quartalsweise Anpassungen des variablen Zinssatzes eines langfristigen Kundengeschäfts im Ausmaß von 60% der Zinsänderungen des 3-Monats-

---

318 Vgl. hier und im folgenden ROLFES, Bernd, SCHIERENBECK, Henner, Der Marktwert variabel verzinslicher Bankgeschäfte, in: Die Bank, o. Jg. (7/1992), S. 403 - 412.

319 Vgl. ROLFES, Bernd, SCHIERENBECK, Henner, Der Marktwert variabel verzinslicher Bankgeschäfte, in: Die Bank, o. Jg. (7/1992), S. 403 - 412, hier S. 407 f.

gelds geplant (Zinsanpassungselastizität = 0,6), dann werden zur Kalkulation des Konditionsbeitragsbarwerts entsprechend der Kapitalbindung dieses Geschäfts langfristige Kapitalmarktgeschäfte in Höhe von 40% und revolvierend 3-Monatsgeld in Höhe von 60% des Nominalkapitals des Kundengeschäfts herangezogen. Während das Kapitalmarktgeschäft im Zeitablauf konstant verzinst wird, erfolgt quartalsweise eine Zinsanpassung des 3-Monatsgelds entsprechend der Entwicklung am Geldmarkt. Der Verrechnungszins variiert also nur im Ausmaß von 60 % der Zinsänderungen des 3-Monatsgelds, weil die anteiligen Zinsen des Kapitalmarktgeschäfts im Verrechnungszins konstant bleiben. Durch entsprechende quartalsweise Anpassungen des Kundenzinses an Zinsänderungen des 3-Monatsgelds im Ausmaß von 60 % dieser Zinsänderungen läßt sich somit der Konditionsbeitragsbarwert auch ex post (in etwa) konstant halten.

Kritik zum geschilderten Verfahren der Bewertung variabel verzinslicher Kundengeschäfte anhand von deren Zins- und Kapitalbindung[320] kann hier aus zwei Gründen vernachlässigt werden: Erstens ist bisher kein anderes Verfahren zur zahlungsstrukturkongruenten Bewertung variabel verzinslicher Geschäfte nach der Marktzinsmethode erkennbar. Zweitens interessieren hier Verhaltenswirkungen der gegebenen Form der Marktzinsmethode zur Erfolgsermittlung und nicht deren Weiterentwicklung im Sinne der Lenkungsfunktion. Daher wird für Überlegungen zur unterschiedlichen Bewertung ansonsten vergleichbarer variabel verzinslicher und festverzinslicher Kundengeschäfte auf das geschilderte Vorgehen abgestellt.

Die Bewertung und Verrechnung eines variabel verzinslichen Kundengeschäfts erfolgt also, indem kongruente Geld- und Kapitalmarktgeschäfte in Höhe des Nominalkapitals des Kundengeschäfts elastizitätsabhängig teilweise kurzfristig (je nach Zinsanpassungselastizität) mit Geldmarktgeschäften und teilweise langfristig (je nach Kapitalbindung) am Kapitalmarkt konstruiert werden. Unter der Annahme des zuvor geschilderten Beispiels werden also 40 % des variabel verzinslichen Kundengeschäfts wie ein Festzinsgeschäft bewertet (Kapitel 5.1.1). Die restlichen 60 % werden wegen der angenommenen Zinsanpassungselastizität in gleicher Höhe ausschließlich mit kurzfristigen Geldmarktgeschäften bewertet. Damit ist der Verrechnungszins eines variabel verzinslichen Kundengeschäfts vergleichsweise stark durch kurzfristige Geldmarktgeschäfte bestimmt. Für die Höhe der Verrechnungszinsen variabel verzinslicher Kundengeschäfte folgt dar-

---

320 Vgl. z.B. WILKENS, Marco, Realitätsnahe Schätzung der Markt- und Kundenzinssätze zur besseren Steuerung, in: Zeitschrift für Bankrecht und Bankwirtschaft (ZBB), 6. Jg. (1994), S. 9 - 23 und WIMMER, Konrad, Bankkalkulation, 2. Aufl., Berlin 1996, S. 168.

aus unmittelbar, daß diese gemäß Marktzinsmethode bei normaler Zinsstruktur tendenziell niedriger sind als die Verrechnungszinsen für festverzinsliche Kundengeschäfte. Bei inverser Zinsstruktur sind die Verrechnungszinsen entsprechend bei variabler Verzinsung tendenziell höher als bei festverzinslichen Kundengeschäften. Nur bei flacher Zinsstruktur ist die Höhe der Verrechnungszinsen für variabel und festverzinsliche Kundengeschäfte gleich hoch. Die Höhe des Verrechnungszinses wird also in Abhängigkeit von der Zinsstruktur durch die angenommene Zinsanpassungselastizität des Kundengeschäfts determiniert. Entsprechend ist der Konditionsbeitragsbarwert zinsstrukturspezifisch vom vereinbarten Zinstyp abhängig, wenn die Kundenzinssätze für beide Zinstypen nicht genauso weit auseinander liegen, wie die entsprechenden kurz- und langfristigen Zinssätze am Geld- und Kapitalmarkt. Davon kann im folgenden aber ausgegangen werden, weil die Konditionierung langfristiger variabel verzinslicher Kundengeschäfte vornehmlich in Abhängigkeit von der Entwicklung der langfristigen Kapitalmarktsätze erfolgt.[321]

Mit der Zinsbindung von Kundengeschäften ist also eine weitere Determinante von Verrechnungszinsen identifiziert, deren Manipulation Auswirkungen auf die Höhe des Konditionsbeitragsbarwerts und damit des Filialerfolgs hat: Bei normaler Zinsstruktur können Bankfilialen ihren Filialerfolg gemäß Marktzinsmethode durch verstärkten Abschluß variabel verzinslicher Kreditgeschäfte bzw. festverzinslicher Einlagengeschäfte zu erhöhen suchen. Variabel verzinsliche Kreditgeschäfte weisen dann mit den niedrigeren Verrechnungszinsen höher Konditionsmargen und Konditionsbeitragsbarwerte auf als festverzinsliche Kreditgeschäfte. Umgekehrt weisen dann festverzinsliche Einlagengeschäfte höhere Verrechnungszinsen, Konditionsmargen und Konditionsbeitragsbarwerte auf als variabel verzinsliche Einlagengeschäfte. Entsprechend führen bei inverser Zinsstruktur festverzinsliche Kreditgeschäfte und variabel verzinsliche Einlagengeschäfte zu vergleichsweise günstigen Verrechnungszinsen und damit höheren Konditionsbeitragsbarwerten.

Zusätzlich zur Höhe der Verrechnungszinsen sind Konditionsbeitragsbarwerte bei Vereinbarung variabler Zinsen im Gegensatz zu festverzinslichen Geschäften aufgrund instabiler Zinsanpassungselastizitäten aber unsicher. So trägt die Filiale beim geschilderten Vorgehen das Risiko, Zinsanpassungen im Kundengeschäft nicht entsprechend der zentral vorgegebenen Zinsanpassungselastizitäten durchsetzen zu können. Falls sie entsprechende Zinsanpassungen nicht durchsetzen

---

321 Vgl. ROLFES, Bernd, SCHIERENBECK, Henner, Der Marktwert variabel verzinslicher Bankgeschäfte, in: Die Bank, o. Jg. (7/1992), S. 403 - 412, hier S. 404.

können,[322] ist der Konditionsbeitragsbarwert nämlich ex post zu korrigieren, bzw. der Filialerfolg in der jeweiligen Abrechnungsperiode der Zinsanpassung entsprechend zu kürzen. Variabel verzinsliche Kundengeschäfte weisen nämlich im Konditionsbeitragsbarwert ein Zinsanpassungsrisiko auf.[323]

Mit Blick auf die Durchsetzbarkeit von Zinsanpassungen ist sodann deren Richtung zu bedenken. Unmittelbar einsichtig ist, daß bei Erhöhungen von Kreditzinsen bzw. Senkungen von Einlagenzinsen größere Widerstände von Kunden zu erwarten sind als umgekehrt bei Senkungen von Kreditzinsen bzw. Erhöhungen von Einlagenzinsen. Bei der entsprechend asymmetrischen Wirkung von Zinsänderungen[324] sind die Erwartungen der Kunden über Zinsanpassungen zu beachten: Widerstände sind bei Erhöhung von Kreditzinsen insbesondere dann zu erwarten, wenn diese in einem stärkeren Ausmaß erfolgen, als Kunden sie erwarten. Bei Senkungen von Kreditzinsen sind Widerstände dann zu erwarten, wenn diese nicht in dem Ausmaß erfolgen, das die jeweiligen Kunden erwarten. Umgekehrt gelten diese Überlegungen für die Erwartungen der Kunden zu Senkungen bzw. Erhöhungen von Einlagenzinsen. Die für Widerstände bei Zinsanpassungen entscheidende Erwartung von Kunden muß dabei nicht der Zinsanpassungselastizität entsprechen, die durch die Zentrale im Verrechnungszins vorgegeben ist. So können Kunden ihre Erwartung zu Zinsanpassungen beispielsweise an Veränderungen des Diskontsatzes orientieren. Kalkuliert die Bank Zinsanpassungselastizitäten dagegen beispielsweise in Abhängigkeit vom Zinssatz für Jahresgeld, so fallen die Erwartungen der Kunden und die tatsächlichen Zinsanpassungen auseinander. Widerstände von Kunden gegen Zinsanpassungen sind also in Analogie zu überproportionalen Absatzwirkungen bei größeren Preisänderungen[325] zu erwarten: Je weiter Zinsanpassungen von den Erwartungen der Kunden im negativen abweichen, um so größere Widerstände sind zu erwarten. Aufgrund asymmetrischer Wirkungen von Zinsanpassungen gilt dies bei Erhöhungen von Kreditzinsen sowie Senkungen von Einlagenzinsen stärker als bei Senkungen von Kreditzinsen und Erhöhungen von Einlagenzinsen.

---

322 Im Kreditgeschäft besteht nach § 609a BGB ein jederzeitiges Kündigungsrecht durch Kunden. Im Einlagengeschäft droht der Abzug von Einlagen spätestens nach Ablauf gesetzlicher oder vertraglich vereinbarter Kündigungsfristen.

323 Vgl. ROLFES, Bernd, SCHIERENBECK, Henner, Der Marktwert variabel verzinslicher Bankgeschäfte, in: Die Bank, o. Jg. (7/1992), S. 403 - 412, hier S. 410 f.

324 Vgl. zur asymmetrischen Wirkung von Preisänderungen unter oligopolistischen Bedingungen SIMON, Hermann, Preismanagement, 2. Aufl., Wiesbaden 1992, S. 253 f.

325 Vgl. SIMON, Hermann, Preismanagement, 2. Aufl., Wiesbaden 1992, S. 254 ff.

Die Bewertung entsprechender Manipulationen der Zinsbindung unter Berücksichtigung der Unsicherheit von Zinsanpassungen im Sinne funktionaler bzw. dysfunktionaler Verhaltenswirkungen erfolgt in Kapitel 6.2.1.2.

5.1.3 Segmentspezifische Risikoprämien im Kundengeschäft als Determinante von Verrechnungszinsen

Neben der Kapitalbindung (Kapitel 5.1.1) und der Zinsbindung von Kundengeschäften (Kapitel 5.1.2) sind bei Kreditgeschäften Risikokosten für Ausfallrisiken als Determinante von Verrechnungszinsen zu beachten. Strenggenommen sind entsprechend verrechnete Risikoprämien zwar kein spezifisches Merkmal der Marktzinsmethode. Diese dient aber der Ermittlung von Erfolgsbeiträgen zinstragender Geschäfte im Wertbereich durch Verrechnung kapitalmäßiger Verflechtungen zwischen Bankfilialen und der Zentrale. Weil Risikoprämien Bestandteil der Kundenzinsen risikobehafteter Kreditgeschäfte sind,[326] müssen aber bei der Verrechnung entsprechender Risikoprämien zur Risikovorsorge besonders berücksichtigt werden (Kapitel 2.2.1).

Zur kalkulatorischen Berücksichtigung des Ausfallrisikos wird allgemein von der Notwendigkeit einer Schlüsselung und Verrechnung der durch Kreditausfälle ausgelösten Gemeinkosten auf mehr oder weniger zu differenzierende Klassen von Kreditnehmern ausgegangen.[327] Die Schlüsselung von Gemeinkosten für Ausfallrisiken einzelner Kreditgeschäfte ist mit dem Versicherungsprinzip zu erklären. "Banken versichern (...) ihre Kreditnehmer gegen Kreditausfälle, wobei man sich die Versicherung als bankinternen Risikofonds vorstellen kann."[328] Die Bank übernimmt das Ausfallrisiko gegen Zahlung einer entsprechenden Risikoprämie, die zwar einen Bestandteil der vom Kunden zu entrichtenden Zinsen bildet, aber als Beitrag zur Risikovorsorge nicht dem Zinserfolg der Filiale zukommt. Zur Erfolgsermittlung verrechnet die Zentrale die Risikoprämie vielmehr als Beitrag

---

326 Vgl. WIEGEL, Klaus Dieter, Rentabilität und Risiko im Kreditgeschäft der Banken, Köln 1985, S. 277 f. und JASCH, Michael, Die Marktzinsmethode zur Steuerung des Wertbereichs von Kreditinstituten, Diss., Berlin 1990, S. 146 f.

327 Vgl. WIMMER, Konrad, Bankkalkulation, 2. Aufl., Berlin 1996, S. 121 f.

328 WIEGEL, Klaus Dieter, Rentabilität und Risiko im Kreditgeschäft der Banken, Köln 1985, S. 293 und vgl. KILHEY, Ulrike, die Beurteilung des Erfolgs von Bankprodukten als Grundlage produktpolitischer Entscheidungen, Frankfurt 1987, S. 106 und WIMMER, Konrad, Bankkalkulation, 2. Aufl., Berlin 1996, S. 122.

zum zentralen Risikofonds mit den kalkulatorischen Verrechnungszinsen.[329] Neben der Zahlungsstruktur bzw. Kapitalbindung und der Zinsbindung im Kundengeschäft sowie der Zinsstruktur am Geld- und Kapitalmarkt bestimmt im Kreditgeschäft also die von Ausfallrisiken determinierte Risikoprämie die Höhe der Verrechnungszinsen.

Zur Kalkulation der Risikoprämien werden dem Versicherungsprinzip entsprechend Klassen von Kreditnehmern gebildet, von denen im Zeitablauf die Kosten für Ausfallrisiken der jeweiligen Klasse zu tragen sind.[330] Für die Höhe der Risikoprämie eines Kreditgeschäfts und damit die Verrechnungszinsen sind also sowohl die Einteilung der Risikoklassen als auch die Kosten für Ausfallrisiken entscheidend. Als Standardrisikokosten orientieren sich die Kosten für Ausfallrisiken an den Istrisikokosten der Risikoklassen in vergangenen Abrechnungsperioden.[331]

Die Höhe der Istrisikokosten einer Abrechnungsperiode entspricht den Einzelwertberichtigungen in der Rechnungslegung.[332] Der Ermittlung von Einzelwertberichtigungen dienen Erwartungsbildungen über Ausfallrisiken für Tilgungszahlungen und den Wert von Kreditsicherheiten.[333] Im sog. Individualkundengeschäft sind dazu die individuelle Bonität des Kreditnehmers und Länderrisiken zu berücksichtigen. Im sog. Standardkreditgeschäft erfolgt die Erwartungsbildung über Ausfallrisiken anhand von Bonitätsgruppen, die häufig anhand erforderlicher Maßnahmen bei Zahlungsstörungen wie Mahnungen gebildet werden, sich also ebenfalls ausschließlich an Daten zur individuellen Bonität orientieren. Sodann werden Sondereinflüsse auf die Höhe dieser Istrisikokosten eliminiert und der Durchschnitt über mehrere Abrechnungsperioden gebildet. Schließlich werden so normalisierte Risikokosten standardisiert, indem sie auf das Kreditvolumen in der jeweiligen Risikoklasse bezogen werden. Die Summe der Risikoprämien einzel-

---

329 Vgl. WIEGEL, Klaus Dieter, Rentabilität und Risiko im Kreditgeschäft der Banken, Köln 1985, S. 302 f., BRAKENSIEK, Thomas, Die Kalkulation und Steuerung von Ausfallrisiken im Kreditgeschäft der Banken, Diss., Frankfurt/Main 1991, S. 78 und WIMMER, Konrad, Bankkalkulation, 2. Aufl., Berlin 1996, S. 122.

330 Vgl. WIEGEL, Klaus Dieter, Rentabilität und Risiko im Kreditgeschäft der Banken, Köln 1985, S. 294 f. und S. 301.

331 Vgl. SCHIERENBECK, Henner, Ertragsorientiertes Bankmanagement, 4. Aufl., Wiesbaden 1994, S. 237.

332 Vgl. BRAKENSIEK, Thomas, Die Kalkulation und Steuerung von Ausfallrisiken im Kreditgeschäft der Banken, Diss., Frankfurt/Main 1991, S. 96.

333 Vgl. im folgenden BRAKENSIEK, Thomas, Die Kalkulation und Steuerung von Ausfallrisiken im Kreditgeschäft der Banken, Diss., Frankfurt/Main 1991, S. 100 ff.

ner Geschäfte in einer Abrechnungsperiode sollen nun die Istrisikokosten sämtlicher Kreditausfälle der Risikoklasse in einer Abrechnungsperiode abdecken.[334]

Für die Höhe der Risikoprämie einzelner Kreditgeschäfte ist nun neben der Höhe der Standardrisikokosten die Zuordnung dieser Geschäfte zu einer Risikoklasse entscheidend. Eine entsprechende Zuordnung erfolgt durch die Segmentierung aller Kreditgeschäfte in Risikoklassen.[335] Zur Bildung der Risikoklassen werden verschiedene Segmentierungskriterien diskutiert, von denen die wichtigsten Grundformen die folgenden sind:[336]

- Segmentierung gemäß Grundsatz I des BAKred nach verschiedenen Kreditnehmern,
- Segmentierung entsprechend der zur Rechnungslegung nicht mehr zulässigen Sammelwertberichtigungs-Systematik nach Produkten sowie deren Laufzeit und Besicherung,
- zustands-spezifische Segmentierung nach der jeweils aktuellen Bonität der Kreditnehmer,
- Segmentierung nach individuellen Spezifika der Kreditarten wie Kapitalbindungsdauer, Sicherheiten oder Zielgruppe aufgrund unterschiedlicher Ausfallquoten in der Vergangenheit sowie
- Segmentierung nach Geschäftsfeldern, die mehrdimensional nach individuellen und marktorientierten Kriterien wie Branche, Kundengruppe, Bonität, Sicherheiten oder Größenordnung abgegrenzt sind.

Für die hier interessierenden Manipulationen verrechneter Risikoprämien als mögliche Verhaltenswirkungen der Marktzinsmethode sind Einzelheiten der Segmentierungsverfahren nicht weiter von Bedeutung. Vielmehr ist relevant, daß nach allen Verfahren die schließlich verrechneten Risikoprämien nicht dem individuellen Ausfallrisiko des jeweiligen Kreditnehmers entsprechen und nur zufällig das Ausfallrisiko des Segments genau abdecken. So sind individuelle Ausfallrisiken tatsächlich durch weitere Kriterien bestimmt, als nur durch die Kriterien, die

---

334 Vgl. BRAKENSIEK, Thomas, Die Kalkulation und Steuerung von Ausfallrisiken im Kreditgeschäft der Banken, Diss., Frankfurt/Main 1991, S. 81.

335 Vgl. WIEGEL, Klaus Dieter, Rentabilität und Risiko im Kreditgeschäft der Banken, Köln 1985, S. 303.

336 Vgl. BRAKENSIEK, Thomas, Die Kalkulation und Steuerung von Ausfallrisiken im Kreditgeschäft der Banken, Diss., Frankfurt/Main 1991, S. 123 ff. und S. 166 ff.

der jeweiligen Segmentierung von Risikoklassen dienen und immer bloß Hilfskriterien darstellen.[337] Eine damit erforderliche Kontrolle der tatsächlichen Ausfallrisiken und der verrechneten Risikoprämien erfolgt über das Risikoergebnis. Darin werden die ex ante verrechneten Risikprämien am Ende einer Abrechnungsperiode um eventuell davon abweichende Istrisikokosten der Filiale korrigiert.[338]

Unter Berücksichtigung von Ausfallrisiken und verrechneten Risikoprämien ergibt sich für die Ermittlung des Filialerfolgs im Kreditgeschäft folgendes Grundschema:

	Kundenzinsen (einschließlich Risikoaufschlag)
./.	Verrechnungszinsen gemäß Marktzinsmethode
./.	verrechnete Risikoprämien
=	Filialerfolg ex ante (nach verrechneten Risikoprämien)
+	verrechnete Risikoprämien
./.	Istrisikokosten der Filiale
=	Filialerfolg ex post (nach Risikoergebnis)

Abb. 8: Filialerfolg nach Risikoergebnis im Kreditgeschäft

Zur Integration der Verrechnung von Risikoprämien in die Ermittlung von Konditionsbeitragsbarwerten sind drei Korrekturverfahren des bisher erläuterten Vorgehens möglich, die sich im Ergebnis nicht voneinander unterscheiden:[339]

- Die Risikoprämie wird auf die Zinssätze der zur Kalkulation des Konditionsbeitragsbarwerts herangezogenen Geld- und Kapitalmarktgeschäfte aufgeschlagen,
- die Risikoprämie wird zur Ermittlung des Zahlungsstroms der jeweiligen Kreditgeschäfte unmittelbar von den Kundenzinsen abgezogen oder

---

337 Vgl. BRAKENSIEK, Thomas, Die Kalkulation und Steuerung von Ausfallrisiken im Kreditgeschäft der Banken, Diss., Frankfurt/Main 1991, S. 165 und SCHIERENBECK, Henner, Ertragsorientiertes Bankmanagement, 4. Aufl., Wiesbaden 1994, S. 236.

338 Vgl. BRAKENSIEK, Thomas, Die Kalkulation und Steuerung von Ausfallrisiken im Kreditgeschäft der Banken, Diss., Frankfurt/Main 1991, S. 77 ff. und SCHIERENBECK, Henner, Ertragsorientiertes Bankmanagement, 4. Aufl., Wiesbaden 1994, S. 297.

339 Vgl. WIMMER, Konrad, Bankkalkulation, 2. Aufl., Berlin 1996, S. 288.

- die zinsstrukturspezifisch diskontierten Risikoprämien werden vom Konditionsbeitragsbarwert abgezogen, der sich ohne Berücksichtigung von Risikoprämien ergibt.[340]

Wegen der Identität der Ergebnisse dieser Korrekturverfahren genügt im folgenden die Berücksichtigung des Grundschemas der Ermittlung von Beiträgen zum Filialerfolg nach Risikoergebnis unabhängig vom jeweiligen Verfahren

Ist nun ex post ein positives oder negatives Risikoergebnis festzustellen, weil die Istrisikokosten der Abrechnungsperiode von der Summe der verrechneten Risikoprämien dieser Abrechnungsperiode abweichen,[341] so wird das Risikoergebnis mit dem ex ante kalkulierten Filialerfolg dieser Abrechnungsperiode verrechnet. Als Ausdruck der Leistung einer Filiale im Kreditgeschäft ist also letztlich der Filialerfolg nach Risikoergebnis entscheidend.[342] Offensichtlich sind dabei zeitliche Abgrenzungsprobleme von Risikokosten als Periodengemeinkosten zu beachten, die zu periodisch schwankenden Risikoergebnissen in Bankfilialen führen. So fallen die Abschlüsse von Kreditgeschäften mit segmentspezifischen Risikoprämien und der eventuelle Ausfall der Kredite zeitlich auseinander. Daher sind ausgeglichene Risikoergebnisse sinnvollerweise nicht für jede Abrechnungsperiode, wohl aber insgesamt über einen längeren Abrechungszeitraum anzustreben.[343]

Als Determinante von Verrechnungszinsen und damit von Beiträgen zum Profit Center-Erfolg können Bankfilialen nun die Höhe der zentral kalkulierten und verrechneten Risikoprämien beachten: So mag eine Filiale aufgrund nur ihr zugänglicher marktnaher Informationen beispielsweise höhere Ausfallrisiken und damit Istrisikokosten erwarten als ihr durch Risikoprämien verrechnet werden. In diesem Fall kann sie entsprechend höhere Risikoaufschläge auf die Kreditzinsen am Markt durchzusetzen suchen. Der Konditionsbeitragsbarwert ist dann in der aktuellen Abrechnungsperiode entsprechend höher, weil das zusätzliche Ausfallrisiko nicht durch die segmentspezifische Risikoprämie verrechnet wird. Allerdings belasten dann eventuelle Ausfallrisiken in späteren Abrechnungsperioden das Risikoergebnis und damit den Filialerfolg.

---

340 Vgl. MARUSEV, Alfred W., Das Marktzinsmodell in der bankbetrieblichen Einzelgeschäftskalkulation, Frankfurt/Main 1990, S. 109 - 111.

341 Vgl. BRAKENSIEK, Thomas, Die Kalkulation und Steuerung von Ausfallrisiken im Kreditgeschäft der Banken, Diss., Frankfurt/Main 1991, S. 78 f.

342 Vgl. VILLIEZ, Christian von, Budgetkontrolle und Abweichungsanalyse in Kreditinstituten, Frankfurt/Main 1989, S. 52 f.

343 Vgl. SCHIERENBECK, Henner, Ertragsorientiertes Bankmanagement, 4. Aufl., Wiesbaden 1994, S. 298.

Mit Blick auf höhere Ausfallrisiken könnte man in einer entsprechenden Ausrichtung des Verhaltens bewußte Zuwiderhandlungen gegen die Risikosteuerung der Zentrale sehen. Der Ansatz dieser Arbeit zielt allerdings gerade nicht auf mögliches pflichtwidriges Verhalten ab. Vielmehr wird der Grenzbereich untersucht, in dem Mitarbeiter im Rahmen ihrer Funktion (hier: Vertrieb zinstragender Geschäfte) aufgrund der Art der Erfolgsmessung und impliziten Verhaltensnorm einen entsprechenden Spielraum nutzen können. Auf den Fall erhöhter Ausfallrisiken bezogen heißt das folgendes: Es wird ausgeschlossen, daß Mitarbeiter Kredite an Kunden vergeben, wenn sie bereits zum Zeitpunkt der Kreditvergabe mit dem individuellen Ausfall des Kredits rechnen. Vielmehr geht es um solche Kunden, deren individuelle Bonität bei der Kreditvergabe nicht anzuzweifeln ist, die aber einer Gruppe von Kunden zugeordnet werden können, die aus Sicht der Filiale vergleichsweise hohe standardisierbare Ausfallrisiken aufweist und durch die Segmentierungskriterien der jeweiligen Bank nicht besonders abgegrenzt wird. Bei einer solchen Gruppe handelt es sich also um einen bestimmten Anteil eines Risikosegments, der innerhalb dieses Segments vergleichsweise hohe Ausfallrisiken aufweist.

Damit ist die zeitliche Verteilung des Filialerfolgs durch Filialen aufgrund der Erwartung von Ausfallrisiken manipulierbar. So können marktnahe Informationen von Filialen zu einer anderen Erwartung von Ausfallrisiken führen, als dies in den segmentspezifisch verrechneten Risikoprämien zum Ausdruck kommt. Weichen die tatsächlichen Ausfallrisiken von den zentral erwarteten und in Risikoprämien verrechneten Ausfallrisiken ab, so haben entsprechende Kreditgeschäfte wegen des zeitlichen Auseinanderfallens von verrechneten Risikoprämien und dem zugehörigen Risikoergebnis Auswirkungen auf die zeitliche Verteilung des Filialerfolgs: Wie zuvor beispielhaft erläutert führt die Vergabe von Krediten mit segmentspezifisch vergleichsweise hohen Ausfallrisiken zu einer zeitlichen Verlagerung des Filialerfolgs zugunsten der aktuellen Abrechnungsperiode.

Eine Bewertung entsprechender Manipulationen der verrechneten Risikoprämie zur zeitlichen Verlagerung des Filialerfolgs als funktionale bzw. dysfunktionale Verhaltenswirkung erfolgt in Kapitel 6.2.1.3.

5.2 Die durchschnittliche Konditionsmarge als Determinante des Filialerfolgs gemäß Marktzinsmethode

Zuvor wurde dargestellt, welchen Einfluß die Determinanten von Verrechnungszinsen gemäß Marktzinsmethode einschließlich verrechneter Risikoprämien auf den Filialerfolg haben (Kapitel 5.1). Im folgenden wird nun gezeigt, daß mit der Marktzinsmethode auch die durchschnittliche Differenz zwischen Zinssätzen am Kundenmarkt einerseits und am Geld- und Kapitalmarkt andererseits eine Determinante zur Manipulation des Filialerfolgs ist. Wegen der Identität des Ergebnisses von Vorteilhaftigkeitsvergleichen nach der Barwertmethode und nach der Annuitätenmethode läßt sich bei gegebenem Volumen von höheren Konditionsmargen auf höhere Konditionsbeitragsbarwerte schließen. Die entsprechende Konditionsmarge kann bei gegebenen Marktwiderständen für verschiedene Arten von Kundengeschäften sodann unterschiedlich hoch ausfallen. So sind einerseits die Kundenzinsen am Kundenmarkt durchzusetzen. Andererseits werden Verrechnungszinsen gemäß Marktzinsmethode von der Zinsstruktur am Geld- und Kapitalmarkt abgeleitet.

Zinssätze am Kundenmarkt sowie am Geld- und Kapitalmarkt bilden sich unter verschiedenen Bedingungen. Dies zeigt sich insbesondere in Zinsanpassungselastizitäten neu abgeschlossener Kundengeschäfte vergleichsweise zu Geld- und Kapitalmarktgeschäften, die im langjährigen Mittel kleiner als 1 sind. Nur in kurzen Beobachtungszeiträumen können vereinzelt Zinsanpassungselastizitäten von größer als 1 auftreten. Sowohl Zinserhöhungen als auch Zinssenkungen am Geld- und Kapitalmarkt werden von den durchschnittlichen Zinssätzen am Kundenmarkt also in aller Regel nur unterproportional nachvollzogen.[344]

Die Zinssätze im aktivischen Kundengeschäft liegen regelmäßig über den Zinssätzen am Geld- und Kapitalmarkt, weil nur dann über eine positive Konditionsmarge ein positiver Konditionsbeitragsbarwert resultiert. Bei steigenden Zinssätzen am Geld- und Kapitalmarkt folgt aus der Zinsanpassungselastizität von kleiner 1, daß die durchschnittlichen Zinssätze für Kreditgeschäfte nur unterproportional steigen. Sinken die Zinssätze am Geld- und Kapitalmarkt, so fallen die durchschnittlichen Zinssätze für Kreditgeschäfte nur unterproportional. Aus diesen Überlegungen ist unmittelbar auf die relative Höhe der Konditionsmarge und damit der Konditionsbeitragsbarwerte in Hochzins- und in Niedrigzinsphasen zu schließen: In einer Niedrigzinsphase ist die durchschnittliche Konditionsmarge im Kreditgeschäft höher als in einer Hochzinsphase (Abb. 9: Konditionsmarge im Kreditgeschäft, S. 127).

Im Einlagengeschäft liegen die Zinssätze regelmäßig unter den Zinssätzen am Geld- und Kapitalmarkt, weil nur dann die Konditionsmarge positiv ist. Analog

---

344 Diesen Zusammenhang weisen Rolfes und Schwanitz für Kontokorrentkredite nach. Im wesentlichen ist eine Übertragung auf andere zinstragende Geschäfte jedoch plausibel, wenn man beispielsweise nur an die langfristige Stabilität der Zinssätze für Spareinlagen trotz volatiler Zinssätze am Geld- und Kapitalmarkt denkt. Vgl. ROLFES, Bernd, SCHWANITZ, Johannes, Die "Stabilität" von Zinselastizitäten, in: Die Bank, o. Jg. (6/1992), S. 334 - 337 und SCHWANITZ, Johannes, Analyse des Kontokorrentzinses mit Hilfe des Elastizitätsdiagramms, in: Die Bank, o. Jg. (3/1995), S. 165 - 169.

zum Kreditgeschäft folgt aus der Zinsanpassungselastizität von regelmäßig kleiner 1 für Hoch- und Niedrigzinsphasen: In einer Hochzinsphase ist die durchschnittliche Konditionsmarge im Einlagengeschäft höher als in einer Niedrigzinsphase (Abb. 10: Konditionsmarge im Einlagengeschäft, S. 127).

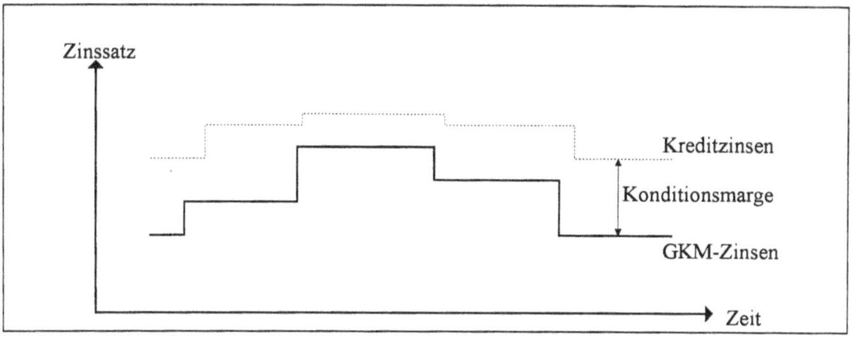

Abb. 9: Konditionsmarge im Kreditgeschäft

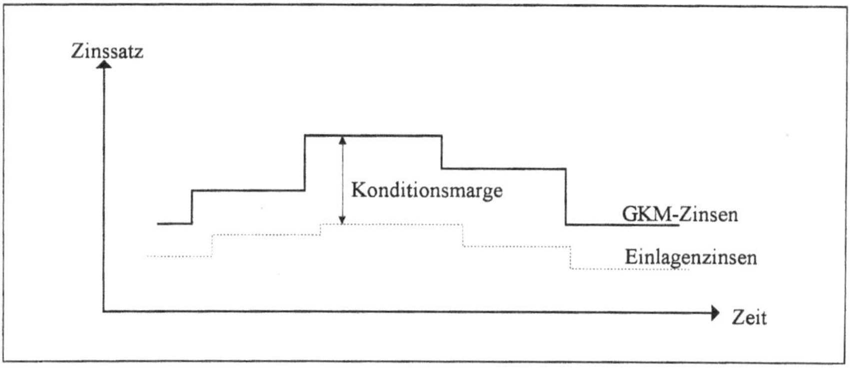

Abb. 10: Konditionsmarge im Einlagengeschäft

Ein Vergleich von Kredit- und Einlagengeschäften zeigt sodann folgendes Bild:

- In Niedrigzinsphasen sind im Kreditgeschäft vergleichsweise hohe durchschnittliche Konditionsmargen zu erzielen, während die durchschnittlichen Konditionsmargen im Einlagengeschäft vergleichsweise niedrig sind.

- In Hochzinsphasen sind im Einlagengeschäft vergleichsweise hohe durchschnittliche Konditionsmargen zu erzielen, während die durchschnittlichen Konditionsmargen im Kreditgeschäft vergleichsweise niedrig sind.

Der Filialerfolg ist c.p. um so höher, je höher die durchschnittliche Konditionsmarge aller Kundengeschäfte der Filiale ist. So steigt der Filialerfolg insbesondere durch den Abschluß solcher Kundengeschäfte, die zinsphasenbedingt gemäß Marktzinsmethode eine vergleichsweise hohe Konditionsmarge aufweisen. In Hochzinsphasen sind dies vornehmlich Einlagengeschäfte, während in Niedrigzinsphasen vornehmlich Kreditgeschäfte eine hohe Konditionsmarge aufweisen.

Die zinsphasenbedingte durchschnittliche Konditionsmarge ist also als weitere Determinante zu beachten, die Ansatzpunkte für eine spezifische Einflußnahme auf den Filialerfolg gemäß Marktzinsmethode bietet. Entsprechend werden in Kapitel 6.2.2 Manipulationen von Kundengeschäften mit Blick auf die durchschnittliche Konditionsmarge von Filialen auf funktionale bzw. dysfunktionale Verhaltenswirkungen hin untersucht.

6 Dysfunktionale Verhaltenswirkungen durch Manipulation der Determinanten des Filialerfolgs

In Kapitel 4 wurden Grundzüge unternehmerischen Verhaltens von Mitarbeitern in Bankfilialen zur nachhaltigen Erfolgserzielung im zinstragenden Geschäft festgelegt. Im vorhergehenden Kapitel 5 wurden dann Merkmale zinstragender Kundengeschäfte erläutert, deren Manipulation Auswirkungen auf den Filialerfolg gemäß Marktzinsmethode hat. Im folgenden wird nun untersucht, welche dysfunktionalen Verhaltenswirkungen von der Manipulierbarkeit der aufgezeigten Merkmale von Kundengeschäften als Determinanten des Filialerfolgs ausgehen. Soweit solche Manipulationen nicht mit den Grundzügen unternehmerischen Verhaltens im Sinne von Kapitel 4 in Einklang stehen, ihre Erfolgswirkungen Mitarbeitern aber im Sinne ihres Leistungsbedürfnisses vorteilhaft erscheinen, geht von der Marktzinsmethode die Gefahr dysfunktionaler Verhaltenswirkungen aus. Für die Dysfunktionalität von Verhaltenswirkungen sind also die möglichen Manipulationen von Kundengeschäften im Vergleich zu den Grundzügen unternehmerischen Verhaltens durch Mitarbeiter zu beurteilen.

Zur entsprechenden Gegenüberstellung werden die bisher untersuchten Spezifika des Verhaltens in Bankfilialen in einem Bezugsrahmen zusammenfassend strukturiert: Dieser ermöglicht die Ableitung von Verhaltenswirkungen der Marktzinsmethode in der Profit Center-Konzeption für Bankfilialen durch eine komparative Analyse von Erfolgswirkungen aus der leistungsorientierten Perspektive von Mitarbeitern (Kapitel 6.1). Aufgrund der entsprechenden Vorteilhaftigkeit von Erfolgswirkungen der jeweiligen Manipulation von Kundengeschäften lassen sich dabei dysfunktionale Verhaltenswirkungen der Marktzinsmethode identifizieren (Kapitel 6.2 und 6.3).

6.1 Bezugsrahmen von Verhaltenswirkungen

Aus den bisher erarbeiteten Rahmenbedingungen von Verhaltenswirkungen, also der Profit Center-Konzeption für Bankfilialen und der Erfolgsermittlung durch die Marktzinsmethode, werden nun systematisch Verhaltenswirkungen auf Mitarbeiter abgeleitet. Dazu werden diese Rahmenbedinungen in einem Bezugsrahmen zusammengefaßt, der schließlich die Identifikation dysfunktionaler Verhaltenswirkungen ermöglicht. Dieser Bezugsrahmen beruht auf Überlegungen Höllers zur Ableitung von Verhaltenswirkungen aus Informationen des Rechnungswesens und baut auf folgenden Elementen auf:[345]

---

345 Vgl. hier und im folgenden HÖLLER, Hans, Verhaltenswirkungen betrieblicher Planungs- und Kontrollsysteme, Diss., München 1978, S. 77 ff.

a. Instrumentalvariable,

b. moderierende Variable sowie

c. Ergebnisvariable.

Dabei lösen die Instrumentalvariable und die moderierende Variable als die unabhängigen Variablen Verhaltenswirkungen aus, die in der abhängigen Ergebnisvariable zum Ausdruck kommen (Abb. 11: Bezugsrahmen zur Ableitung von Verhaltenswirkungen, S. 130). Die Ausprägung der Instrumentalvariable ist durch die Erfolgsermittlung mittels Marktzinsmethode bestimmt. Die moderierende Variable gibt die personalen und situativen Rahmenbedingungen von Bankfilialen in der Profit Center-Konzeption wieder. Die Ergebnisvariable zeigt also Verhaltenswirkungen der Marktzinsmethode in der Profit Center-Konzeption für Bankfilialen. Entsprechende Spezifizierungen der Variablen des Bezugsrahmens zur Ableitung von Verhaltenswirkungen der Marktzinsmethode werden im folgenden zusammengefaßt.

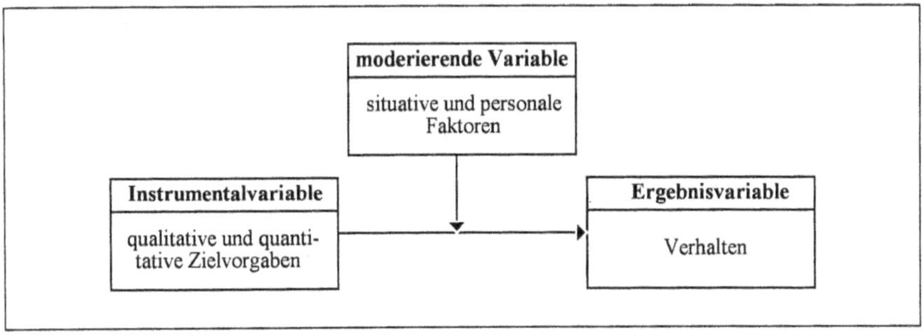

Abb. 11: Bezugsrahmen zur Ableitung von Verhaltenswirkungen[346]

Zu a. Instrumentalvariable: Die Instrumentalvariable hat eine qualitative und eine quantitative Ausprägung. Qualitativ sind Zielgrößen inhaltlich zu präzisieren, quantitativ ist die Vorgabehöhe dieser Zielgrößen zu bestimmen:[347]

- **Qualitativ** ist die Zielgröße hier durch die inhaltliche und zeitliche Abgrenzung des Filialerfolgs gemäß Marktzinsmethode festgelegt. Der Filialerfolg

346 In Anlehnung an HÖLLER, Hans, Verhaltenswirkungen betrieblicher Planungs- und Kontrollsysteme, Diss., München 1978, S. 79.

347 Vgl. HÖLLER, Hans, Verhaltenswirkungen betrieblicher Planungs- und Kontrollsysteme, Diss., München 1978, S. 80 f.

setzt sich danach aus den Kundenzinsen, den Verrechnungszinsen zwischen Bankfilialen und der Zentrale sowie Risikokosten im Kreditgeschäft zusammen (Kapitel 2.2.1). Die Verrechnungszinsen werden anhand der Zinsstruktur am Geld- und Kapitelmarkt gemessen. Sie bestimmen zusammen mit den Kundenzinsen den Konditionsbeitragsbarwert der Kundengeschäfte (Kapitel 3.1). Risikokosten werden für Kreditgeschäfte ex ante als segmentspezifische Risikoprämien mit den zugehörigen Konditionsbeitragsbarwerten verrechnet. Ex post werden Istrisikokosten für Ausfallrisiken mit den Risikoprämien verrechnet. Das aus dieser Verrechnung resultiertende Risikoergebnis der einzelnen Abrechnungsperioden bildet zusammen mit den Konditionsbeitragsbarwerten den Filialerfolg (Kapitel 5.1.3).

In Kapitel 4.3.2 wurde für den so abgegrenzten Filialerfolg gezeigt, wie dieser einerseits durch die jeweiligen Marktwiderstände bestimmt wird, die in einer dynamischen Betrachtung durch Filialen beeinflußbar sind, indem Kundenpräferenzen auf die Filiale gelenkt werden. Andererseits ist der Filialerfolg über die Zins- und Kapitalbindung von Kundengeschäften sowie die verrechneten Risikoprämien als Determinanten von Verrechnungszinsen manipulierbar (Kapitel 5.1.1 bis 5.1.3). Schließlich wurde gezeigt, daß der Filialerfolg über die durchschnittliche Konditionsmarge der Kundengeschäfte von Filialen manipulierbar ist, weil die Entwicklung der Zinssätze am Geld- und Kapitalmarkt anders verläuft als am Kundenmarkt von Bankfilialen (Kapitel 5.2).

- Die **quantitative** Ausprägung der Instrumentalvariable bezeichnet die Vorgabehöhe für die Zielgröße. Gemäß idealtypischer Profit Center-Konzeption wird die Entscheidungsautonomie lediglich durch die Erfolgsverantwortung des Filialleiters eingeschränkt (Kapitel 2.2.1).

Daraus ist zunächst nur eine Maximierung des Filialerfolgs als Vorgabe ableitbar. Allerdings läßt der absolute Filialerfolg einer Abrechnungsperiode allein, also ohne Vorgabehöhe, letztlich keine Beurteilung der Leistung durch Dritte zu, weil dann ein Wertmaßstab für einen entsprechenden Soll-Ist-Vergleich fehlt.[348] In den zur Leistungsbeurteilung durch Dritte erforderlichen Wertmaßstab und damit die Vorgabehöhe müssen aber subjektive Wertungen des Urteilenden über fördernde oder hindernde Umstände der Leistungser-

---

348 Vgl. BECKER, Karlheinz, Die Beurteilung des Leiters einer Bankfiliale, Diss., Berlin 1983, S. 3 f., S. 68 f. und die dort angegebene Literatur sowie HÖLLER, Hans, Verhaltenswirkungen betrieblicher Planungs- und Kontrollsysteme, Diss., München 1978, S. 82.

bringung wie die unbeeinflußbare Nachfragefähigkeit eingehen.[349] Solche Wertungen und Zielvorgaben im Sinne des Management bei Objectives[350] können jedoch ihrerseits die Motivation von Mitarbeitern einschränken und ihr Interesse stärker auf eine exakte Erfüllung des Wertmaßstabs als auf hohe Leistungen richten.[351] Im Sinne der angenommenen Motivation von Mitarbeitern zur Leistungserbringung werden Zielvorgaben in dieser Arbeit daher vernachlässigt (Kapitel 2). Mitarbeiter beurteilen ihre Leistung vielmehr selbst anhand des erzielten Filialerfolgs.[352] Damit wird eine gleichgerichtete Abhängigkeit zwischen Filialerfolg und Leistungserzielung unterstellt. Es wird also angenommen, daß Mitarbeiter ihre Leistung unabhängig von einem externen Leistungsmaßstab mit zunehmender Höhe des gemessenen Filialerfolgs höher und mit abnehmender Höhe geringer einschätzen. Die quantitative Ausprägung der Instrumentalvariable ist somit im Sinne der Maximierung des Filialerfolgs zu verstehen.

Zu b. moderierende Variable: Mit der moderierenden Variable des Bezugsrahmens von Verhaltenswirkungen wird der Spielraum möglichen Verhaltens durch situative und personale Faktoren beschrieben:[353] In situativen Faktoren kommen als Rahmenbedingung des Verhaltens die Merkmale der Organisation zum Ausdruck. Personale Faktoren beschreiben Persönlichkeitsmerkmale der Mitarbeiter, die Einfluß auf deren Verhalten haben.

Die situativen Faktoren der moderierenden Variable sind hier bestimmt durch:

- Filialen in ihrer Funktion als Vertriebswege im zinstragenden Geschäft (Kapitel 2),

---

349 Vgl. GSCHWEND, Walter, Die Zielproblematik des Verrechnungspreises, Diss., St. Gallen 1986, S. 345 und LATTMANN, Charles, Anreizaspekte der Leistungsbeurteilung, in: Schant, Günther (Hrsg.), Handbuch Anreizsysteme, Stuttgart 1991, S. 851 - 876, hier S. 866.

350 Vgl. SALUZ, René, Kosten- und Erlösmanagement im Bankbetrieb mittels Profit Center, Diss., Bern, Stuttgart, Wien 1993, S. 237.

351 Vgl. WILD, Klaus-Dieter, Das Zielvereinbarungs-Dilemma bei Profit-Center-Steuerung, in: Die Bank, o.J. (4/1989), S. 189 - 192, hier S. 190.

352 Vgl. HÖLLER, Hans, Verhaltenswirkungen betrieblicher Planungs- und Kontrollsysteme, Diss., München 1978, S. 197.

353 Vgl. hier und im folgenden HÖLLER, Hans, Verhaltenswirkungen betrieblicher Planungs- und Kontrollsysteme, Diss., München 1978, S. 86 f.

- weitgehende operative Handlungsspielräume der Mitarbeiter gemäß Profit Center-Konzeption zur Verwendung gegebener sachlicher und personaler Ressourcen (Kapitel 2.1) sowie
- die Merkmale des Kundenmarkts, der die Möglichkeiten zur Lenkung von Kundenpräferenzen im Sinne unternehmerischen Verhaltens determiniert (Kapitel 4).

Für die personalen Faktoren der moderierenden Variable wird in dieser Arbeit von intrinsisch zur Leistungserbringung motivierten Mitarbeitern ausgegangen (Kapitel 2). Damit wird zugleich die Nähe der moderierenden Variable zur Instrumentalvariable deutlich:[354] Wie die Instrumentalvariable ist auch die moderierende Variable Bestimmungsgröße von Verhaltenswirkungen. Allerdings hat die moderierende Variable den Charakter von gegebenen Rahmenbedingungen des Verhaltens. Dagegen ist die Instrumentalvariable das Instrument, durch das bestimmte Verhaltenswirkungen innerhalb der Rahmenbedingungen ausgelöst werden sollen. Entsprechend ist die intrinsische Motivation zur Leistungserbringung als moderierende Variable des Verhaltens zugleich dafür entscheidend, daß quantitative Zielvorgaben für die Instrumentalvariable hier im Sinne der Maximierung verstanden werden.

Zu c. Ergebnisvariable: Mit der abhängigen Ergebnisvariable werden Verhaltenswirkungen der Instrumentalvariable unter den Rahmenbedingungen der moderierenden Variable untersucht: Es wird gefragt, welche Verhaltenswirkungen aus der Ausrichtung von Mitarbeitern in Bankfilialen auf die Leistungsmessung durch den Filialerfolg gemäß Marktzinsmethode resultieren. Soweit solche Verhaltenswirkungen nicht den Grundzügen unternehmerischen Verhaltens entsprechen, geht gemäß Kapitel 3.3 von der Instrumentalvariable (Erfolgsmessung durch Konditionsbeitragsbarwerte und Risikoergebnis) die Gefahr dysfunktionaler Verhaltenswirkungen aus.[355]

Zur Erzielung von Beiträgen zum Filialerfolg können Mitarbeiter ihr Verhalten auf die Beeinflussung drei verschiedener Arten von Determinanten desselben ausrichten:

- auf die Lenkung von **Kundenpräferenzen** (Kapitel 4),

354 Vgl. HÖLLER, Hans, Verhaltenswirkungen betrieblicher Planungs- und Kontrollsysteme, Diss., München 1978, S. 86 f.

355 Vgl. Höller, Hans, Verhaltenswirkungen betrieblicher Planungs- und Kontrollsysteme, Diss., München 1978, S. 240.

- auf die Manipulation von Kundengeschäften mit Blick auf die Höhe der **Verrechnungszinsen** einschließlich verrechneter Risikoprämien (Kapitel 5.1) sowie

- auf die Manipulation von Kundengeschäften mit Blick auf die **durchschnittliche Konditionsmarge** (Kapitel 5.2).

Die Beeinflussung einer dieser Determinanten des Filialerfolgs schließt dabei die gleichzeitige Beeinflussung der anderen Determinanten nicht aus. Mitarbeiter können ihr Verhalten als Gesamtheit aller Maßnahmen zur Erzielung von Beiträgen zum Profit Center-Erfolg (Kapitel 3.3) vielmehr zugleich auf die Manipulation von Kundengeschäften mit Blick auf die Höhe von Verrechnungszinsen und auf die Manipulation der durchschnittliche Konditionsmarge ausrichten. Verhaltenswirkungen lassen sich also nur im Sinne einer mehr oder weniger starken Ausrichtung des Verhaltens in die eine oder andere Richtung untersuchen. Zur Identifikation dysfunktionaler Verhaltenswirkungen der Marktzinsmethode ergibt sich also die Notwendigkeit einer vergleichenden Analyse entsprechender Maßnahmen im Sinne von Kapitel 3.3 unter folgender Fragestellung: Welche Manipulationen der Verrechnungszinsen einschließlich verrechneter Risikoprämien und der durchschnittlichen Konditionsmarge sind vornehmlich zu erwarten, die der Lenkung von Kundenpräferenzen im Sinne unternehmerischen Verhaltens entgegenstehen? Dazu werden Verhaltenswirkungen analysiert, die auf die inhaltliche (Kapitel 6.2) und auf die zeitliche (Kapitel 6.3) Erfolgsabgrenzung durch die Marktzinsmethode zurückzuführen sind.[356]

Zunächst könnte man für eine entsprechende Analyse an die normative Entscheidungstheorie denken, um diejenige Handlungsalternative zu isolieren, die das höchste Maß an Zielerreichung erwarten läßt. Dazu müßte aber ein geschlossenes System sich gegenseitig ausschließender Handlungsalternativen aufstellbar sein.[357] Wegen der Komplexität der Gesamtheit aller Maßnahmen zur Erzielung von Konditionsbeitragsbarwerten ist ein solches geschlossenes System als Grundlage rationaler Entscheidungen aber nicht erkennbar. Die Vielzahl von Kombinationsmöglichkeiten gegebener Ressourcen im Marketing-Mix bedarf vielmehr ein

---

356 Vgl. HÖLLER, Hans, Verhaltenswirkungen betrieblicher Planungs- und Kontrollsysteme, Diss., München 1978, S. 241 f., SCHOENFELD, Hanns-Martin W., Behavioral Accounting, in: Wittmann, Waldemar, Kern, Werner, Köhler, Richard, Küpper, Hans-Ulrich, v. Wysocki, Klaus (Hrsg.), Handwörterbuch der Betriebswirtschaft, 5. Aufl., Stuttgart 1993, Sp. 280 - 292, hier Sp. 282 und SALUZ, René, Kosten- und Erlösmanagement im Bankbetrieb mittels Profit Center, Diss., Bern, Stuttgart, Wien 1993, S. 222 und 227 f.

357 Vgl. LAUX, Helmut, Entscheidungstheorie, 3. Aufl., Berlin u.a. 1995, S. 4.

hohes Maß an Intuition, und gleiche Ziele lassen sich durch unterschiedliche Kombinationen von Einzelmaßnahmen erreichen, die sich nicht gegenseitig ausschließen.[358] Damit entzieht sich die Erfassung des Verhaltens im Vertrieb zinstragender Geschäfte der normativen Entscheidungstheorie.

Ein anderer Weg wird unter dem Begriff des Behavioral Accounting zur Erfassung komplexer Verhaltenswirkungen von Informationen des Rechnungswesens eingeschlagen:[359] Durch empirische Tests wird untersucht, mit welchem Verhalten Entscheidungsträger auf unterschiedliche Informationen des Rechnungswesens reagieren. Dabei werden Informationen des Rechnungswesens durch unterschiedliche inhaltliche und zeitliche Abgrenzung auf ihre Verhaltenswirkung hin untersucht, ohne ein geschlossenes System von Verhaltenswirkungen zu entwickeln. Vielmehr werden aus solchen Tests einzelne Hypothesen über die Ausrichtung menschlichen Verhaltens bei der Leistungsmessung durch verschiedene Informationen des Rechnungswesens abgeleitet.[360] Anhand solcher Hypothesen lassen sich schließlich verschiedene mögliche Ausrichtungen des Verhaltens miteinander vergleichen. So kann man beispielsweise aus der Verhaltenshypothese, daß Mitarbeiter insbesondere die Erzielung meßbarer Erfolgsgrößen anstreben, schließen, daß sie solches Verhalten für vorziehenswürdig erachten, das zu meßbaren Erfolgswirkungen führt. Mit Hilfe dieser empirisch getesteten Verhaltenshypothese läßt sich also aus der Meßbarkeit von Erfolgswirkungen auf die Ausrichtungen des Verhaltens schließen.

Mit der Ergebnisvariable lassen sich also Aussagen über Verhaltenswirkungen der Marktzinsmethode treffen, indem man Erfolgswirkungen möglicher Ausrichtungen des Verhaltens anhand geeigneter Verhaltenshypothesen miteinander vergleicht. Im Beispiel für die Verhaltenshypothese der Meßbarkeit von Erfolgswirkungen heißt das: Wenn Erfolgswirkungen einer Manipulation der Kapitalbindung

---

358 Vgl. NIESCHLAG, Robert, DICHTL, Erwin, HÖRSCHGEN, Hans, Marketing, 17. Aufl., Berlin 1994, S. 891 und GEHRKE, Rainer, Sonderangebote als preispolitisches Instrument von Kreditinstituten, Diss., Göttingen 1995, S. 106.

359 Vgl. HÖLLER, Hans, Verhaltenswirkungen betrieblicher Planungs- und Kontrollsysteme, Diss., München 1978, S. 7 f, SIEGEL, Gary, RAMANAUSKAS-MARCONI, Helene (Hrsg.), Behavioral Accounting, Cincinnati/Ohio 1989, S. 13 f. und SCHOENFELD, Hanns-Martin W., Behavioral Accounting, in: Wittmann, Waldemar, Kern, Werner, Köhler, Richard, Küpper, Hans-Ulrich, v. Wysocki, Klaus (Hrsg.), Handwörterbuch der Betriebswirtschaft, 5. Aufl., Stuttgart 1993, Sp. 280 - 292, hier Sp. 282.

360 Vgl. GRIMMER, Herbert, Budgets als Führungsinstrument in der Unternehmung, Frankfurt/Main 1980, S. 44 und SCHWEITZER, Marcell, KÜPPER, Hans-Ulrich, Systeme der Kosten- und Erlösrechnung, 6. Aufl., München 1995, S. 563.

von Kundengeschäften im persönlichen Verkauf meßbar sind, damit aber gegebenenfalls einhergehende Verletzungen persönlicher Präferenzen nicht meßbar sind, so besteht die Gefahr dysfunktionaler Verhaltenswirkungen. Eine entsprechende komparative Analyse von Erfolgswirkungen wird in den folgenden Kapiteln für Manipulationen von Kundengeschäften zur Beeinflussung des Filialerfolgs durchgeführt. Dabei wird zunächst auf die Ausrichtung des Verhaltens aufgrund der inhaltlichen Erfolgsabgrenzung abgestellt (Kapitel 6.2). In einem weiteren Kapitel werden schließlich Verhaltenswirkungen der unterschiedlichen Möglichkeiten zur zeitlichen Erfolgsabgrenzung gemäß Marktzinsmethode analysiert (Kapitel 6.3). Lassen sich aus der jeweiligen komparativen Analyse von Erfolgswirkungen solche Ausrichtungen des Verhaltens ableiten, die der angestrebten Lenkung von Kundenpräferenzen gemäß Kapitel 4.3.2 entgegenstehen, so sind dysfunktionale Verhaltenswirkungen der Marktzinsmethode identifiziert.

Dazu werden nun Verhaltenshypothesen aufgezeigt, die eine komparative Analyse der Erfolgswirkungen von Manipulationen der Kundengeschäfte (Kapitel 5) ermöglichen. Diese Hypothesen beruhen auf empirisch gestützten Untersuchungen zum Behavioral Accounting, in denen eng begrenzte Bedingungen so gewählt wurden, daß solche Hypothesen zum informationsbedingten Verhalten der Versuchspersonen erkennbar wurden. Entsprechend dem intrinsischen Leistungsbedürfnis ist dabei grundlegend davon auszugehen, daß Mitarbeiter Maßnahmen nach der Höhe ihrer Beiträge zum Profit Center-Erfolg ordnen (Kapitel 2.4). Sind die Beiträge verschiedener Maßnahmen zum Profit Center-Erfolg gleich hoch oder nicht genau bestimmbar, so dienen folgende plausible Verhaltenshypothesen einer komparative Analyse von Erfolgswirkungen:

- **Mitarbeiter ziehen meßbare Erfolgswirkungen nicht meßbaren Erfolgswirkungen vor.** Diese Hypothese folgt unmittelbar aus dem Bedürfnis nach Leistungserbringung und der Leistungsmessung im Sinne der Profit Center-Konzeption, weil zur Befriedigung des Leistungsbedürfnisses Kenntnisse über die erzielten Leistungen erforderlich sind.[361] Die Leistung wird am Filialerfolg gemessen, an dessen Messung sich das Verhalten also ausrichtet. Nach Locke/Latham ist die Erfolgsmessung sogar die stärkste Determinante des Verhaltens.[362] Beispielsweise sei auf das Problem verwiesen, Maßnahmen zur

361 Vgl. HÖLLER, Hans, Verhaltenswirkungen betrieblicher Planungs- und Kontrollsysteme, Diss., München 1978, S. 242 f. und JEHLE, E., Der Beitrag der verhaltenswissenschaftlich orientierten Rechnungswesenforschung für die Gestaltung der Plankostenrechnung, in: KRP, o. Jg. (5/1982), S. 205 - 214, hier S. 211.

362 Vgl. LOCKE, Edwin A., LATHAM, Gary P., A Theory of Goal Setting and Task Performance, Englewood Cliffs 1990, S. 92. Siehe auch ECCLES, Robert G., The Performance

Kostensenkung zwar kalkulatorisch erfassen zu können, nicht aber Maßnahmen zur Kundenbindung. Mit einer entsprechenden Erfassung von Maßnahmen zur Kostensenkung wird im Umkehrschluß auf das Verhalten zugleich die Attraktivität solcher Maßnahmen erhöht, und Maßnahmen zur Kundenbindung werden im selben Rahmen vernachlässigt.[363]

- **Mitarbeiter ziehen sichere Erfolgswirkungen unsicheren Erfolgswirkungen vor.** Diese Hypothese ist aus dem Erwartungs-Valenz-Modell von Porter/Lawler abzuleiten. Danach wird das Verhalten von der Erwartung eines Individuums gelenkt, mit dem angestrebten Verhalten Erfolgswirkungen zu erzielen. Je größer die Wahrscheinlichkeit ist, Erfolgswirkungen zu erzielen, um so eher ergreifen Mitarbeiter demnach die entsprechenden Maßnahmen.[364]

- **Mitarbeiter ziehen kurzfristige Erfolgswirkungen langfristigen Erfolgswirkungen vor**. Diese gerade im Rahmen der Profit Center-Konzeption allgemein anerkannte Hypothese[365] läßt sich aus dem begrenzten Zeithorizont von Mitarbeitern ableiten, die ihre jeweilige Position meist nicht auf Dauer einnehmen. Die Bedeutung dieser These ist zudem gerade für Bankfilialen plausibel, weil hier die zur nachhaltigen Erfolgserzielung angestrebte Kundenbindung im Konflikt zur Erzielung des Filialerfolgs stehen kann, der zeitlich im Sinne der Marktzinsmethode abgegrenzt ist.[366] Außerdem steht diese Hypothese mit der Meßbarkeit und der Sicherheit von Erfolgswirkungen in Zusammenhang: Meßbarkeit und Sicherheit von Erfolgswirkungen sind um so geringer, je wei-

---

Measurement Manifesto, in: Harvard Business Review, Vol. 69 (1991), S. 131 - 137, hier S. 131.

363 Vgl. NAWROCKI, Andreas, Kundenbindungsstrategie - Chancen für Genossenschaftsbanken, in: Genossenschaftsblatt, o. Jg. (2/1997), S. 13 - 14, hier S. 13.

364 Vgl. PORTER, Lyman W., LAWLER, Edward E., Managerial Attitudes and Performance, Homewood/Illinois 1968, S. 19 ff. und SCHWEITZER, Marcell, KÜPPER, Hans-Ulrich, Systeme der Kosten- und Erlösrechnung, 6. Aufl., München 1995, S. 562.

365 Vgl. z.B. DEARDEN, John, Limits on Decentralized Profit Responsiblity, in: Harvard Business Review, Vol. 40 (1962), S. 81 - 89, hier S. 87, POENSGEN, H. Otto, Geschäftsbereichsorganisation, Opladen 1973, S. 400, JEHLE, E., Der Beitrag der verhaltenswissenschaftlich orientierten Rechnungswesenforschung für die Gestaltung der Plankostenrechnung, in: KRP, o. Jg. (5/1982), S. 205 - 214, hier S. 211, ROLFES, Bernd, KRÄMER, Christoph, Erfolgsorientierte Steuerung marktbezogener Organisationseinheiten in Kreditinstituten, in: Kredit und Kapital, 21. Jg. (1988), S. 118 - 142, hier S. 138 und BAXMANN, Ulf G., Ertragsorientierte Verkaufssteuerung, in: bank und markt, 19. Jg. (1/1990), S. 14 - 17, hier S. 14.

366 Vgl. z.B. SCHILLER, Bettina, Leistungsbeeinflussung von Mitarbeitern im Bankaußendienst, in: Sparkasse, 107. Jg. (4/1990), S. 171 - 176, hier S. 171.

ter sie in der Zukunft liegen. Höller nennt die Orientierung an kurzfristigen Erfolgswirkungen daher mit Blick auf die Antizipation der Leistungsmessung sogar "zwangsläufig"[367]. Als weiterer Aspekt verstärkt das Bestreben von Mitarbeitern, sog. Organizational Slacks zu erzielen, die Orientierung des Verhaltens an kurzfristigen Erfolgswirkungen:[368] Organizational Slacks sind so zu verstehen, daß Mitarbeiter erwarten, aufgrund aktuell vergleichsweise hoher Filialerfolge erhöhte Ressourcen an Personal und Sachmitteln zugewiesen zu bekommen. Diese erhöhten Ressourcen können zusätzlich zur Erfolgserzielung in späteren Abrechnungsperioden eingesetzt werden, deren Erfolgsaussichten Mitarbeitern unsicher oder gar gefährdet erscheinen.

Mit der Bezeichnung dieser grundlegenden Hypothesen lassen sich nun als Ergebnisvariable des Bezugsrahmens Verhaltenswirkungen der Marktzinsmethode analysieren und gegebenenfalls als dysfunktional abgrenzen. Dazu werden die Erfolgswirkungen möglicher Maßnahmen von Filialen zur Beeinflussung von Determinanten des Filialerfolgs (Kapitel 5) anhand der Verhaltenshypothesen miteinander verglichen. Verhaltenswirkungen der Marktzinsmethode beinhalten danach diejenigen Maßnahmen, die Mitarbeiter wegen ihrer Erfolgswirkungen im Sinne der Hypothesen vorziehen. Sie sind als dysfunktional zu bezeichnen, wenn sie Grundzügen unternehmerischen Verhaltens entgegenstehen (Kapitel 4). Zur entsprechenden Analyse geht es zunächst um Verhaltenswirkungen aufgrund der inhaltlichen Erfolgsabgrenzung durch Konditionsbeitragsbarwerte (Kapitel 6.2). Anschließend werden Verhaltenswirkungen aufgrund unterschiedlicher zeitlicher Erfolgsabgrenzungen im Grundkonzept und im Barwertkonzept der Marktzinsmethode analysiert (Kapitel 6.3).

6.2 Dysfunktionale Verhaltenswirkungen der inhaltlichen Erfolgsabgrenzung

Inhaltlich wird der Filialerfolg gemäß Marktzinsmethode durch die vom Geld- und Kapitalmarkt abgeleiteten Verrechnungszinsen und durch die durchschnittliche Konditionsmarge abgegrenzt. Als eventuelle Verhaltenswirkungen interessie-

---

367 HÖLLER, Hans, Verhaltenswirkungen betrieblicher Planungs- und Kontrollsysteme, Diss., München 1978, S. 246.

368 Vgl. SCHOENFELD, Hanns-Martin W., Behavioral Accounting, in: Wittmann, Waldemar, Kern, Werner, Köhler, Richard, Küpper, Hans-Ulrich, v. Wysocki, Klaus (Hrsg.), Handwörterbuch der Betriebswirtschaft, 5. Aufl., Stuttgart 1993, Sp. 280 - 292, hier Sp. 286 und SIEBEN, Günter, SCHILDBACH, Thomas, Betriebswirtschaftliche Entscheidungstheorie, 4. Aufl., Düsseldorf 1994, S. 189 und WIELPÜTZ, Axel Ullrich, Verhaltensorientiertes Controlling, Diss., Köln 1996, S. 213 f.

ren damit die Möglichkeiten von Mitarbeitern, Merkmale von Kundengeschäften wie deren Kapitalbindung zu manipulieren, von denen die Höhe der Verrechnungszinsen und die durchschnittliche Konditionsmarge abhängt (Kapitel 5). Wenn Mitarbeiter die Erfolgswirkungen solcher Manipulationen entsprechend den in Kapitel 6.1 aufgezeigten grundlegenden Verhaltenshypothesen den in Kapitel 4.3.2 entwickelten Maßnahmen zur Lenkung von Kundenpräferenzen im Sinne unternehmerischen Verhaltens vorziehen, resultieren aus der Marktzinsmethode dysfunktionale Verhaltenswirkungen. Entsprechend werden im folgenden Erfolgswirkungen von Maßnahmen zur Manipulation von Kundengeschäften mit Hilfe der grundlegenden Verhaltenshypothesen verglichen.

Als Instrumente zur Überwindung von Marktwiderständen durch Bankfilialen wurden in Kapitel 4.3.1 der persönliche Verkauf und die unpersönliche Kommunikation sowie die ergänzende Funktion preispolitischer Maßnahmen erläutert. Im folgenden interessieren Erfolgswirkungen dieser Instrumente im Sinne der grundlegenden Verhaltenshypothesen. Darauf aufbauend wird gezeigt, welche Erfolgswirkungen durch diese Instrumente bei der Manipulation der erläuterten Merkmale von Kundengeschäften zu erzielen sind, und welche Gefahren dysfunktionaler Verhaltenswirkungen daraus resultieren (Kapitel 6.2.1 und Kapitel 6.2.2). Zunächst werden aber die Erfolgswirkungen der genannten Instrumente des Marketing unabhängig von Manipulationen der Kundengeschäften anhand der grundlegenden Verhaltenshypothesen charakterisiert:

a. Erfolgswirkungen des persönlichen Verkaufs,

b. Erfolgswirkungen unpersönlicher Kommunikation und

c. Erfolgswirkungen preispolitischer Maßnahmen.

Zu a. Erfolgswirkungen des persönlichen Verkaufs: Maßnahmen des persönlichen Verkaufs richten sich an einzelne Kunden, um diese zum Abschluß bestimmter Kundengeschäfte zu bewegen (Kapitel 4.3.1). Dadurch sind im Sinne der grundlegenden Verhaltenshypothesen folgende Erfolgswirkungen zu erzielen:

- Erfolgswirkungen des persönlichen Verkaufs lassen sich mit dem Konditionsbeitragsbarwert des schließlich abgeschlossenen Kundengeschäfts durch den jeweiligen Kunden **messen**. Falls der persönliche Verkauf eingesetzt wird, um das Interesse eines Kunden von einem bestimmten Kundengeschäft auf ein anderes Kundengeschäft zu lenken, so sind Erfolgswirkungen durch die Differenz des Konditionsbeitragsbarwerts beider Geschäfte meßbar.

- Erfolgswirkungen werden für die aktuelle Abrechnungsperiode mit **Sicherheit** erzielt. So haben im persönlichen Verkauf Umweltentwicklungen, wie Veränderungen der Zinsstruktur oder der Nachfragefähigkeit, keinen Einfluß auf den aktuellen Konditionsbeitragsbarwert des jeweiligen Kundengeschäfts.

- Erfolgswirkungen des persönlichen Verkaufs sind außerdem **kurzfristig** in der aktuellen Abrechnungsperiode zu erzielen. Der Konditionsbeitragsbarwert des jeweiligen Kundengeschäfts wird sofort mit dem Geschäftsabschluß vereinnahmt.

Zu b. Erfolgswirkungen unpersönlicher Kommunikation: Maßnahmen der unpersönlichen Kommunikation (Werbung, Verkaufsförderung und Öffentlichkeitsarbeit) gelten der Lenkung von Nachfragebereitschaft einer Vielzahl von Kunden auf die Bankfiliale bzw. bestimmte Kundengeschäfte der Bankfiliale (Kapitel 4.3.1). Dabei ist die Öffentlichkeitsarbeit ungeeignet, die Nachfragebereitschaft auf bestimmte Kundengeschäfte zu lenken. Die Öffentlichkeitsarbeit dient vielmehr dem Image der Bankfiliale in der breiten Öffentlichkeit und hat damit vorbereitende Funktion für den Einsatz der anderen Instrumente des Marketing. Werbung und Verkaufsförderung lassen sich hingegen auch zur Lenkung der Nachfragebereitschaft auf bestimmte Kundengeschäfte einsetzen.[369] Im Sinne der Marktzinsmethode interessieren nur mehr Werbung und Verkaufsförderung, weil einzelne Kundengeschäfte Gegenstand der entsprechenden Erfolgsmessung sind. Erfolgswirkungen von Werbung und Verkaufsförderung sind nur mittelbar über die Lenkung der Nachfragebereitschaft erzielbar, die sich nur unter Unsicherheit und zeitlich verzögert in effektiver Nachfrage niederschlägt (Kapitel 4.1.2). So sind Veränderungen in der Nachfragefähigkeit zu bedenken, und es ist zu beachten, daß Kundengeschäfte von Banken in aller Regel nicht der Befriedigung originärer Bedürfnisse dienen. Werbung und Verkaufsförderung müssen also mittelbar auf die Weckung primärer Bedürfnisse gerichtet werden, zu deren Befriedigung zinstragende Geschäfte erforderlich sind (z.B. zum Erwerb teuerer Konsumgüter).[370] Entsprechend sind Erfolgswirkungen der unpersönlichen Kommunikation im Sinne der grundlegenden Verhaltenshypothesen wie folgt gekennzeichnet:

- Die **Meßbarkeit** von Erfolgswirkungen der unpersönlichen Kommunikation ist eingeschränkt, weil sich die zahlreichen Interdependenzen zwischen kommunikationspolitischen Maßnahmen nicht isolieren lassen. So müßten sich die Konditionsbeitragsbarwerte derjenigen Kundengeschäfte bestimmen lassen,

---

369 Vgl. BÜSCHGEN, Hans E., Bankbetriebslehre, 4. Aufl., Wiesbaden 1993, S. 550 ff.

370 Vgl. SÜCHTING, Joachim, Vertrieb von Finanzdienstleistungen auf dem Markt für Privatkunden, in: Die Bank, o. Jg. (8/1994), S. 449 - 457, hier S. 450 f. und PLATZEK, Heinz-Jörg, Perspektiven des Vertriebs von Finanzdienstleistungen, in: bank und markt, 25. Jg. (1996), S. 10 - 13, hier S. 10.

deren Abschluß aufgrund von Maßnahmen der unpersönlichen Kommunikation zustande kam. Eine entsprechende Messung von Absatzwirkungen unpersönlicher Kommunikation ist aber kaum möglich.[371]

- Erfolgswirkungen unpersönlicher Kommunikation lassen sich nur mit **Unsicherheit** bestimmen. Aufgrund der Mittelbarkeit über die Nachfragebereitschaft haben Umwelteinflüsse wie die Entwicklung der Nachfragefähigkeit oder marketingpolitischer Maßnahmen der Wettbewerber Einfluß auf die Erfolgswirkungen.

- Mit der **zeitlichen Verzögerung** von Absatzwirkungen der unpersönlichen Kommunikation sind Erfolgswirkungen nicht sofort zu erzielen. Insbesondere bei entsprechenden Maßnahmen gegen Ende einer Abrechnungsperiode sind Erfolgswirkungen unter Umständen nicht mehr in der aktuellen Abrechnungsperiode erzielbar.

Zu c. Erfolgswirkungen preispolitischer Maßnahmen: Unter preispolitischen Maßnahmen ist in dieser Arbeit zunächst die Festlegung der Zinshöhe von Kundengeschäften durch Mitarbeiter in Bankfilialen zu verstehen (Kapitel 4.3.1). Dabei kann es sowohl um Zinserhöhungen als auch um Zinssenkungen gehen; und zwar sowohl im Kreditgeschäft als auch im Einlagengeschäft. Bei gegebenen Marktwiderständen und entsprechender Preiselastizität dienen Zinserhöhungen im Vertrieb von Kreditgeschäften (im Einlagengeschäft: Zinssenkungen) allenfalls dazu, den maximal erzielbaren Erfolg zu erreichen (Kapitel 4.3.2).[372] Dagegen lassen sich bei der im Vertrieb insbesondere interessierenden dynamischen Betrachtung der Marktwiderstände (Kapitel 4.1.3) sonstige Maßnahmen des Marketing mit preispolitischen Zugeständnissen unterstützen, wenn die "Preisattraktivität"[373] der angebotenen Leistung gesteigert wird. Zur entsprechenden Unterstützung des persönlichen Verkaufs und der unpersönlichen Kommunikation werden im folgenden daher nur preispolitische Zugeständnisse berücksichtigt, also Zinssenkungen im Kreditgeschäft und Zinserhöhungen im Einlagengeschäft: Einerseits kann mittels preispolitischer Zugeständnisse im Rahmen des persönlichen Verkaufs einzelnen Kunden die Leistungsinanspruchnahme erleichtert werden. In diesem Fall spricht man von Sonderkonditionen für den jeweiligen Kunden. Andererseits können preispolitische Zugeständnisse im Rahmen der un-

---

371 Vgl. NIESCHLAG, Robert, DICHTL, Erwin, HÖRSCHGEN, Hans, Marketing, 17. Aufl., Berlin 1994, S. 636 f.

372 Vgl. SIMON, Hermann, Preismanagement, 2. Aufl., Wiesbaden 1992, S. 35.

373 Gehrke, Rainer, Sonderangebote als preispolitisches Instrument von Kreditinstituten, Diss., Göttingen 1995, S. 110.

persönlichen Kommunikation die Nachfragebereitschaft einer Vielzahl von Kunden erhöhen. In diesem Fall wird von Sonderangeboten gesprochen.[374] Preispolitische Zugeständnisse können nicht isoliert erfolgen. Sie müssen vielmehr kommuniziert werden, damit Kunden sie überhaupt wahrnehmen (Kapitel 4.3.1). Aufgrund ihrer entsprechend notwendigen kommunikationspolitischen Einbindung sind Erfolgswirkungen preispolitischer Zugeständnisse im Sinne der grundlegenden Verhaltenshypothesen vergleichbar zu denjenigen im persönlichen Verkauf bzw. in der unpersönlichen Kommunikation zu erzielen:

- Erfolgswirkungen von **Sonderkonditionen** für einzelne Kunden sind meßbar und in der jeweils aktuellen Abrechnungsperiode zu erzielen, ohne daß unsichere Einflüsse zum tragen kommen.
- Erfolgswirkungen von **Sonderangeboten** für eine Vielzahl von Kunden sind aufgrund ihrer Mittelbarkeit über die Nachfragebereitschaft nicht meßbar, mit Unsicherheit behaftet und erst mit zeitlicher Verzögerung zu erzielen.

Im Überblick über die untersuchten Instrumente des Marketing zeigt sich, daß Erfolgswirkungen im Sinne der grundlegenden Verhaltenshypothesen vornehmlich im persönlichen Verkauf und durch Sonderkonditionen im Rahmen des persönlichen Verkaufs erzielbar sind. Außerdem lassen sich nach Kapitel 4.3.2 im persönlichen Verkauf persönliche und sachliche Präferenzen unmittelbar durch Mitarbeiter beeinflussen. Eine Gefahr dysfunktionaler Verhaltenswirkungen besteht also, wenn der persönliche Verkauf nicht zugleich der Erfolgserzielung gemäß Marktzinsmethode und der Lenkung von Kundenpräferenzen im Sinne unternehmerischen Verhaltens entspricht. Soweit Mitarbeiter im persönlichen Verkauf die Erfolgswirkungen von Manipulationen der Merkmale von Kundengeschäften denjenigen zur Lenkung von Kundenpräferenzen vorziehen, kommt es zu dysfunktionalem Verhalten. Im folgenden wird also den Fragen nachgegangen, wieweit eine Manipulation der Merkmale von Kundengeschäften mit der Lenkung von Kundenpräferenzen im persönlichen Verkauf sowie durch Sonderkonditionen in Einklang steht, und welche Ausrichtung des persönlichen Verkaufs Mitarbeitern im Sinne der Verhaltenshypothesen vorteilhaft erscheint, ohne im Sinne der nachhaltigen Erfolgserzielung für die Bank vorteilhaft zu sein. Analog stellt sich diese Frage für die unpersönliche Kommunikation und für Sonderangebote; hier allerdings mit Blick auf die vorbereitende Beeinflussung der Nachfragebereitschaft (Kapitel 4.3.2) und die mittelbaren Erfolgswirkungen: Ist eine entsprechen-

---

374 Vgl. GEHRKE, Rainer, Sonderangebote als preispolitisches Instrument von Kreditinstituten, Diss., Göttingen 1995, S. 113 f.

de Manipulation der Merkmale von Kundengeschäften möglich, und wieweit steht sie mit der Lenkung von Kundenpräferenzen in Einklang?

Folgende Merkmale von Kundengeschäften, die Einfluß auf die Höhe der Verrechnungszinsen haben, werden für entsprechende Untersuchungen gemäß Kapitel 5.1 unterschieden: die Kapitalbindung (Kapitel 6.2.1.1), die Zinsbindung (Kapitel 6.2.1.2) und die verrechneten Risikoprämien (Kapitel 6.2.1.3). Die Untersuchung von Manipulation der durchschnittlichen Konditionsmarge (Kapitel 5.2) erfolgt in Kapitel 6.2.2. Die Gefahr dysfunktionaler Verhaltenswirkungen werden dabei jeweils in zwei Schritten abgeleitet:

1) Im ersten Schritt werden die Möglichkeiten zur Manipulation der genannten Merkmale mit den oben erläuterten Instrumenten des Marketing untersucht. Dabei werden die Erfolgswirkungen der jeweiligen Maßnahmen unter der Annahme zunächst unveränderter Marktwiderstände entsprechend den gekennzeichneten Verhaltenshypothesen einer komparativen Analyse unterzogen

2) Im zweiten Schritt werden jeweils dysfunktionale Verhaltenswirkungen identifiziert, indem Erfolgswirkungen der im ersten Schritt ermittelten vorteilhaften Maßnahmen mit solchen aus der Lenkung von Kundenpräferenzen zur nachhaltigen Erfolgserzielung gemäß Kapitel 4.3.2 verglichen werden. Dabei bleibt zu betonen, daß es um die Identifikation der Gefahr dysfunktionaler Verhaltenswirkungen geht. Ob es tatsächlich zu dysfunktionalem Verhalten kommt, ist im jeweiligen Einzelfall eines Mitarbeiters in einer bestimmten Verhaltenssituation begründet. Aus diesem Grund werden Bedingungen herausgearbeitet, die im Einzelfall dysfunktionalem Verhalten förderlich sind. Nur so werden letztendlich Ansatpunkte zur Vermeidung dysfunktionaler Verhaltenswirkungen erkennbar.

6.2.1 Manipulation von Determinanten der Verrechnungszinsen

Folgende Merkmale zinstragender Kundengeschäfte bestimmen gemäß Kapitel 5.1 die Höhe von Verrechnungszinsen gemäß Marktzinsmethode:

- die Kapitalbindung von Kundengeschäften,
- die Zinsbindung von Kundengeschäften und
- die segmentspezifisch verrechneten Risikoprämien bei Kreditgeschäften.

Filialen können nun Erfolgswirkungen bei gegebenen Marktwiderständen zunächst durch die Manipulation von Kundengeschäften mit Blick auf diese Merkmale erzielen: Der Filialerfolg wird erhöht, indem vergleichsweise zur Höhe von Kundenzinsen im Aktivgeschäft möglichst geringe und im Passivgeschäft möglichst hohe Verrechnungszinsen zum Tragen kommen. Das bedeutet zugleich, daß die Lenkung von Kundenpräferenzen zur nachhaltigen Erfolgserzielung im Sinne einer Verschiebung der Preis-Absatz-Funktion nach rechts oben bei entsprechenden Erfolgswirkungen unter Umständen vernachlässigt wird. Im folgenden werden daher Erfolgswirkungen von Manipulationen der Kapitalbindung (Kapitel 6.2.1.1), der Zinsbindung (Kapitel 6.2.1.2) und der segmentspezifisch verrechneten Risikoprämien von Kundengeschäften (Kapitel 6.2.1.3) analysiert.

6.2.1.1 Manipulation der Kapitalbindung von Kundengeschäften

In Kapitel 5.1.1 wurde gezeigt, daß die jeweilige Kapitalbindung bzw. Zahlungsstruktur von Kundengeschäften in Abhängigkeit von der Zinsstruktur am Geld- und Kapitalmarkt Einfluß auf die Höhe der Verrechnungszinsen gemäß Marktzinsmethode hat. Erfolgswirkungen können durch Manipulationen von Kundengeschäften erzielt werden, wenn deren Kapitalbindung bzw. Zahlungsstruktur zinsstrukturspezifisch zu günstigen Verrechnungszinsen führt und die Kundenzinsen nicht in gleichem Ausmaß variieren.

Für Erfolgswirkungen durch Manipulation der Kapitalbindung von Kundengeschäften ist dabei insbesondere bei geringer Konditionsmarge die Zinsstruktur zu beachten (Kapitel 5.1.1). Nur bei vergleichsweise hoher Konditionsmarge ist in jedem Fall eine längere Kapitalbindung für die Höhe des Konditionsbeitragsbarwerts vorteilhaft. Bei geringer Konditionsmarge kann eine vergleichsweise kürzere Kapitalbindung zinsstrukturspezifisch vorteilhaft sein. Die Konditionsmarge ist dabei für Kreditgeschäfte in Hochzinsphasen und bei Einlagengeschäften in Niedrigzinsphasen vergleichsweise gering (Kapitel 5.2). Daraus folgt für eine zinsstrukturspezifische Manipulation der Kapitalbindung:

- In Hochzinsphasen lassen sich im Kreditgeschäft zinsstrukturbedingt (Steigung der Zinsstruktur) durch Verlängerungen oder Verkürzungen der Kapitalbindung Konditionsbeitragsbarwerte erhöhen. Im Einlagengeschäft sind Konditionsbeitragsbarwerte in der Regel durch Verlängerungen der Kapitalbindung also vergleichsweise frühzeitige Sparleistungen zu erhöhen.

- In Niedrigzinsphasen lassen sich im Einlagengeschäft zinsstrukturbedingt durch Verlängerungen oder Verkürzungen der Kapitalbindung Konditionsbeitragsbarwerte erhöhen. Im Kreditgeschäft sind Konditionsbeitragsbarwerte in der Regel durch Verlängerungen der Kapitalbindung also vergleichsweise späte Tilgungsleistungen zu erhöhen.

Entsprechende Manipulationen werden in der Profit Center-Konzeption gemäß Marktzinsmethode also als Leistung der Filiale ermittelt. Die Vorteilhaftigkeit möglicher Maßnahmen zur Manipulationen der Kapitalbindung wird daher aus Sicht der Mitarbeiter im folgenden mit Hilfe der grundlegenden Verhaltenshypothesen in einer komparativen Analyse abgeleitet (Kapitel 6.2.1.1.1). Dysfunktionale Verhaltenswirkungen der Marktzinsmethode aus entsprechend für Mitarbeiter vorteilhaften Manipulationen der Kapitalbindung werden dann durch einen Vergleich mit Erfolgswirkungen aus der Lenkung von Kundenpräferenzen gemäß Kapitel 4.3.2 erkennbar (Kapitel 6.2.1.1.2).

6.2.1.1.1 Komparative Analyse der Erfolgswirkungen von Manipulationen der Kapitalbindung

Die Kapitalbindung und die damit verbundene Zahlungsstruktur eines Kundengeschäfts hängt zunächst von der Anlage- bzw. Finanzierungsentscheidung und der Zahlungsfähigkeit des jeweiligen Kunden ab. Solche Entscheidungen sind aber im persönlichen Verkauf durch Mitarbeiter manipulierbar.[375] Erfolgswirkungen entstehen dadurch in Höhe der Differenz der Konditionsbeitragsbarwerte des ursprünglich vom jeweiligen Kunden gewünschten Geschäfts und des Geschäfts mit der zinsstrukturspezifisch günstigeren Kapitalbindung. Diese Erfolgswirkungen sind also meßbar, sie werden über den höheren Konditionsbeitragsbarwert sofort als Leistung ausgewiesen und mit Sicherheit erzielt.

Entsprechend lassen sich Werbung und Verkaufsförderung auf die Lenkung der Nachfragebereitschaft einer Vielzahl von Kunden nach Kundengeschäften mit vergleichsweise günstiger Kapitalbindung ausrichten (z.B. auf endfällige Kredit anstelle monatlich zu bedienender Tilgungskredite).[376] Erfolgswirkungen solcher Maßnahmen sind durch Absatzwirkung bei diesen Geschäften mittelbar zu erzielen, wenn sich die Nachfragebereitschaft zeitlich verzögert in effektiver Nachfrage niederschlägt; und zwar im Ausmaß der Differenz der Konditionsbeitragsbarwerte von Kundengeschäften, die ohne die gezielte unpersönliche Kommunikation abgeschlossen worden wären, und von Konditionsbeitragsbarwerten der beworbenen Kundengeschäfte. Damit ist die Messung der Erfolgswirkungen aus folgenden Gründen erschwert, wenn nicht unmöglich: Zum ersten sind die Geschäfte unbekannt, die ohne unpersönliche Kommunikation abgeschlossen worden wären. Zum zweiten sind Erfolgswirkungen nur mittelbar über die Nachfragebereitschaft zu erzielen, die unsicheren Umwelteinflüssen wie der Entwicklung der Nachfragefähigkeit und eventuellen Maßnahmen der Wettbewerber ausge-

---

375 Vgl. WIMMER, Konrad, Bankkalkulation, 2. Aufl., Berlin 1996, S. 130.

376 Vgl. BÜSCHGEN, Hans E., Bankbetriebslehre, 4. Aufl., Wiesbaden 1993, S. 550 ff.

setzt ist (Kapitel 4.1.2). Zum dritten kann sich bei der zeitlich verzögerten Wirksamkeit unpersönlicher Kommunikation die Zinsstruktur am Geld- und Kapitalmarkt ändern. Damit kann eine zunächst vorteilhaft erscheinende Zahlungsstruktur von Kundengeschäften schließlich sogar nachteilig werden. Erfolgswirkungen unpersönlicher Kommunikation sind also in mehrfacher Hinsicht unsicher und nur zeitlich verzögert zu erzielen.

Mit preispolitischen Zugeständnissen für Geschäfte mit zinsstrukturspezifisch günstiger Kapitalbindung kann der Konditionsbeitragsbarwert erhöht werden, wenn dadurch die Nachfrage bzw. Nachfragebereitschaft für solche Geschäfte steigt und für andere Geschäften fällt. Durch den entsprechenden Substitutionseffekt zwischen Geschäften[377] mit "ungünstiger" Kapitalbindung zugunsten von Geschäften mit "günstiger" Kapitalbindung läßt sich der Filialerfolg erhöhen, soweit die Auswirkung der günstigeren Kapitalbindung auf den Konditionsbeitragsbarwert das Zugeständnis im Kundenzinssatz mindestens kompensiert.

Das Beispiel eines jährlich zu bedienenden Tilgungskredits (K_T) und eines endfälligen Kredits (K_E) verdeutliche die Erfolgswirkungen preispolitischer Zugeständnisse: Die Kreditsumme beider Kredite betrage 1.000 GE, die Laufzeit betrage 10 Jahre, Zinszahlungen erfolgen jährlich nachschüssig. Am Geld- und Kapitalmarkt gelten die in der folgenden Tabelle angegebenen Kupon-Zinssätze und die daraus abgeleiteten Zerobond-Abzinsfaktoren (ZBF_t) für die Zahlungszeitpunkte t. Der endfällige Kredit (K_E) soll mit 10,1 % p.a. verzinst werden. Der Tilgungskredit (K_T) soll mit 10 % p.a. verzinst werden. Dies entspricht einem Zinsnachlaß in Höhe von 1 % bzw. 0,1 Prozentpunkten. Aus den jeweiligen Zahlungsströmen der Kundenkredite ergeben sich die angegebenen Konditionsbeitragsbarwerte (KBB):

377 Vgl. GEHRKE, Rainer, Sonderangebote als preispolitisches Instrument von Kreditinstituten, Diss., Göttingen 1995, S. 118 ff.

Geld- und Kapitalmarkt			K_E (10,1 %)		K_T (10 %)	
t	Kupon-Zins	ZBF_t	Zahlung	Barwert	Zahlung	Barwert
0			-1000,00	-1000,00	-1000,00	-1000,00
1	0,060	0,943396226	101,00	95,28	200,00	188,68
2	0,070	0,872861929	101,00	88,16	190,00	165,84
3	0,075	0,803516873	101,00	81,16	180,00	144,63
4	0,080	0,731868516	101,00	73,92	170,00	124,42
5	0,085	0,659087833	101,00	66,57	160,00	105,45
6	0,085	0,607454224	101,00	61,35	150,00	91,12
7	0,090	0,536113115	101,00	54,15	140,00	75,06
8	0,090	0,491846895	101,00	49,68	130,00	63,94
9	0,095	0,423393760	101,00	42,76	120,00	50,81
10	0,095	0,386660968	1101,00	425,71	110,00	42,53
			KBB =	38,74	KBB =	52,48

Der Konditionsbeitragsbarwert des Tilgungskredits (K_T) ist trotz des Zinsnachlasses um 0,1 Prozentpunkte wegen der zinsstrukturspezifisch günstigeren Zahlungsstruktur bzw. verkürzten Kapitalbindung höher als der Konditionsbeitragsbarwert des endfälligen Kredits (K_E).

Mit dem Beispiel wird deutlich, daß preispolitische Zugeständnisse bei gegebenen Marktwiderständen nur in Grenzen erfolgserhöhend wirken können, in denen der Effekt der günstigeren Kapitalbindung größer ist als derjenige des Zinsnachlasses. Wieweit durch Zinsnachlässe (im Einlagengeschäft: Zinsaufschläge) Nachfragebereitschaft von Kunden tatsächlich von zunächst gewünschten Geschäften auf solche mit zinsstrukturspezifisch günstiger Zahlungsstruktur gelenkt werden kann, hängt von der individuellen Substitutionsregel des jeweiligen Kunden ab. Diese kommt in der Kreuzpreiselastizität zum Ausdruck.[378] Bei der allgemeinen Annahme zunehmender Zinsempfindlichkeit von Kunden sind durch immer geringere Zinsnachlässe bzw. -aufschläge entsprechende Substitutionseffekte zugunsten des jeweils gewünschten Geschäfts erzielbar. Die Zinsempfindlichkeit ist zudem im Kreditgeschäft vergleichsweise größer als im Einlagengeschäft und bei sog. vermögenden Privatkunden größer als bei sog. Mengenkun-

378 Vgl. GEHRKE, Rainer, Sonderangebote als preispolitisches Instrument von Kreditinstituten, Diss., Göttingen 1995, S. 118 f.

den.[379] Durch Sonderkonditionen und -angebote preispolitische Zugeständnisse kann die Nachfrage bzw. Nachfragebereitschaft also insbesondere im Kreditgeschäft mit sog. vermögenden Privatkunden auf Geschäfte mit "günstiger" Kapitalbindung gelenkt werden.

Im Vergleich lassen sich Erfolgswirkungen der aufgezeigten Möglichkeiten zur zinsstrukturspezifischen Manipulation der Kapitalbindung mit Hilfe der grundlegenden Verhaltenshypothesen wie folgt beurteilen: Nur der persönliche Verkauf und Sonderkonditionen haben einen zeitlich unmittelbaren und meßbaren Einfluß auf den jeweils aktuellen Filialerfolg. Erfolgswirkungen unpersönlicher Kommunikation und preispolitischer Zugeständnisse in der Form von Sonderangeboten sind aufgrund ihrer zeitlichen Verzögerung und Mittelbarkeit über die Nachfragebereitschaft dagegen mit Unsicherheit verbunden. Sie treten nur ein, wenn die tatsächliche Entwicklung der Nachfragefähigkeit und -bereitschaft sowie der Zinsstruktur der jeweiligen Planung entspricht. Die entsprechende Unsicherheit ist aber gegen absolute Erfolgswirkungen größerer Absatzeffekte abzuwägen, die aufgrund der Ausrichtung unpersönlicher Kommunikation und von Sonderangeboten auf eine Vielzahl von Kunden erzielt werden können. Für die Manipulation der Kapitalbindung sind aus Sicht der Mitarbeiter also der persönliche Verkauf und preispolitische Zugeständnisse in der Form von Sonderkonditionen soweit vorziehenswürdig als die erwarteten Absatzeffekte unpersönlicher Kommunikation die damit verbundene Unsicherheit von Erfolgswirkungen nicht überwiegen.

Maßnahmen des persönlichen Verkaufs und der unpersönlichen Kommunikation beanspruchen darüber hinaus die gegebenen Kapazitäten der Filiale an Personal und Sachmitteln. Nur bis zur Erschöpfung der Kapazitäten lassen sich also Personal und Sachmittel im persönlichen Verkauf und in der unpersönlichen Kommunikation einsetzen. In der jeweiligen Abrechnungsperiode ist ein solcher Einsatz ohne Grenzbelastungen für den Filialerfolg, allerdings eben nur, soweit Kapazitäten noch nicht erschöpft sind. Preispolitische Zugeständnisse belasten dagegen nicht die Ressourcen. Sie wirken aber nur soweit erfolgserhöhend, wie der positive Effekt der günstigeren Kapitalbindung im Einzelfall größer ist als der negative Effekt des Zinsnachlasses auf den Konditionsbeitragsbarwert. Der jeweils isolierte oder der kombinierte Einsatz erfolgswirksamer Maßnahmen des persönlichen Verkaufs, der unpersönlichen Kommunikation und preispolitischer Zugeständnisse hängt somit im Einzelfall von den entsprechenden Spielräumen der Filiale ab. Nur im Falle freier Kapazitäten beim Personal und bei den Sachmitteln sind die

---

379 Vgl. GEHRKE, Rainer, Sonderangebote als preispolitisches Instrument von Kreditinstituten, Diss., Göttingen 1995, S. 38 ff. und DIEROLF, Günther, Das Zinsspannen-Management, in: Banken & Versicherungen, 3. Jg. (6/1995), S. 34 - 37, hier S. 36.

kapitalbindungsorientierte Ausrichtung des persönlichen Verkaufs und der unpersönlichen Kommunikation gegenüber preispolitischen Zugeständnissen vorziehenswürdig. Sind die Kapazitäten der Filiale knapp, so ist im Einzelfall der jeweilige Grenzerfolg des persönlichen Verkaufs, der unpersönlichen Kommunikation und der preispolitischen Zugeständnisse für deren isolierten oder kombinierten Einsatz durch die Filiale entscheidend. Das optimale Verhältnis des Einsatzes dieser Instrumente liegt dann dort, wo der Grenzerfolg ihres Einsatzes für die Filiale jeweils gleich ist (Kapitel 5.3.1).

Im Ergebnis der komparativen Analyse von Erfolgswirkungen durch Manipulation der Kapitalbindung ist die Gewichtung der Instrumente des Marketing-Mix wie folgt gekennzeichnet:

- Je stärker Mitarbeiter die Meßbarkeit, Sicherheit und Kurzfristigkeit von Erfolgswirkungen gewichten, um so stärker kommt der persönliche Verkauf zur Erhöhung des Filialerfolgs in Betracht.
- Sind die Kapazitäten der Filiale knapp, so kommen verstärkt preispolitische Zugeständnisse in Betracht.

Im folgenden wird nun analysiert, wieweit eine entsprechende Ausrichtung des Marketing-Mix durch Filialen mit dem angestrebten unternehmerischen Verhalten in Einklang steht.

6.2.1.1.2 Dysfunktionale Verhaltenswirkungen durch Manipulation der Kapitalbindung von Kundengeschäften

Die zuvor aufgezeigten Manipulationen der Kapitalbindung werden nun entsprechenden Grundzügen unternehmerischen Verhaltens im Vertrieb zinstragender Geschäfte gegenübergestellt. Danach können gerade im persönlichen Verkauf Marktwiderstände nachhaltig überwunden werden, indem persönliche und sachliche Präferenzen insbesondere bei kontaktintensiven Problemleistungen aufgebaut werden (Kapitel 5.3.2). Zur Identifikation dysfunktionaler Verhaltenswirkungen aufgrund der Erfolgsmessung gemäß Marktzinsmethode werden im folgenden daher zunächst die Erfolgswirkungen einer Beeinflussung von (a.) persönlichen und (b.) sachlichen Präferenzen mit Hilfe der grundlegenden Verhaltenshypothesen strukturiert und schließlich mit den Erfolgswirkungen einer Manipulation der Kapitalbindung von Kundengeschäften verglichen:

a. **Persönliche Präferenzen** sind aufgrund der Vertrauensempfindlichkeit von Bankleistungen durch die emotionale Beziehung zwischen Kunden und Mitarbeitern der Filiale bestimmt. Die Bedeutung persönlicher Präferenzen beruht gerade bei kontaktintensiven Problemleistungen auf der Unsicherheit über die zukünftige Vertragsumsetzung, die das Vertrauensgut Geld betrifft. Persönliche Präferenzen bauen auf Erfahrungen auf und wirken entsprechend für zukünftige Geschäfte (Kapitel 4.2.3). Durch den Aufbau persönlicher Präferenzen sind Erfolgswirkungen also erst in zukünftigen Abrechnungsperioden zu erzielen. Außerdem sind Erfolgswirkungen durch Präferenzen nur mittelbar und somit unsicher über die davon geprägte Nachfragebereitschaft zu erzielen, soweit sich diese in effektiver Nachfrage niederschlägt (Kapitel 4.1.2).

b. **Sachliche Präferenzen** sind durch die subjektive Wahrnehmung der Erfüllung des Verwendungszwecks von Bankleistungen bestimmt. Sie werden durch die fachliche Kompetenz im persönlichen Verkauf soweit unterstützt, als der individuellen Erklärungsbedürftigkeit der jeweiligen Leistung für Kunden Rechnung getragen wird (Kapitel 4.2.4). Sachliche Präferenzen werden durch Erfahrungen der Kunden im Umgang mit entsprechenden Bankleistungen aufgebaut und wirken in die Zukunft. Mit zunehmender Erfahrung von Kunden nimmt jedoch die Erklärungsbedürftigkeit von Bankleistungen ab. Sachliche Präferenzen sind mit zunehmender Erfahrung also bei immer weniger standardisierten Leistungen beeinflußbar. Für die Manipulierbarkeit der Kapitalbindung ist jedoch anzunehmen, daß sie nur soweit durch die fachliche Kompetenz im persönlichen Verkauf besteht, als die jeweilige Leistung erklärungsbedürftig ist. Denn ohne Erklärungsbedarf kann man umgekehrt davon ausgehen, daß sich der jeweilige Finanzierungs- bzw. Anlagebedarf von Kunden bereits in einer bestimmten Kapitalbindung manifestiert.

Wird die Nachfrage von Kunden im persönlichen Verkauf in erster Linie auf eine zinsstrukturspezifisch für den Filialerfolg günstige Kapitalbindung gelenkt, so werden finanzielle Kundenbedürfnisse entsprechend nachrangig beachtet. Gegebenenfalls kann eine zinsstrukturspezifisch günstige Kapitalbindung den Kundenbedürfnissen sogar entgegenwirken. Erscheinen Mitarbeitern die Erfolgswirkungen beispielsweise einer vergleichsweise kurzen Kapitalbindung von Krediten und damit frühzeitig hoher Tilgungsleistungen vorteilhaft, so kann ein Kunde die Bedienung des Kredits möglicherweise nur mit größten Schwierigkeiten sicherstellen. Mitarbeiter mögen Kunden dennoch zur Vereinbarung einer entsprechenden Kapitalbindung lenken, weil ihnen die Erfolgswirkungen im Sinne der Verhaltenshypothesen vorteilhaft erscheinen. Eine aus der Überforderung der Zahlungsfähigkeit folgende Unzufriedenheit verletzt aber das Vertrauen von Kunden zum jeweiligen Mitarbeiter und zur Bank, weil der Vertragsverlauf von der Erwartung des Kunden abweicht, der nicht mit solchen Schwierigkeit gerechnet hat. Mit dem so verletzten Vertrauen werden persönliche Präferenzen zerstört, und

Kunden sind geneigt, die Bankverbindung zu wechseln.[380] Außerdem sind zukünftige Geschäfte mit anderen Kunden gefährdet, weil unzufriedene Kunden ihre negative Erfahrung bis zu 20 anderen Kunden weitererzählen.[381] Analog kann für verlängerte Kapitalbindung im Kreditgeschäft oder manipulierte Kapitalbindung im Einlagengeschäft argumentiert werden: Eine zu lange Kapitalbindung im Kreditgeschäft kann aus der Sicht von Kunden Unzufriedenheit über hohe Zinsleistungen auslösen, die durch mögliche frühzeitige Tilgungen hätten vermieden werden können. Zu geringe Sparleistungen lassen von Kunden angestrebte Sparziele später erreichen, und zu hohe Sparleistungen können möglicherweise nur mit Schwierigkeiten aufgebracht werden.

In ähnlicher Weise können durch manipulierte Kapitalbindung sachliche Präferenzen von Kunden verletzt werden: Wurde einem Kunden beispielsweise zunächst nicht die Bedeutung regelmäßiger finanzieller Belastungen durch einen Kredit erklärt, sondern nur auf einen gegebenenfalls günstigen Zinssatz hingewiesen, so wurde die Erklärungsbedürftigkeit aus Sicht des Kunden, wenn die finanzielle Belastung für den Kunden von großer Bedeutung ist, nicht entsprochen. Entsprechend lassen hohe finanzielle Belastungen schließlich den günstigen Zinssatz als Merkmal zurückstehen und rücken die Belastung als entscheidendes Merkmal des Kredits in den Vordergrund. Wird die finanzielle Leistungsfähigkeit des Kunden überfordert, so steht außerdem die Zweckerfüllung des Kredits wie beispielsweise die Finanzierung eines teuren Konsumguts in Frage.

Erfolgswirkungen einer solchen Ausrichtung des persönlichen Verkaufs für Bankfilialen sind im Vergleich zur möglichen Gefährdung von Kundenpräferenzen anhand der grundlegenden Verhaltenshypothesen zu beurteilen: Positive Erfolgswirkungen sind durch eine zinsstrukturspezifische Manipulation der Kapitalbindung unmittelbar in der aktuellen Abrechnungsperiode durch entsprechend höhere Konditionsbeitragsbarwerte zu erzielen. Die damit einhergehenden Gefahren für die nachhaltige Erfolgserzielung aufgrund verletzter persönlicher und sachlicher Präferenzen werden allenfalls in späteren Abrechnungsperioden erfolgswirksam. Außerdem tritt eine entsprechende Unzufriedenheit von Kunden nicht mit Sicherheit ein und ist aus aktueller Perspektive der Mitarbeiter auch nicht meßbar. Die zinsstrukturspezifische Manipulation der Kapitalbindung ist zudem in der aktuellen Abrechnungsperiode im Ausmaß zuvor über Präferenzen erzielter Kundenbindung leichter durchsetzbar: Mit Präferenzen, die in der Ver-

---

380 Vgl. NADER, Georg, Zufriedenheit mit Finanzdienstleistungen, Wien 1995, S. 103.

381 Vgl. NIESCHLAG, Robert, DICHTL, Erwin, HÖRSCHGEN, Hans, Marketing, 17. Aufl., Berlin 1994, S. 951 und RIEHM, Hans Joachim, Zufriedene Kunden sind gute Kunden, in: Geldprofi, o. Jg. (3/1996), S. 5 - 8, hier S. 5 f.

gangenheit aufgrund positiver Erfahrungen der Kunden aufgebaut wurden, entsteht eine Vertrauensverhältnis zur Bank, das im aktuellen persönlichen Verkauf genutzt werden kann. Mit persönlichen Präferenzen ist also ein in der Vergangenheit aufgebautes Potential zur aktuellen Erfolgserzielung ausnutzbar, das durch eine Manipulation der Kapitalbindung für die Zukunft nicht weiter aufgebaut, sondern eher gefährdet wird.

Mit Blick auf die Kapitalbindung ist also gerade im persönlichen Verkauf eine Gefahr dysfunktionaler Verhaltenswirkungen der Marktzinsmethode verbunden. Durch Manipulationen der Kapitalbindung von Kundengeschäften sind Erfolgswirkungen zu erzielen, die Mitarbeitern im Sinne der grundlegenden Verhaltenshypothesen vorteilhafter erscheinen, als die Lenkung von Kundenpräferenzen. Die entsprechende Manipulation der Kapitalbindung ist für Mitarbeiter vornehmlich unter folgenden Bedingungen vorteilhaft:

- Je stärker Mitarbeiter die Meßbarkeit und Sicherheit sowie die kurzfristige Erzielbarkeit von Erfolgswirkungen für ihr Verhalten gewichten, um so vorteilhafter ist für sie eine Manipulation der Kapitalbindung vergleichsweise zur Lenkung von Kundenpräferenzen, und um so größer ist damit die Gefahr dysfunktionaler Verhaltenswirkungen.

- Je geringer die Konditionsmarge ist, um so eher läßt sich die Vorteilhaftikeit einer bestimmten Kapitalbindung von Kundengeschäften nur zinsstrukturspezifisch beurteilen. Damit ist dann eine intensive Verarbeitung von Informationen über die Zinsstruktur verbunden, die zu Lasten der Erfassung und Befriedigung von Kundenbedürfnissen gehen kann. Je geringer also die Konditionsmarge ist, um so größer ist die Gefahr dysfunktionaler Verhaltenswirkungen.

- Je größer die Vertrauensempfindlichkeit, Erklärungsbedürftigkeit und Zinsempfindlichkeit von Kundengeschäften ist, um so eher ist eine Manipulation der Kapitalbindung und damit eine Gefährdung sachlicher und persönlicher Präferenzen möglich. Dysfunktionale Verhaltenswirkungen sind also insbesondere im persönlichen Verkauf wenig standardisierter kontaktintensiver Problemleistungen für Kunden zu erwarten, die eine vergleichsweise geringe ökonomische Bildung bzw. Erfahrung mit solchen Geschäften aufweisen.

6.2.1.2 Manipulation der Zinsbindung von Kundengeschäften

Neben der Kapitalbindung wird die Höhe von Verrechnungszinsen in Abhängigkeit von der Zinsstruktur am Geld- und Kapitalmarkt durch die Zinsbindung von Kundengeschäften bestimmt (Kapitel 5.1.2). Erfolgswirkungen können also durch Manipulation der Zinsbindung von Kundengeschäften erzielt werden, wenn diese zu vergleichsweise günstigen Verrechnungszinsen führen und die Kundenzinsen nicht in gleichem Ausmaß variieren. Entsprechend Kapitel 5.1.2 kann in der Regel von der Erfüllung dieser Bedingung ausgegangen werden. Von Ausnahmefällen, in denen beispielsweise variable Kreditzinsen bei normaler Zinsstruktur weiter unter festen Kreditzinsen liegen als die Differenz zwischen kurz- und langfristigen Zinssätzen am Geld- und Kapitalmarkt wird im folgenden abgesehen.

Bei einer zinsstrukturspezifischen Ausrichtung des Verhaltens auf den Vertrieb von Kundengeschäften mit variabler Verzinsung ist neben der Höhe von Erfolgsbeiträgen die Unsicherheit zu beachten, daß zukünftige Zinsänderungen entsprechend der zentral vorgegebenen Zinsanpassungselastizität durchgesetzt werden müssen (Kapitel 5.1.2). Erfolgswirksame Ausrichtungen absatzpolitischer Maßnahmen sind dabei zinsstrukturspezifisch wie folgt zu erzielen:

- Bei normaler Zinsstruktur ist die Ausrichtung auf festverzinsliche Einlagen vergleichsweise erfolgswirksam und sicher. Die Ausrichtung auf variabel verzinsliche Kredite ist zwar ebenfalls vergleichsweise erfolgswirksam, zugleich aber mit der Unsicherheit zukünftiger Zinsanpassungen verbunden.

- Bei inverser Zinsstruktur sind vergleichsweise sichere Erfolgswirkungen durch Ausrichtung auf festverzinsliche Kredite zu erzielen. Die Ausrichtung auf variabel verzinsliche Einlagen ist ebenfalls erfolgswirksam, zugleich aber aufgrund notwendiger Zinsanpassungen unsicher.

- Bei flacher Zinsstruktur werden Mitarbeiter sowohl im Kreditgeschäft als auch im Einlagengeschäft eine Ausrichtung auf Festzinsvereinbarungen vorziehen. Durch die Manipulation der Zinsbindung lassen sich nämlich unmittelbar keine Effekte auf die Höhe der Konditionsbeitragsbarwerte erzielen. Die Vereinbarung variabler Zinsen führt aber wegen der Notwendigkeit, Zinsanpassungen durchzusetzen, zu vergleichsweise unsicheren zukünftigen Filialerfolgen.

Wegen der Unsicherheit zukünftiger[382] Zinsanpassungen ist eine entsprechende Ausrichtung des Verhaltens gerade dann im Sinne der Verhaltenshypothesen erfolgswirksam, wenn Zinsfestschreibungen zu vergleichsweise höheren Konditionsbeitragsbarwerten führen als variable Verzinsung. Dies ist in der Regel bei normaler Zinsstruktur im Einlagengeschäft und bei inverser Zinsstruktur im Kreditgeschäft der Fall.

---

382 "Zukünftige" Zinsanpassungen können schon in der aktuellen Abrechnungsperiode erforderlich sein (z.B. quartalsweise Zinsanpassungen bei jährlichen Abrechnungsperioden).

Eine entsprechend zinsstrukturspezifische Ausrichtung des Verhaltens auf die Manipulation der Zinsbindung von Kundengeschäften wird gemäß Marktzinsmethode in der Profit Center-Konzeption als Leistung der Filiale gemessen.

6.2.1.2.1 Komparative Analyse der Erfolgswirkungen von Manipulationen der Zinsbindung

Wie die Kapitalbindung von Kundengeschäften hängt deren Zinsbindung zunächst von der Anlage- bzw. Finanzierungsentscheidung des jeweiligen Kunden ab. Gleichwohl kann die Zinsbindung des jeweiligen Kundengeschäfts im persönlichen Verkauf manipuliert werden. Dabei ist beispielsweise an "Expertenurteile" von Mitarbeitern über die zukünftige Zinsentwicklung zu denken.[383] Meßbare Erfolgswirkungen für die aktuelle Abrechnungsperiode lassen sich dadurch in Höhe der Differenz der Konditionsbeitragsbarwerte des ursprünglich vom jeweiligen Kunden gewünschten Geschäfts und des Geschäfts mit der zinsstrukturspezifisch günstigeren Zinsbindung erzielen. Mit Blick auf unsichere Zinsanpassungen ist die Ausrichtung des persönlichen Verkaufs bei normaler Zinsstruktur insbesondere auf festverzinsliche Einlagengeschäfte und bei inverser Zinsstruktur auf festverzinsliche Kreditgeschäfte vergleichsweise erfolgswirksam.

Entsprechend lassen sich mittels Werbung und Verkaufsförderung Erfolgswirkungen erzielen, indem die Nachfragebereitschaft einer Vielzahl von Kunden auf solche Geschäfte gelenkt wird, die eine zinsstrukturspezifisch günstige Zinsbindung aufweisen. Beispielsweise kann bei normaler Zinsstruktur für festverzinsliche Spareinlagen und bei inverser Zinsstruktur für festverzinsliche Kredite geworben werden. Erfolgswirkungen sind dabei durch entsprechende Absatzeffekte zu erzielen. Wegen der nicht möglichen Isolierbarkeit solcher Absatzeffekte unpersönlicher Kommunikation und ihrer Mittelbarkeit über die Nachfragebereitschaft sind diese nicht meßbar. Außerdem ist die Höhe erzielbarer Konditionsbeitragsbarwerte unsicher, weil sich im Verlauf der zeitlichen Verzögerung von Absatzeffekten die Zinsstruktur am Geld- und Kapitalmarkt und damit die Höhe der Verrechnungszinsen ändern kann. Erfolgswirkungen unpersönlicher Kommunikation können also nur unter Unsicherheit über Absatzeffekte und über die Entwicklung der Zinsstruktur prognostiziert werden.

Durch preispolitische Zugeständnisse in der Form von Sonderkonditionen oder Sonderangeboten läßt sich die Ausrichtung des persönlichen Verkaufs und der unpersönlichen Kommunikation auf eine zinsstrukturspezifisch günstige Zinsbindung von Kundengeschäften unterstützen. Allerdings muß die Auswirkung des

---

383 Vgl. WIMMER, Konrad, Bankkalkulation, 2. Aufl., Berlin 1996, S. 130.

jeweils günstigeren Zinsbindung auf die Höhe des Konditionsbeitragsbarwerts größer sein als die Auswirkung der niedrigeren (höheren) Kreditzinsen (Einlagenzinsen).

Dies sei am Beispiel endfälliger Kundenkredite über 1.000 GE mit einer Laufzeit von 10 Jahren erläutert, die zum einen festverzinslich und zum anderen variabel verzinslich seien. Bei inverser Zinsstruktur gemäß folgender Tabelle (Kupon-Zins) sei der Kredit (K_{var}) variabel mit 7,5 % p.a. zu verzinsen. Bei Festzinsvereinbarung sei der Kredit (K_{fest}) nur mit 7,0 % p.a. zu verzinsen. Der Zinsnachlaß für den Festzinskredit beträgt also 0,5 Prozentpunkte. Wird zugleich angenommen, daß die Zentrale für die Verrechnungszinsen eine Zinsanpassungselastizität des variabel verzinslichen Kundenkredits in Höhe von 60 % der Veränderungen des Zinssatzes für Jahresgeld (t = 1) vorgibt, dann zeigt der Vergleich der Konditionsbeitragsbarwerte beider Kredite folgendes Bild:[384]

Geld- und Kapitalmarkt			Kundenkredite	
t	Kup.-Zins	ZBF_t	K_{var} (7,5 %)	K_{fest} (7,0 %)
0			-1000,00	-1000,00
1	0,070	0,934579439	75,00	70,00
2	0,070	0,873438728	75,00	70,00
3	0,070	0,816297877	75,00	70,00
4	0,065	0,778797612	75,00	70,00
5	0,065	0,731265364	75,00	70,00
6	0,065	0,686634144	75,00	70,00
7	0,065	0,644726896	75,00	70,00
8	0,060	0,634014714	75,00	70,00
9	0,060	0,598127088	75,00	70,00
10	0,060	0,564270838	1075,00	1070,00
		KBB =	65,36	72,62

Trotz des Zinsnachlasses für die Festzinsvereinbarung (K_{fest}) ist der Konditionsbeitragsbarwert höher als der Konditionsbeitragsbarwert des variabel verzinsli-

384 Vgl. zum Vorgehen der Kalkulation des Konditionsbeitragsbarwerts variabel verzinslicher Geschäfte ROLFES, Bernd, SCHIERENBECK, Henner, Der Marktwert variabel verzinslicher Bankgeschäfte, in: Die Bank, o. Jg. (7/1992), S. 403 - 412, hier S. 407 f.

chen Kredits (K_{var}). Dies liegt an der Gewichtung des vergleichsweise hohen Zinssatzes für Jahresgeld (7,0 %) gemäß der Zinsanpassungselastizität von 60 % im Verrechnungszins für den variabel verzinslichen Kredit K_{var} (Kapitel 5.1.2). Wie bereits im Rahmen preispolitischer Zugeständnisse zur Manipulation der Kapitalbindung festgestellt wurde (Kapitel 6.2.1.1.1), sind Erfolgswirkungen von der individuellen Substitutionsregel der jeweiligen Kunden abhängig. Entsprechend ist eine Manipulation der Zinsbindung durch preispolitische Zugeständnisse insbesondere im Kreditgeschäft mit sog. vermögenden Privatkunden möglich.

Die komparative Analyse von Erfolgswirkungen der Möglichkeiten einer Filiale zur zinsstrukturspezifischen Manipulation der Zinsbindung zeigt im Sinne der grundlegenden Verhaltenshypothesen ein ähnliches Bild wie die Manipulation der Kapitalbindung:

Nur Maßnahmen des persönlichen Verkaufs haben unmittelbar meßbare Auswirkungen auf den aktuellen Filialerfolg, die im Fall von Festzinsvereinbarungen mit Sicherheit zu erzielen sind. Bei Vereinbarung variabler Zinsen besteht Unsicherheit über die Durchsetzbarkeit von Zinsanpassungen, die gegebenenfalls schon in der aktuellen Abrechnungsperiode erforderlich sein können. Dies gilt auch für Erfolgswirkungen von Sonderkonditionen für einzelne Kunden im Rahmen des persönlichen Verkaufs. Maßnahmen der unpersönlichen Kommunikation und Sonderangebote für eine Vielzahl von Kunden haben dagegen nur zeitliche verzögerte und mittelbare Auswirkung auf den Filialerfolg. Das absolute Ausmaß von Erfolgswirkungen ist dabei nicht meßbar. Außerdem sind Erfolgswirkung auch im festverzinslichen Geschäft unsicher, weil sich die Zinsstruktur bis zur Erzielung von Absatzeffekten ändern kann. Gemäß den grundlegenden Verhaltenshypothesen zur Meßbarkeit, Sicherheit und kurzfristigen Orientierung werden Mitarbeiter also Maßnahmen des persönlichen Verkaufs und Sonderkonditionen für einzelne Kunden der unpersönlichen Kommunikation und Sonderangeboten für eine Vielzahl von Kunden vorziehen. Unpersönliche Kommunikation und Sonderangebote sind allerdings dann vorteilhafter, wenn erwartete Absatzeffekten die größere Unsicherheit und mangelnde Meßbarkeit von Erfolgswirkungen kompensieren.

Je größer die Unsicherheit von Mitarbeitern ist, Zinsanpassungen durchsetzen zu können, um so stärker werden sie Manipulationen der Zinsbindung zinsstrukturspezifisch auf Kredit- oder Einlagengeschäfte mit festen Zinsen ausrichten. Die Unsicherheit, Zinsanpassungen durchsetzen zu können, ist nach den Überlegungen in Kapitel 5.1.2 um so größer:

- je weiter die Erwartungen zu Zinsanpassungen der Kunden von der kalkulierten Zinsanpassungselastizität durch die Zentrale abweichen,

- je größer die Volatilität des Geldmarktsatzes als Referenzzins für die Messung der Zinsanpassungselastizität erwartet wird und
- je eher im Kreditgeschäft Zinserhöhungen und im Einlagengeschäft Zinssenkungen erwartet werden.

Die Gewichtung von persönlichem Verkauf und Sonderkonditionen bei der Manipulation der Zinsbindung ist schließlich von den als gegeben angenommenen Kapazitäten der Filiale bestimmt: Maßnahmen des persönlichen Verkaufs binden insbesondere Personal durch entsprechend aufwendigere Beratungsgespräche. Sonderkonditionen belasten isoliert betrachtet zwar weder das Personal noch die Sachmittel, führen aber c.p. zunächst zu geringeren Zinserlösen im Kreditgeschäft bzw. höheren Zinskosten im Einlagengeschäft. Nur über Absatzeffekte und günstigere Verrechnungszinsen können Sonderkonditionen schließlich zu höheren Konditionsbeitragsbarwerten führen. Je weniger die Filiale also über freie Kapazität beim Personal oder bei den Sachmitteln verfügt, desto eher werden Sonderkonditionen zur Ausrichtung von Kundengeschäften auf die jeweils günstige Zinsbindung eingesetzt.

Im Ergebnis der komparativen Analyse der Erfolgswirkungen von Manipulation der Zinsbindung ist die Gewichtung der Instrumente des Marketing-Mix wie folgt gekennzeichnet:

- Je stärker Mitarbeiter die Meßbarkeit, Sicherheit und Kurzfristigkeit von Erfolgswirkungen gewichten, um so stärker kommt der persönliche Verkauf in Betracht. Dessen Ausrichtung ist mit zunehmender Gewichtung der Sicherheit verstärkt auf festverzinsliche Geschäfte zu erwarten, und zwar um so mehr, je größere Volatilität der Zinsstruktur die jeweiligen Mitarbeiter erwarten.
- Sind die Kapazitäten der Filiale knapp, so sind verstärkt preispolitische Zugeständnisse zur entsprechenden Manipulation der Zinsbindung zu erwarten.

6.2.1.2.2 Dysfunktionale Verhaltenswirkungen durch Manipulation der Zinsbindung von Kundengeschäften

Im Sinne der grundlegenden Verhaltenshypothesen sind Erfolgswirkungen durch die Manipulation der Zinsbindung von Kundengeschäften insbesondere im persönlichen Verkauf und durch Sonderkonditionen sofort erziel- und meßbar. Wegen der Unsicherheit, Zinsanpassungen durchsetzen zu können, ist eine zinsstrukturspezifische Ausrichtung des persönlichen Verkaufs insbesondere auf festverzinsliche Kundengeschäfte zu erwarten (Kapitel 6.2.1.2.1). Gerade im persönlichen Verkauf können aber auch Marktwiderstände über persönliche und sachliche Kundenpräferenzen im Sinne unternehmerischen Verhaltens überwunden werden (Kapitel 4.3.2). Fraglich ist also für die folgende Identifikation dysfunktionaler Verhaltenswirkungen der Marktzinsmethode die Auswirkung entsprechender Manipulationen der Zinsbindung auf persönliche und sachliche Präferenzen von Kunden. Zur Erinnerung sei nochmals zusammengefaßt, daß persönliche Präferenzen gerade bei kontaktintensiven Problemleistungen wegen der Unsicherheit des zukünftigen Vertragsverlaufs auf Vertrauen der Kunden zu Mitarbeitern beruhen. Entsprechendes Vertrauen wird insbesondere durch positive Erfahrungen aufgebaut. Durch negative Erfahrungen wird es hingegen zerstört (Kapitel 4.2.3). Sachliche Präferenzen beruhen auf der Zweckerfüllung und der Erklärungsbedürftigkeit von Bankleistungen und deren individueller Befriedigung durch Mitarbeiter im persönlichen Verkauf (Kapitel 4.2.4).

Manipulationen der Zinsbindung von Kundengeschäften im persönlichen Verkauf können durch sog. kognitive Konflikte negative Auswirkungen auf persönliche und sachliche Kundenpräferenzen haben:[385] Kunden, die im persönlichen Verkauf auf eine bestimmte Zinsbindung gelenkt werden, nehmen verstärkt die alternativ mögliche Zinsbindung war. So wird auch das Risiko von Zinsänderungen verstärkt wahrgenommen. Mit kognitiven Konflikten, die durch Manipulationen im persönlichen Verkauf verstärkt werden, steigt also auch die Unzufriedenheit von Kunden, wenn die Zinsentwicklung nicht den von ihnen erwarteten bzw. gewünschten Verlauf nimmt. Dabei ist die aus Sicht der Mitarbeiter jeweils zinsstrukturspezifisch günstige Zinsbindung zu beachten:

- Bei normaler Zinsstruktur sind Erfolgswirkungen im Sinne der grundlegenden Verhaltenshypothesen insbesondere durch festverzinsliche Einlagengeschäfte zu erzielen (Kapitel 6.2.1.2.1). Bei entsprechender Zinsbindung werden Einlagenzinsen bei Zinsänderungen am Geld- und Kapitalmarkt nicht angepaßt. Dies ist bei Zinserhöhungen aus Sicht der Kunden ungünstig. Bei Zinssenkungen am Geld- und Kapitalmarkt ist die ausbleibende Zinsanpassung im Einlagengeschäft für Kunden günstig. Unzufriedenheit von Kunden ist also insbesondere bei Zinserhöhungen zu erwarten, auf die eine normale Zinsstruktur nach der Erwartungstheorie gerade hinweist.[386] Diese Unzufriedenheit wird durch kognitive Konflikte noch gestärkt. Analog ist Unzufriedenheit von Kunden im Kreditgeschäft zu erwarten, wenn dort trotz der Unsicherheit von Zinsanpassungen wegen niedriger Verrechnungszinsen variable Zinsen vereinbart wurden: Bei Zinserhöhungen am Geld- und Kapitalmarkt werden variable

385 Vgl. hier und im folgenden KROEBER-RIEL, Werner, Komsumentenverhalten, 4. Aufl., München 1990, S. 180 und S. 416 f.

386 Vgl. FAßBENDER, Heino, Die Theorie der Fristigkeitsstruktur der Zinssätze: Ein Überblick, in: WiSt, 6. Jg. (1977), S. 97 - 103, hier S. 99.

Kreditzinsen ebenfalls erhöht. Dies ist für Kunden ungünstig und führt insbesondere dann zu Unzufriedenheit, wenn die Zinsanpassung höher ausfällt, als die Erwartung der Kunden.

- Bei inverser Zinsstruktur sind Erfolgswirkungen im Sinne der grundlegenden Verhaltenshypothesen vor allem durch festverzinsliche Kreditgeschäfte zu erzielen (Kapitel 6.2.1.2.1). Analog zur normalen Zinsstruktur ist Unzufriedenheit von Kunden also insbesondere bei Zinssenkungen am Geld- und Kapitalmarkt zu erwarten. Dies gilt auch für variabel verzinsliche Einlagengeschäfte, die trotz der Unsicherheit von Zinsanpassungen vereinbart wurden. Eine inverse Zinsstruktur weist dabei gerade auf vom Markt erwartete Zinssenkungen hin.

- Bei flacher Zinsstruktur sind festverzinsliche Kredite und Einlagen für die Filiale vergleichsweise vorteilhaft (Kapitel 6.2.1.2.1). Unzufriedenheit von Kunden wird daher bei einer entsprechende Manipulation der Zinsbindung vornehmlich im Einlagengeschäft bei Zinserhöhungen und im Kreditgeschäft bei Zinssenkungen am Geld- und Kapitalmarkt ausgelöst, an denen Kunden nicht teilnehmen.

Mit der beschriebenen Unzufriedenheit bei entsprechenden Zinsänderungen am Geld- und Kapitalmarkt können persönliche Präferenzen verletzt werden, wenn Kunden aufgrund des unerwarteten Vertragsverlaufs ihr Vertrauen in Mitarbeiter verlieren. Sachliche Präferenzen werden verletzt, wenn Mitarbeiter zum Zweck der Manipulation die erwartete Zinsentwicklung und deren Konsequenzen für das Kundengeschäft nicht erklärt haben. Zum einen wird so offensichtlich die Erklärungsbedürftigkeit des Kundengeschäfts mit Blick auf die Zinsbindung verletzt. Zum anderen kann aus Sicht eines Kunden der Zweck des jeweiligen Kundengeschäfts durch eine ungünstige Zinsentwicklung verfehlt werden. Beispielsweise kann ein zunächst vergleichsweise hochverzinslicher Sparvertrag später eine vergleichsweise zum gestiegenen Zinsniveau ungünstige Verzinsung aufweisen.

Verletzte Kundenpräferenzen haben nur unsichere Auswirkungen auf zukünftige Filialerfolge, nicht aber auf den aktuellen Filialerfolg. Außerdem sind entsprechend negative Erfolgswirkungen nicht meßbar, weil sie nur mittelbar über die Nachfragebereitschaft wirken. Dem stehen sofortige und meßbare Erfolgswirkungen durch eine Manipulation der Zinsbindung im persönlichen Verkauf und gegebenenfalls durch Sonderkonditionen unterstützt gegenüber. Eine entsprechende Ausrichtung des persönlichen Verkaufs auf die Manipulation der Zinsbindung ist mit den grundlegenden Verhaltenshypothesen also zumindest nicht ausschließbar. Dies gilt insbesondere für die individuelle Beeinflussung von Kunden bei kontaktintensiven Problemleistungen, weil der persönliche Verkauf ebendort besonders wirksam ist, und zugleich persönliche und sachliche Präferenzen besonders stark gebildet aber auch gestört werden. Die entsprechende Gefahr dysfunktionaler Verhaltenswirkungen der Marktzinsmethode ist also von folgenden Bedingungen abhängig:

- Je stärker die Meßbarkeit und Option der kurzfristig sicheren Erfolgserzielung das Verhalten von Mitarbeitern bestimmen, um so größer ist die Gefahr dysfunktionaler Verhaltenswirkungen, weil dann die mögliche zukünftige Unzufriedenheit von Kunden weniger stark beachtet wird, als kurzfristig erzielbare Konditionsbeitragsbarwerte.

- Je eher bei normaler Zinsstruktur Zinserhöhungen zu erwarten sind, um so größer ist die Gefahr dysfunktionaler Verhaltenswirkungen der Marktzinsmethode. Denn die im Falle einer normalen Zinsstruktur zu erwartende Ausrichtung des persönlichen Verkaufs auf festverzinsliche Einlagengeschäfte führt bei Zinserhöhungen zu Unzufriedenheit der entsprechenden Kunden.

- Je eher bei inverser Zinsstruktur Zinssenkungen zu erwarten sind, um so größer ist die Gefahr dysfunktionaler Verhaltenswirkungen der Marktzinsmethode. Die im Falle einer inversen Zinsstruktur zu erwartende Ausrichtung des persönlichen Verkaufs auf festverzinsliche Kreditgeschäfte führt bei Zinssenkungen zu Unzufriedenheit der jeweiligen Kunden.

- Je eher bei flacher Zinsstruktur Zinserhöhungen (Zinssenkungen) zu erwarten sind, um so größer ist die Gefahr dysfunktionaler Verhaltenswirkungen der Marktzinsmethode beim Vertrieb von Einlagengeschäften (Kreditgeschäften). So resultiert aus Festzinsvereinbarungen, die für Mitarbeiter vergleichsweise vorteilhaft sind, Unzufriedenheit von Kunden wegen nicht möglicher Teilnahme an Zinsänderungen, die für sie günstig wären.

6.2.1.3 Manipulation der segmentspezifisch verrechneten Risikoprämien für Kreditgeschäfte

Neben der Kapitalbindung und der Zinsbindung bestimmen segmentspezifisch verrechnete Risikoprämien die Höhe der Verrechnungszinsen für Kreditgeschäfte der Filiale. Damit ist die zeitliche Verteilung des Filialerfolgs durch Differenzen zwischen der segmentspezifischen Risikoprämie und Risikoaufschlägen auf Kreditzinsen entsprechend marktnaher Informationen von Filialen zu Ausfallrisiken manipulierbar (Kapitel 5.1.3): Kreditgeschäfte, mit geringen segmentspezifischen Risikoprämien im Vergleich zu möglichen Risikoaufschlägen, führen zu einem aktuell hohen Filialerfolg. Sind die tatsächlichen Ausfälle entsprechend marktnaher Informationen der Filiale ex post aber höher als die verrechneten Risikoprämien, so wird der Filialerfolg in späteren Abrechnungsperioden über das Risikoergebnis entsprechend belastet.

Mit der Bereitschaft von Mitarbeitern, entsprechend risikobehaftete Kreditgeschäfte einzugehen, fällt der Filialerfolg aufgrund nicht verrechneter Risikoaufschläge solange vergleichsweise hoch aus, als die erwarteten Kreditausfälle (noch) nicht eintreten. Allerdings ist zu bedenken, daß ein einzelner Kredit, für den tatsächlich ein Ausfall erwartet wird, kaum abgeschlossen wird.[387] Vielmehr ist das Versicherungsprinzip zur standardisierten Risikoteilung auch bei der Erfolgserzielung über Kredite mit vergleichsweise hohen Ausfallrisiken zu beachten: Danach obliegt es Mitarbeitern in Filialen, neben den Segmentierungskriterien der Zentrale weitere Kriterien von Kreditnehmern zu erfassen, die aufgrund der Erfahrung und Marktnähe der Filiale das Ausfallrisiko determinieren. Innerhalb des jeweiligen Risikosegments können sodann solche Kredite vergeben werden, die zwar kein individuelles Ausfallrisiko aufweisen, deren standardisierbares Ausfallrisiko aber aufgrund der Zusatzkriterien vergleichsweise zum zugehörigen Risikosegment hoch einzuschätzen ist. Abweichungen zwischen dem durch die Filiale erwarteten Ausfallrisiko und niedrigeren segmentspezifischen Risikoprämien werden in der Profit Center-Konzeption zunächst also als Leistung der Filiale gemessen, wenn entsprechend höhere Risikoaufschläge auf die Kreditzinsen möglich sind. Erst in späteren Abrechnungsperioden erfolgt über das Risikoergebnis eine entsprechende Korrektur der Erfolgsermittlung, wenn es tatsächlich zu den von der Filiale erwarteten Kreditausfällen kommt:

Betrachtet man dazu die kumulierten Erfolgswirkungen einer solchen Ausrichtung des persönlichen Verkaufs über die einzelnen Abrechnungsperioden, so können negative Risikoergebnisse die zunächst positiven Erfolgswirkungen übersteigen. Denn zusätzliche Ausfallrisiken müssen durch zusätzliche Risikoaufschläge gedeckt sein, damit der kumulierte Filialerfolg nicht negativ wird. In einzelnen zukünftigen Abrechnungsperioden können negative Erfolgswirkungen also nur vermieden werden, wenn dauerhaft Kredite mit segmentspezifisch vergleichsweise hohen Ausfallrisiken und entsprechend höheren Risikoaufschlägen vergeben werden (Abb. 12: kumulierte Erfolgswirkung aus Krediten mit segmentspezifisch hohen Ausfallrisiken, S. 162).

---

387 Vgl. WIEGEL, Klaus Dieter, Rentabilität und Risiko im Kreditgeschäft der Banken, Köln 1985, S. 285.

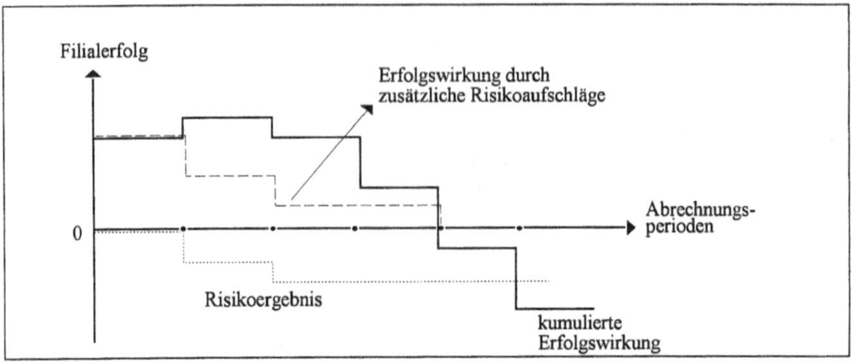

Abb. 12: kumulierte Erfolgswirkung aus Krediten mit segmentspezifisch hohen Ausfallrisiken

Der Filialerfolg zukünftiger Abrechnungsperioden ist also unsicher, weil die Risikoergebnisse unbekannt sind.

6.2.1.3.1 Komparative Analyse der Erfolgswirkungen durch Manipulation der verrechneten Risikoprämien

Zur Erzielung vorzeitiger Erfolgswirkungen aufgrund vergleichsweise geringer verrechneter Risikoprämien können im Einzelfall des persönlichen Verkaufs Kredite an solche Kunden vergeben werden, die innerhalb des jeweiligen Risikosegments eine vergleichsweise schlechte Bonität aufweisen und entsprechend höhere Risikoaufschläge zu zahlen bereit sind. Damit wird der Konditionsbeitragsbarwert abzüglich verrechneter Risikoprämie in der aktuellen Abrechnungsperiode um den Barwert der zusätzlichen Risikoaufschläge auf die Kreditzinsen meßbar erhöht. Unsicherheiten resultieren daraus allenfalls für zukünftige Abrechnungsperioden, nicht aber für die aktuelle Abrechnungsperiode.

Mittels unpersönlicher Kommunikation müßten Mitarbeiter zur Erzielung solcher Erfolgswirkungen die Nachfragebereitschaft einer Vielzahl von Kunden mit entsprechend hohen Ausfallrisiken auf die Filiale lenken. Solche Anstrengungen sind jedoch im Unterschied zur entsprechenden Ausrichtung des persönlichen Verkaufs wenig plausibel: So müßten Filialen neben den Kriterien der Zentrale zur Bestimmung segmentspezifischer Risikoprämien ergänzende Kriterien finden, die innerhalb des Risikosegments eine Gruppe von Kunden mit höheren Ausfallrisiken isolieren lassen. Zugleich müßte sich diese Gruppe so abgrenzen lassen, daß sie mit Maßnahmen der unpersönlichen Kommunikation gezielt erreichbar ist.[388] Es kann also davon ausgegangen werden, daß die unpersönliche Kommunikation nicht auf die Manipulation segmentspezifisch verrechneter Risikoprämien ausrichtbar ist.

Der persönliche Verkauf läßt sich sodann durch Sonderkonditionen unterstützen: So ist im Einzelfall ein völliger oder teilweiser Verzicht der Filialen auf einen risikoadäquaten Aufschlag auf Kreditzinsen möglich. Preispolitische Zugeständnisse können natürlich auch darüber hinaus gehen. Vergleichsweise zu den tatsächlichen Ausfallrisiken solcher Kredite bietet die Filiale dadurch für Kunden günstige Kreditzinsen, die dem Absatz jedenfalls förderlich sind. Dabei fallen Erfolgswirkungen einzelner Kreditgeschäfte aber in Höhe der gewährten Sonderkonditionen niedriger aus. Außerdem wird die kumulierte Erfolgswirkung über die Laufzeit der angestrebten Kredite eher negativ als ohne preispolitische Zugeständnisse. So werden im angestrebten Risikosegment spätere Kreditausfälle nicht in vollem Ausmaß durch zuvor eingenommene Risikoaufschläge auf Kreditzinsen kompensiert.

Darüber hinaus können Sonderkonditionen für einzelne Kunden aber auch in folgendem Sinne eingesetzt werden: Auf eine individuelle Prüfung von Ausfallrisiken einzelner Kunden können Mitarbeiter weitgehend verzichten. Wird daher nur die segmentspezifische Risikoprämie im Kreditzins berücksichtigt, so verzichtet die Filiale auf erhöhte Risikoaufschläge bzw. gewährt implizit Sonderkonditionen. Erstens kann sie damit ihre Ressourcen an Personal- und Sachmitteln für aufwendige Bonitätsprüfungen schonen. Zweitens kann sie mit solchen impliziten Sonderkonditionen Absatzwirkungen bei Kunden mit vergleichsweise hohen Ausfallrisiken erzielen, weil sie vergleichsweise niedrige Kreditzinsen fordert. Implizite Sonderkonditionen erscheinen also vor allem bei knappen Ressourcen geeignet, um den Filialerfolg zugunsten der aktuellen Abrechnungsperiode zeitlich vorzuverlagern, indem Kunden mit vergleichsweise "schlechter Bonität angelockt werden."[389] Durch implizite Sonderkonditionen lassen sich also Konditionsbeitragsbarwerte über zusätzliche Absatzeffekte in der aktuellen Abrechnungsperiode erzielen. Die Unsicherheit solcher Geschäfte aufgrund erhöhter Ausfallrisiken wird aktuell weniger beachtet, weil entsprechend negative Risikoergebnisse erst für zukünftige Filialerfolge zu erwarten sind.

---

388 Vgl. NIESCHLAG, Robert, DICHTL, Erwin, HÖRSCHGEN, Hans, Marketing, 17. Aufl., Berlin 1994, S. 581.

389 KAH, Arnd, Profitcenter-Steuerung, Ein Beitrag zur theoretischen Fundierung des Controlling anhand des Principal-Agent-Ansatzes, Diss., Stuttgart 1994, S. 180.

Eine entsprechende Ausrichtung des persönlichen Verkaufs und von Sonderkonditionen ist im Sinne der grundlegenden Verhaltenshypothesen von folgenden Bedingungen abhängig:

- Je stärker Mitarbeiter die Meßbarkeit und Kurzfristigkeit von Erfolgswirkungen gewichten, um so stärker kommt für sie eine Manipulation verrechneter Risikoprämien zur zeitlichen Vorverlagerung von Filialerfolgen in Betracht.

- Je knapper die Ressourcen von Filialen an Personal und Sachmitteln sind, um so eher kommen implizite Sonderkonditionen zur Erzielung von Erfolgswirkungen über entsprechende Absatzeffekte in Betracht.

6.2.1.3.2 Dysfunktionale Verhaltenswirkungen durch Manipulation der verrechneten Risikoprämien

Erfolgswirkungen durch Manipulation der verrechneten Risikoprämie sind nach der komparativen Analyse von Erfolgswirkungen im persönlichen Verkauf und durch Sonderkonditionen zu erzielen. Dazu können Kredite an Kunden vergeben werden, die in ihrem Risikosegment vergleichsweise hohe Ausfallrisiken aufweisen (Kapitel 6.2.1.3.1). Im folgenden wird gezeigt, welche dysfunktionalen Verhaltenswirkungen damit verbunden sind, wenn eine entsprechende Ausrichtung des persönlichen Verkaufs der nachhaltigen Erfolgserzielung durch die Lenkung von Kundenpräferenzen im Sinne unternehmerischen Verhaltens entgegensteht (Kapitel 4.3.2).

Eine Ausrichtung des persönlichen Verkaufs und von Sonderkonditionen auf Kredite mit vergleichsweise hohen Ausfallrisiken hat zunächst keine unmittelbar negativen Auswirkungen auf Kundenpräferenzen: Bei Kunden, denen trotz vergleichsweise schlechter Bonität Kredite vergeben werden, ist zum Zeitpunkt der Kreditvergabe vielmehr Zufriedenheit über die dennoch gelungene Finanzierung zu erwarten. Dysfunktionale Verhaltenswirkungen können aber in späteren Abrechnungsperioden erkennbar werden, wenn es zu Kreditausfällen kommt. Dabei sind Auswirkungen auf einzelne Kunden von Auswirkungen auf eine Vielzahl von Kunden zu unterscheiden:

- Bei einem einzelnen Kunden, dessen Kredit ausfällt, entspricht der Vertragsverlauf in der Regel nicht dessen Erwartungen. Falls dieser Kunde eine unverantwortliche Kreditvergabe durch den jeweiligen Mitarbeiter vermutet, ist sein Vertrauen zu diesem Mitarbeiter und somit zur Bank verletzt. Aus einer entsprechenden Verletzung persönlicher Präferenzen sind aber keine dysfunktionalen Verhaltenswirkungen abzuleiten, weil es durchaus im Sinne unternehmerischen Verhaltens sein kann, einen dauerhaft insolventen Kunden zu verlieren. Im Falle vorübergehender Zahlungsunfähigkeit des Kunden kann davon ausgegangen werden, daß die Liquiditätsschwäche überbrückt wird, und der Kredit also nicht ausfällt. Die Kreditvergabe an einzelne Kunden mit vergleichsweise schlechter Bonität belastet sodann die Nachhaltigkeit der Erfolgserzielung unabhängig von Kundenpräferenzen, wenn es tatsächlich zu Kreditausfällen kommt. Entsprechend negative Erfolgswirkungen werden im Risikoergebnis und damit im Filialerfolg späterer Abrechnungsperioden abgebildet. Mit ihnen sind also dysfunktionale Verhaltenswirkungen verbunden, soweit Mitarbeiter unabhängig von Kundenpräferenzen kurzfristig meßbare Erfolgswirkungen anstreben (Kapitel 6.2.1.3.1)

- Ein anderer Zusammmenhang mit Kundenpräferenzen ergibt sich aus der Sicht einer Vielzahl von Kunden. So kann durch eine hohe Anzahl von Kreditausfällen oder einzelne spektakuläre Kreditausfälle das Image einer Bank derart geschädigt werden, daß vertrauensvollen Beziehungen von Kunden zur Bank und damit persönlichen Präferenzen die Grundlage entzogen wird.

Die Gefahr dysfunktionaler Verhaltenswirkungen besteht im persönlichen Verkauf und durch Sonderkonditionen also bei einer Vielzahl von Kreditvergaben mit erhöhten Ausfallrisiken, oder wenn einzelne vergleichsweise große Kredite derart vergeben werden. Die Vergabe entsprechend großer einzelner Kredite können Mitarbeiter im persönlichen Verkauf insbesondere durch explizite Sonderkonditionen unterstützen. Eine Vielzahl solcher Kredit kann mittels impliziter Sonderkonditionen vergeben werden, wenn auf individuelle Bonitätsprüfungen weitgehend verzichtet wird. Die Gefahr dysfunktionaler Verhaltenswirkungen ist also von folgenden Bedingungen abhängig:

- Je stärker Mitarbeiter meßbare und kurzfristig sichere Erfolgswirkungen anstreben, um so eher sind dysfunktionale Verhaltenswirkungen zu erwarten, weil spätere negative Erfolgswirkungen aufgrund einer Gefährdung des Images dann weniger Beachtung finden als aktuell niedrige verrechnete Risikoprämien.

- Je weniger einzelne Mitarbeiter die Sicherheit zukünftiger Erfolgswirkungen gewichten, um so eher sind dysfunktionale Verhaltenswirkungen zu erwarten: Im persönlichen Verkauf und durch Sonderkonditionen erzielbare Erfolgswirkungen werden dann trotz der Gefährdung zukünftiger Filialerfolge durch höhere Ausfallrisiken stärker beachtet.

- Je knapper die Ressourcen einer Filiale sind, um so eher sind implizite Sonderkonditionen über einen weitgehenden Verzicht auf die individuelle Prüfung von Ausfallrisiken und damit dysfunktionale Verhaltenswirkungen zu erwarten. Durch einen so erhöhten aktuellen Filialerfolg können Mitarbeiter nämlich im Sinne des Organizational Slack eine Aufstockung ihrer Ressourcen erwarten (Kapitel 6.1).

6.2.2 Manipulation der durchschnittlichen Konditionsmarge des Kundengeschäfts

In Kapitel 5.2 wurde gezeigt, daß die durchschnittliche Konditionsmarge von Filialen und damit die Höhe des Filialerfolgs manipulierbar ist, indem in Hochzinsphasen vornehmlich Einlagengeschäfte und in Niedrigzinsphasen vornehmlich Kreditgeschäfte akquiriert werden. Dies ist in der langfristigen Zinsanpassungselastizität von Kundengeschäften begründet, die kleiner als 1 ist. In Hochzinsphasen ist daher die durchschnittliche Konditionsmarge von Einlagengeschäften vergleichsweise hoch, während in Niedrigzinsphasen die durchschnittliche Konditionsmarge von Kreditgeschäften vergleichsweise hoch ist.

6.2.2.1 Komparative Analyse der Erfolgswirkungen durch Manipulation der durchschnittlichen Konditionsmarge

Zur Erzielung von Erfolgswirkungen über die durchschnittliche Konditionsmarge können Filialen den persönlichen Verkauf zinsphasenabhängig auf verschiedene Kundengeschäfte ausrichten: In Niedrigzinsphasen auf Kreditgeschäfte und in Hochzinsphasen auf Einlagengeschäfte. Umgekehrt kann dazu in Niedrigzinsphasen der persönliche Verkauf von Einlagengeschäften und in Hochzinsphasen von Kreditgeschäften vergleichsweise vernachlässigt werden (Kapitel 5.2). Auswirkungen einer derartigen Ausrichtung des persönlichen Verkaufs auf den aktuellen Filialerfolg ergeben sich aus einem Vergleich der Konditionsmargen entsprechender Kredit- und Einlagengeschäfte: Zusätzliche Konditionsbeitragsbarwerte sind beispielsweise in Niedrigzinsphasen dadurch zu erzielen, daß einem Kunden ein Kredit gewährt wird, während ein anderer Kunde aufgrund einer relativen Vernachlässigung des persönlichen Verkaufs nicht zu einer Einlage bewegt wird. Aus Sicht der Mitarbeiter ist die absolute Vorteilhaftigkeit der Kreditvergabe also nicht meßbar, weil dies eine unmögliche Gegenüberstellung des jeweiligen Kredits mit einer bestimmten Einlage eines anderen Kunden erfordern würde. Allerdings ist die relative Vorteilhaftigkeit der Ausrichtung des persönlichen Verkaufs durch einen zinsphasenabhängigen Vergleich der Konditionsmargen von Kredit- und Einlagengeschäften bestimmbar. Erfolgswirkungen einer entsprechenden Ausrichtung des persönlichen Verkaufs auf Kredite bzw. Einlagen lassen sich sodann unmittelbar mit dem entsprechenden Geschäftsabschluß ohne weitere Unsicherheiten erzielen.

Filialen können außerdem die unpersönliche Kommunikation zinsphasenabhängig auf potentielle Kreditkunden oder potentielle Einlagenkunden ausrichten, um Erfolgswirkungen zu erzielen. Die Vorteilhaftigkeit von Kreditgeschäften gegenüber Einlagengeschäften in Niedrigzinsphasen und von Einlagengeschäften gegenüber Kreditgeschäften in Hochzinsphasen läßt sich auch im Rahmen der unpersönlichen Kommunikation nur relativ über einen Vergleich der Konditionsmargen bestimmen. Darüber hinaus ist die zeitliche Verzögerung und Mittelbarkeit von Erfolgswirkungen der unpersönlichen Kommunikation über die Nachfragebereitschaft zu beachten. Entsprechend sind Erfolgswirkungen unpersönlicher Kommunikation unsicher, weil sich im Rahmen der zeitlichen Verzögerung von Absatzwirkungen der Vorteilhaftigkeitsvergleich der Konditionsmargen zwischen Krediten und Einlagen mit der Volatilität der Zinsstruktur verändern kann. Aufgrund der Ausrichtung auf eine Vielzahl von Kunden können absolut erzielbare Erfolgswirkungen die vergleichsweise größere Unsicherheit aber kompensieren. Dazu sind die Erwartungen der Mitarbeiter über die Absatzeffekte unpersönlicher Kommunikation und die Gewichtung der Sicherheit durch Mitarbeiter zu beachten: Je höhere Absatzeffekte der Maßnahmen erwartet werden und je geringer die Sicherheit von Erfolgswirkungen gewichtet wird, um so eher ist zu erwarten, daß die unpersönliche Kommunikation auf die Erzielung einer hohen durchschnittlichen Konditionsmarge ausgerichtet wird.

Mit preispolitischen Zugeständnissen kann eine Filiale den Absatz von Krediten oder Einlagen fördern, die zinsphasenbedingt eine vergleichsweise hohe Konditionsmarge aufweisen. Entsprechend können zinsphasenabhängig Abschläge auf Kreditzinsen oder Aufschläge auf Einlagenzinsen gewährt werden. Solche preispolitischen Zugeständnisse wirken nur in dem Ausmaß erfolgserhöhend als die dadurch erzielbaren positiven Absatzeffekte die Erlösminderung im Kreditgeschäft bzw. die Kostensteigerung im Einlagengeschäft mindestens kompensiert. Je größer also die Preiselastizität beispielsweise aufgrund wenig ausgeprägter Kundenpräferenzen ist, um so größere Absatzwirkungen sind mit preispolitischen Zugeständnissen zu erzielen. (Kapitel 4.3.1). Entsprechend können Mitarbeiter Erfolgswirkungen insbesondere bei kontakthäufigen Routineleistungen durch Sonderkonditionen im persönlichen Verkauf und durch Sonderangebote im Rahmen der unpersönlichen Kommunikation erzielen. Dies gilt um so eher, je geringer die Bedeutung zeitlicher und räumlicher Präferenzen beim Vertrieb dieser Kundengeschäfte ist (Kapitel 4.2). Außerdem sind preispolitische Zugeständnisse für Mitarbeiter um so vorteilhafter, je weniger knapp die Kapazitäten der Filiale an Personal und Sachmitteln sind. So belastet die Nutzung dieser als gegeben angenommenen Kapazitäten den Filialerfolg nicht. Durch preispolitische Zugeständnisse ist der Filialerfolg dagegen nur zu erhöhen, wenn der Absatzeffekt den Preiseffekt mindestens kompensiert.

Die komparative Analyse von Erfolgswirkungen durch Manipulation der durchschnittlichen Konditionsmarge zeigt im Sinne der grundlegenden Verhaltenshypothesen folgendes Bild der Ausrichtung des Verhaltens von Mitarbeitern:

- Je stärker Mitarbeiter die Kurzfristigkeit und die Sicherheit von Erfolgswirkungen gewichten, um so eher sind Maßnahmen des persönlichen Verkaufs zur Manipulation der durchschnittlichen Konditionsmarge zu erwarten.

- Je knapper die Kapazitäten von Filialen an Personal- und Sachmitteln sind, um so eher sind preispolitische Zugeständnisse zur Manipulation der durchschnittlichen Konditionsmarge zu erwarten.

6.2.2.2 Dysfunktionale Verhaltenswirkungen durch Manipulation der durchschnittlichen Konditionsmarge

Erfolgswirksame Manipulationen der durchschnittlichen Konditionsmarge aller Kundengeschäfte einer Filiale sind durch eine zinsphasenabhängige Ausrichtung des persönlichen Verkaufs und der unpersönlichen Kommunikation auf Einlagen- oder Kreditgeschäfte zu erzielen. Gegebenenfalls sind entsprechende Maßnahmen durch preispolitische Zugeständnisse unterstützbar. In Hochzinsphasen sind positive Erfolgswirkungen in der Regel durch Ausrichtung des Marketing auf Einlagengeschäfte und in Niedrigzinsphasen durch Ausrichtung auf Kreditgeschäfte zu erzielen (Kapitel 6.2.2.1).

Eine solche Ausrichtung von Maßnahmen ist dysfunktional, wenn dadurch persönliche oder sachliche Präferenzen von Kunden gefährdet werden:

- Persönliche Präferenzen beruhen auf dem Vertrauen, das Kunden zur Bank aufgrund ihrer Erfahrungen mit einzelnen Mitarbeitern in der Vergangenheit aufgebaut haben (Kapitel 4.2.3). Dies gilt insbesondere für kontaktintensive Problemleistungen, auf die gerade der persönliche Verkauf ausgerichtet ist (Kapitel 4.3.2). So mögen Kunden, die vornehmlich Einlagen nachfragen, in Hochzinsphasen aufgrund der intensiven Betreuung Vertrauen zu Mitarbeitern der Filiale gewonnen haben. Dieses Vertrauen können Kunden in Niedrigzinsphasen verlieren, wenn die Betreuungsintensität nachläßt, und sie erkennen (müssen), daß die Betreuung nicht zu ihrem Nutzen erfolgt, sondern vornehmlich zum Nutzen der Bank. Gerade in Niedrigzinsphasen kann aber eine intensive Betreuung von Kunden erforderlich sein, die ihre Einlagen in Erwartung steigender Zinsen immer wieder kurzfristig anlegen. Verstärkend kommt hinzu, daß Banken ein immer größeres Mißtrauen entgegenschlägt, ob die Beratung wirklich im Kundeninteresse erfolgt.[390] Analoge Überlegungen gelten für persönliche Präferenzen im Kreditgeschäft mit umgekehrten Effekten in der jeweiligen Zinsphase.

- Sachliche Präferenzen resultieren aus der subjektiven Wahrnehmung der Zweckerfüllung von Bankleistungen und der Befriedigung der Erklärungsbedürftigkeit der Kundengeschäfte durch Mitarbeiter (Kapitel 4.2.4). Der Zweck einer verzinslichen Anlage wird durch Einlagen insbesondere in Hochzinsphasen erfüllt. Der Zweck günstiger Finanzierungen wird durch Kredite insbesondere in Niedrigzinsphasen erfüllt. Eine zinsphasenbedingte Manipulation der durchschnittlichen Konditionsmarge ist in Hochzinsphasen gerade auf Einlagengeschäfte und in Niedrigzinsphasen gerade auf Kreditgeschäfte auszurichten (Kapitel 5.2). Damit lassen sich keine dysfunktionalen Verhaltenswirkungen der Marktzinsmethode auf sachliche Präferenzen von Kunden erkennen.

Dysfunktionale Verhaltenswirkungen durch Manipulation der durchschnittlichen Konditionsmarge sind also aufgrund von Gefährdungen persönlicher Präferenzen zu erwarten, wenn der persönliche Verkauf zinsphasenabhängig in Kredit- bzw. Einlagengeschäften vernachlässigt wird. Gefährdungen von persönlichen Präferenzen belasten aber erst zukünftige Möglichkeiten der Erfolgserzielung mittelbar über die zukünftige Nachfragebereitschaft. Außerdem sind negative Erfolgswirkungen der Gefährdung persönlicher Präferenzen nicht meßbar. Dysfunktionale Verhaltenswirkungen preispolitischer Zugeständnisse sind hingegen kaum zu erwarten, weil entsprechende Erfolgswirkungen insbesondere bei Kundengeschäften mit geringer Bedeutung persönlicher Präferenzen erzielbar sind (Kapitel 6.2.2.1).

Damit ist die Gefahr dysfunktionaler Verhaltenswirkungen von folgenden Bedingungen abhängig:

- Je schlechter Mitarbeiter eventuelle Absatzeffekte der unpersönlichen Kommunikation auf Kreditgeschäfte in Niedrigzinsphasen oder Einlagengeschäfte in Hochzinsphasen abschätzen können, um so eher ist zu erwarten, daß sie den persönlichen Verkauf zur Manipulation der durchschnittlichen Konditionsmarge einsetzen. Damit wird die jeweils ungünstige Bilanzseite im persönlichen Verkauf vergleichsweise vernachlässigt, und persönliche Präferenzen der Kunden können gefährdet werden.

---

390 Vgl. KÖCHER, Renate, Kundenpräferenzen und Kundenorientierung in einem schwieriger werdenden Markt, in: Geldinstitute, 23. Jg. (1992), S. 6 - 17, hier S. 9 und S. 17.

- Je stärker Mitarbeiter die Meßbarkeit, Sicherheit und Kurzfristigkeit von Erfolgswirkungen gewichten, um eher werden Sie den persönlichen Verkauf auf die Manipulation der durchschnittlichen Konditionsmarge von Kundengeschäften ausrichten, und damit möglicherweise persönliche Präferenzen gefährden. Den unmittelbaren Erfolgswirkungen des persönlichen Verkaufs stehen mittelbar und zeitlich über die Nachfragebereitschaft verzögerte Erfolgswirkungen der unpersönlichen Kommunikation gegenüber. Zudem werden kaum meßbare negative Erfolgswirkungen auf zukünftige Filialerfolge aufgrund verletzter Kundenpräferenzen dann geringer gewichtet.

6.3 Dysfunktionale Verhaltenswirkungen der zeitlichen Erfolgsabgrenzung

Bisher wurde grundsätzlich vom Konditionsbeitragsbarwert als Erfolgsbeitrag zinstragender Kundengeschäfte ausgegangen. Dieser wird in der Profit Center-Konzeption unmittelbar in der Abrechnungsperiode des jeweiligen Geschäftsabschlusses als Leistung der Filiale ausgewiesen. Wird nach dem Grundkonzept der Marktzinsmethode eine Periodisierung des Konditionsbeitragsbarwerts vorgenommen, so werden Erfolgsbeiträge zinstragender Geschäfte als Konditionsbeiträge auf mehrere Abrechnungsperioden verteilt (Kapitel 3.1.2). Anteile des Konditionsbeitragsbarwerts werden im Grundkonzept also erst in späteren Abrechnungsperioden als Leistung der Filiale ausgewiesen. Die Höhe der Konditionsbeiträge in den einzelnen Abrechnungsperioden ist dabei vom gewählten Ansatz der Periodisierung abhängig. Damit hat die Periodisierung von Konditionsbeitragsbarwerten Einfluß auf die Erfolgswirkungen des Verhaltens von Mitarbeitern. Diese werden im folgenden untersucht, um in Kapitel 6.3.5 zusammenfassend dysfunktionale Verhaltenswirkungen der zeitlichen Erfolgsabgrenzung durch die Marktzinsmethode zu identifzieren.

Allen Ansätzen zur Periodisierung des Konditionsbeitragsbarwerts ist gemeinsam, daß Anteile des Konditionsbeitragsbarwerts erst in späteren Abrechnungsperioden dem Filialerfolg zugerechnet werden. Dies lenkt den Blick auf die Verhaltenshypothese zur Vorziehenswürdigkeit kurzfristig erzielbarer Erfolgswirkungen. Manipulationen von Kundengeschäften gemäß Kapitel 6.2 erscheinen Mitarbeitern danach um so weniger vorteilhaft, je später entsprechende Erfolgsbeiträge zu erzielen sind. Die Periodisierung des Konditionsbeitragsbarwerts verringert also zunächst die Vorteilhaftigkeit solcher Manipulationen aus Sicht der Mitarbeiter.

Neben der Kurzfristigkeit von Erfolgswirkungen wird das Verhalten von Mitarbeitern durch die Höhe erzielbarer Erfolgsbeiträge sowie durch die Meßbarkeit und die Sicherheit von Erfolgswirkungen beeinflußt (Kapitel 6.1). Entsprechend hat die Periodisierung von Konditionsbeitragsbarwerten folgenden Einfluß auf Erfolgswirkungen des Verhaltens von Mitarbeitern:

- Die Periodisierung des Konditionsbeitragsbarwerts mindert die **Höhe** erzielbarer Erfolgsbeiträge in der aktuellen Abrechnungsperiode. Beispielsweise werden die Erfolgsbeiträge aus einer zinsstrukturspezifisch manipulierten Zinsbindung bei einer Periodisierung des Konditionsbeitragsbarwerts nur anteilig in der aktuellen Abrechnungsperiode erzielt. Das gleiche gilt für Erfolgsbeiträge aus Manipulationen der Kapitalbindung, der verrechneten Risikoprämien und der durchschnittlichen Konditionsmarge der Kundengeschäfte einer Filiale. Zu betonen ist, daß die Gesamthöhe des Erfolgsbeitrags eines zinstragenden Geschäfts, also der Konditionsbeitragsbarwert als Summe diskontierter Konditionsbeiträge von der Periodisierung nicht beeinflußt wird (Kapitel 3.1.2).

- Die Periodisierung des Konditionsbeitragsbarwerts hat nur dann Einfluß auf die **Meßbarkeit und Sicherheit** erzielbarer Erfolgswirkungen, wenn die jeweiligen Periodisierungskriterien nicht meßbar bzw. unsicher sind. D.h. wenn beispielsweise die anteiligen Betriebskosten eines Kundengeschäfts zur kostenproportionalen Periodisierung meßbar und sicher sind, dann sind periodische Konditionsbeiträge genau so meßbar und sicher zu erzielen wie der Konditionsbeitragsbarwert. Von der Kenntnis des jeweils angewandten Kriteriums zur Periodisierung ist aber auszugehen; ansonsten müßte man einer Bank unterstellen, eine Periodisierung des Konditionsbeitragsbarwerts anhand unbekannter Kriterien vornehmen zu wollen. Die Periodisierung des Konditionsbeitragsbarwerts hat also keinen Einfluß auf die Meßbarkeit und Sicherheit erzielbarer Erfolgswirkungen im Sinne der Profit Center-Konzeption.

Für die Analyse von Verhaltenswirkungen sind also nur Auswirkungen der Periodisierung von Konditionsbeitragsbarwerten auf die Höhe von Erfolgsbeiträgen in der aktuellen Abrechnungsperiode bzw. die Kurzfristigkeit erzielbarer Erfolgswirkungen von Interesse. Entsprechend Kapitel 3.1.2 sind dabei folgende Ansätze zur Periodisierung von Konditionsbeitragsbarwerten zu unterscheiden:

- kostenproportionale Periodisierung,
- zeitproportionale Periodisierung,
- rückflußproportionale Periodisierung sowie
- kapitalproportionale Periodisierung.

Von diesen Ansätzen erfordert die kapitalproportionale Periodisierung des Konditionsbeitragsbarwerts eine Ermittlung des effektiv gebundenen Kapitals. Dies ist beispielsweise bei unterjährigen Zahlungen nur unter den jeweiligen Annahmen des gewählten Verfahrens der Effektivzinsrechnung möglich. Solche letztlich willkürlichen Annahmen lassen sich durch einen Rückgriff auf die Zahlungsstruktur von Kundengeschäften vermeiden. Entsprechend dem grundlegenden Ansatz dieser Arbeit, nach dem von einer Unterscheidung effektiver und nominaler Zinssätze abgesehen wird (Kapitel 2.2.1), wird auch mit Blick auf die Periodisierung des Konditionsbeitragsbarwerts nicht zwischen effektiver und nominaler Kapitalbindung unterschieden. Daher wird im folgenden auf eine Unterscheidung der zahlungsstromorientierten rückflußproportionalen Periodisierung und der effektivzinsabhängigen kapitalproportionalen Periodisierung von Konditionsbeitragsbarwerten verzichtet. Beide Ansätze werden vielmehr unter dem Begriff der kapitalbindungsproportionalen Periodisierung zusammenfassend berücksichtigt. Die zeitliche Verteilung von Konditionsbeiträgen ist sodann in den verschiedenen Ansätzen unterschiedlich:[391]

- Bei kostenproportionaler Periodisierung werden Konditionsbeiträge entsprechend der Höhe der anteiligen Betriebskosten in den einzelnen Abrechnungsperioden verteilt. Wenn anteilige Betriebskosten späteren Abrechungsperioden zugerechnet werden, dann werden damit auch Konditionsbeiträge vergleichsweise spät ausgewiesen.

- Bei zeitproportionaler Periodisierung werden Konditionsbeiträge um so später ausgewiesen, je länger die Laufzeit des jeweiligen Kundengeschäfts ist.

- Bei kapitalbindungsproportionaler Periodisierung werden Konditionsbeiträge um so später ausgewiesen, je später im Kreditgeschäft Tilgungsleistungen bzw. im Einlagengeschäft Sparleistungen erfolgen.

Im folgenden wird nun gezeigt, welche Auswirkungen die Periodisierung von Konditionsbeitragsbarwerten nach den verschiedenen Ansätzen auf Verhaltenswirkungen der Marktzinsmethode hat. Dazu wird die Untersuchungsstruktur der Ausrichtung des Verhaltens von Mitarbeitern auf die inhaltliche Erfolgsabgrenzung gemäß Barwertkonzept nach Kapitel 6.2 beibehalten. Dadurch ist es möglich, die Auswirkungen unterschiedlicher zeitlicher Erfolgsabgrenzungen auf die Vorteilhaftigkeit von Manipulationen der Kundengeschäfte aus Sicht der Mitarbeiter zu erkennen. Im folgenden interessiert also der Einfluß zeitlicher Erfolgsabgrenzungen auf die Erfolgswirkungen, die ausgelöst werden durch Manipulationen

- der Kapitalbindung von Kundengeschäften (Kapitel 6.3.1),

---

391 Vgl. SCHIERENBECK, Henner, Ertragsorientiertes Bankmanagement, 4. Aufl., Wiesbaden 1994, S. 178 ff.

- der Zinsbindung von Kundengeschäften (Kapitel 6.3.2),
- der verrechneten Risikoprämien bei Kreditgeschäften (Kapitel 6.3.3) und
- der durchschnittliche Konditionsmarge von Filialen (Kapitel 6.3.4).

Die unterschiedliche zeitliche Erfolgsabgrenzung hat sodann Einfluß auf dysfunktionale Verhaltenswirkungen der Marktzinsmethode, soweit die Erfolgswirkungen solcher Manipulationen der Kundengeschäften im Sinne der grundlegenden Verhaltenshypothesen verändert werden. Entsprechenden Ergebnisse werden zusammenfassend in Kapitel 6.3.5 dargestellt.

6.3.1 Einfluß zeitlicher Erfolgsabgrenzungen auf die Manipulation der Kapitalbindung

Bei einer Messung des Filialerfolgs durch den Konditionsbeitragsbarwert sind durch zinsstrukturspezifische Manipulationen der Kapitalbindung von Kundengeschäften die in Kapitel 6.2.1.1 analysierten Erfolgswirkungen zu erzielen: Im persönlichen Verkauf und durch Sonderkonditionen sind Erfolgswirkungen vergleichsweise zur unpersönlichen Kommunikation und zu Sonderangeboten sicher und meßbar zu erzielen. Möglicherweise absolut höhere Erfolgswirkungen der unpersönlichen Kommunikation und von Sonderangeboten sind unsicher: Absatzeffekte lassen sich nur zeitlich verzögert und mittelbar über die Nachfragebereitschaft erzielen.

Alle Ansätze zur Periodisierung des Konditionsbeitragsbarwerts verringern die Bedeutung der Höhe von Erfolgswirkungen für das Verhalten von Filialen. Auf die Sicherheit von Erfolgswirkungen hat die Periodisierung des Konditionsbeitragsbarwerts keinen Einfluß. Mit Blick auf die mögliche aber unsichere Höhe absoluter Erfolgswirkungen der unpersönlichen Kommunikation nimmt aus Sicht der Mitarbeiter also die Vorteilhaftigkeit des persönlichen Verkaufs zu. Bei einer Periodisierung des Konditionsbeitragsbarwerts ist also eine stärkere Gewichtung des persönlichen Verkaufs im Marketing-Mix zu erwarten. Darüber hinaus ist aber eine geringere Ausrichtung des gesamten Marketing auf Manipulationen der Kapitalbindung zu erwarten, weil dadurch erzielbare Erfolgsbeiträge erst späteren Abrechnungsperioden zugerechnet werden.

Bei kosten- und zeitproportionaler Periodisierung werden die Periodisierungskriterien sodann nicht durch Manipulationen der Kapitalbindungen verändert. Bei einer kapitalbindungsproportionalen Periodisierung verändert sich dagegen durch Manipulationen der Kapitalbindung von Kundengeschäften auch das Periodisierungskriterium selbst. Dabei ist für die zeitliche Erfolgsabgrenzung entscheidend, ob Tilgungs- bzw. Sparleistungen später oder früher erfolgen. Mit entsprechend späteren Leistungen werden Konditionsbeiträge nämlich c.p. erst in späteren Abrechnungsperioden ausgewiesen (beispielsweise werden Konditionsbeiträge endfälliger Darlehen c.p. später ausgewiesen als Konditionsbeiträge von Annuitätendarlehen):

- Haben zinsstrukturspezifisch spätere Tilgungs- bzw. Sparleistungen positive Auswirkungen auf den Konditionsbeitragsbarwert, so werden Erfolgswirkungen bei kapitalbindungsproportionaler Periodisierung erst in vergleichsweise späten Abrechnungsperioden wirksam. Die relative Vorteilhaftigkeit einer Manipulation der Kapitalbindung von Kundengeschäften gegenüber anderen erfolgswirksamen Maßnahmen sinkt also mit der Vorteilhaftigkeit späterer Tilgungs- bzw. Sparleistungen.

  Spätere Tilgungsleistungen sind wegen hoher Konditionsmargen in der Regel in Niedrigzinsphasen erfolgserhöhend. Spätere Sparleistungen sind nur zinsstrukturspezifisch in Niedrigzinsphasen erfolgserhöhend (Kapitel 6.2.1.1.1). Manipulationen der Kapitalbindung sind also bei einer kapitalbindungsproportionalen Periodisierung des Konditionsbeitragsbarwerts insbesondere während Niedrigzinsphasen im Kreditgeschäft weniger zu erwarten.

- Haben zinsstrukturspezifisch frühe Tilgungs- bzw. Sparleistungen positive Auswirkungen auf den Konditionsbeitragsbarwert, so wird diese Erfolgswirkung aufgrund der vergleichsweise hohen Kapitalbindung in frühen Abrechnungsperioden ausgewiesen. Im Sinne der grundlegenden Verhaltenshypothesen sind dann Manipulationen der Kapitalbindung von Kundengeschäften also auch im Grundkonzept der Marktzinsmethode vergleichsweise vorteilhaft.

  Frühere Tilungs leistungen können nur zinsstrukturspezifisch in Hochzinsphasen erfolgserhöhend sein. Frühere Sparleistungen sind dagegen in der Regel in Hochzinsphasen aufgrund der hohen Konditionsmarge erfolgserhöhend (Kapitel 6.2.1.1.1). Manipulationen der Kapitalbindung sind bei kapitalbindungsproportionaler Periodisierung des Konditionsbeitragsbarwerts also insbesondere in Hochzinsphasen im Einlagengeschäft zu erwarten.

Bei kapitalbindungsproportionaler Periodisierung des Konditionsbeitragsbarwerts ist also insbesondere in Hochzinsphasen eine Manipulation der Kapitalbindung von Einlagengeschäften zu erwarten. Dabei ist jedoch zu beachten, daß Manipulationen der Kapitalbindung unabhängig von der Zinsphase wegen vergleichsweise spät erzielbarer Erfolgswirkungen weniger zu erwarten sind als im Barwertkonzept.

6.3.2 Einfluß zeitlicher Erfolgsabgrenzungen auf die Manipulation der Zinsbindung

Bei einer Messung des Filialerfolgs durch den Konditionsbeitragsbarwert sind durch Manipulationen der Zinsbindung die in Kapitel 6.2.1.2 analysierten Erfolgswirkungen zu erzielen:

- Bei normaler Zinsstruktur können im Einlagengeschäft durch feste Zinsvereinbarungen positive Erfolgswirkungen ohne die Unsicherheit von Zinsanpassungen erzielt werden. Durch eine Vereinbarung variabler Kreditzinsen sind ebenfalls positive Erfolgswirkungen zu erzielen. Diese sind aber mit Unsicherheit für zukünftige Filialerfolge verbunden. Bei inverser Zinsstruktur sind entsprechend positive Erfolgswirkungen durch festverzinsliche Kredite sicher und durch variabel verzinsliche Einlagen unsicher. Bei flacher Zinsstruktur sind festverzinsliche Kredit- und Einlagengeschäfte aus Sicht der Mitarbeiter für den Filialerfolg vergleichsweise vorteilhaft, weil keine Zinsanpassungen erforderlich sind.

- Die Unsicherheit zukünftiger Filialerfolge aufgrund von Zinsanpassungen bei variabler Verzinsung steigt mit der erwarteten Volatilität der Zinsstruktur.

- Die Vorteilhaftigkeit unpersönlicher Kommunikation und von Sonderangeboten wird durch besondere Unsicherheiten über die Absatzwirkungen beeinträchtigt. So sind entsprechende Erfolgswirkungen nur zeitlich verzögert und mittelbar über die Nachfragebereitschaft zu erzielen.

Durch die Periodisierung des Konditionsbeitragsbarwerts wird sowohl das Ausmaß von Erfolgswirkungen als auch die Unsicherheit von Erfolgswirkungen aufgrund erforderlicher Zinsanpassungen auf mehrere Abrechnungsperioden verteilt. Die Periodisierung führt also dazu, daß Ausmaß und Unsicherheit von Erfolgswirkungen das Verhalten in geringerem Maße bestimmen. Daher sind von Periodisierungen des Konditionsbeitragsbarwerts folgende Veränderungen des Verhaltens mit Blick auf eine Manipulation der Zinsbindung von Kundengeschäften zu erwarten:

- Der zinsstrukturspezifischen Manipulation der Zinsbindung von Kundengeschäften wird in der Ausrichtung des Verhaltens geringere Bedeutung zugemessen.

- Der Unsicherheit zukünftiger Filialerfolge bei variabler Verzinsung von Kundengeschäften aufgrund notwendige Zinsanpassungen wird geringere Bedeutung zugemessen. Dadurch werden beispielsweise bei normaler Zinsstruktur neben festverzinslichen Krediten auch variabel verzinsliche Einlagen vergleichsweise vorteilhaft. Entsprechende Auswirkung der Periodisierung lassen auch variabel verzinsliche Krediten bei inverser Zinsstruktur vergleichsweise zum Barwertkonzept vorteilhafter erscheinen.

- Aufgrund der geringeren Bedeutung der Unsicherheit von Erfolgswirkungen nimmt gegebenenfalls außerdem die Vorteilhaftigkeit des persönlichen Verkaufs gegenüber der unpersönlichen Kommunikation ab. Das gleiche gilt für die Vorteilhaftigkeit der Einräumung von Sonderkonditionen gegenüber Sonderangeboten.

Zwischen den verschiedenen Ansätzen zur Periodisierung des Konditionsbeitragsbarwerts sind Unterschiede in den Auswirkungen auf das Verhalten entsprechend dem jeweiligen Periodisierungskriterium zu erwarten:

- Bei kostenproportionaler Periodisierung sind Erfolgswirkungen aus der Perspektive der Mitarbeiter um so weniger vorteilhaft, je später dem jeweiligen Geschäft anteilige Betriebskosten zugerechnet werden.
- Bei zeitproportionaler Periodisierung sind Erfolgswirkungen um so weniger vorteilhaft, je länger die Laufzeit des jeweiligen Geschäfts ist.
- Bei kapitalbindungsproportionaler Periodisierung sind Erfolgswirkungen um so weniger vorteilhaft, je höher die Kapitalbindung des jeweiligen Geschäfts in späteren Abrechnungsperioden ist.

Manipulationen der Zinsbindung haben dabei offensichtlich keinen Einfluß auf die verschiedenen Periodisierungskriterien.

6.3.3 Einfluß zeitlicher Erfolgsabgrenzungen auf die Manipulation verrechneter Risikoprämien

Bei einer Messung des Filialerfolgs durch den Konditionsbeitragsbarwert sind durch Manipulationen der segmentspezifisch verrechneten Risikoprämien bzw. nicht verrechnete Risikoaufschläge auf Kreditzinsen die in Kapitel 6.2.1.3 analysierten Erfolgswirkungen zu erzielen:

Aktuelle Erfolgswirkungen sind durch den Abschluß von Kreditgeschäften zu erzielen, für die relativ zu ihrem Ausfallrisiko niedrige Risikoprämien verrechnet werden. Die Höhe solcher Erfolgsbeiträge ergibt sich aus entsprechend höheren Risikoaufschlägen auf die Kreditzinsen oder durch Absatzeffekte aufgrund eines Verzichts auf solche Aufschläge (implizite Sonderkonditionen). Damit erzielbare Erfolgswirkungen sind aber mit Risiken für zukünftige Filialerfolge verbunden, die wegen höherer Ausfallrisiken durch negative Risikoergebnisse geschmälert werden. Wegen dieser Risiken, ist durch entsprechende Kredite nur die zeitliche Verteilung des Filialerfolgs beeinflußbar.

Bei einer Periodisierung des Konditionsbeitragsbarwerts ist die zeitliche Verteilung des Filialerfolgs durch Kredite mit segmentspezifisch hohen Ausfallrisiken weniger beeinflußbar als im Barwertkonzept. Denn Erfolgswirkungen durch nicht verrechnete Risikoaufschläge auf Kreditzinsen werden auf vergleichsweise spätere Abrechnungsperioden verteilt. Die Unsicherheit zukünftiger Filialerfolge aufgrund negativer Risikoergebenisses wird durch die Periodisierung des Konditionsbeitragsbarwerts dagegen nicht verändert. Kreditausfälle schmälern nämlich unabhängig von Periodisierungen über das Risikoergebnis in voller Höhe den Filialerfolg der Abrechnungsperiode, in der sie eintreten.

Bei einer Periodisierung des Konditionsbeitragsbarwerts werden Filialen ihr Verhalten also weniger auf den Vertrieb von Krediten mit segmentspezifisch hohen Ausfallrisiken ausrichten als im Barwertkonzept. Dies gilt bei kostenproportionaler Periodisierung um so mehr, je später Krediten anteilige Betriebskosten zugerechnet werden. Bei zeitproportionaler Periodisierung schwindet die Vorteilhaftigkeit solchen Verhaltens mit der Laufzeit der Kredite. Bei kapitalbindungsproportionaler Periodisierung wird das Verhalten um so weniger auf die Akquisition solcher Kredite ausgerichtet, je höher deren Kapitalbindung in späteren Abrechnungsperioden ist.

6.3.4 Einfluß zeitlicher Erfolgsabgrenzungen auf die Manipulation der durchschnittlichen Konditionsmarge

Bei einer Messung des Filialerfolgs durch den Konditionsbeitragsbarwert sind durch Manipulationen der durchschnittliche Konditionsmarge von Kundengeschäften die in Kapitel 6.2.2 analysierten Erfolgswirkungen zu erzielen:

Erfolgsbeiträge einer zinsphasenbedingten Ausrichtung des Verhaltens auf Kredit- oder Einlagengeschäfte mit der höheren durchschnittlichen Konditionsmarge sind ihrer absoluten Höhe nach nicht bestimmbar. Vielmehr bestimmt die unterschiedliche durchschnittliche Höhe aktivischer und passivischer Konditionsmargen die relative Vorteilhaftigkeit von Kredit- und Einlagengeschäften. Im Sinne der grundlegenden Verhaltenswirkungen sind Erfolgswirkungen durch Manipulationen der durchschnittlichen Konditionsmarge im persönlichen Verkauf mit geringerer Unsicherheit erzielbar als durch unpersönliche Kommunikation. Analog sind Erfolgswirkungen von Sonderkonditionen im Rahmen des persönlichen Verkaufs bzw. Sonderangeboten im Rahmen der unpersönlichen Kommunikation zu beurteilen.

Periodisierungen des Konditionsbeitragsbarwerts führen dazu, daß die relativen Erfolgsbeiträge höherer durchschnittlicher Konditionsmargen auf spätere Abrechnungsperioden verteilt werden. Die Vorteilhaftigkeit einer zinsphasenbedingten Ausrichtung des Verhaltens auf Kredit- bzw. Einlagengeschäfte sinkt aus Sicht der Mitarbeiter also durch die Periodisierung.

Die verminderte Vorteilhaftigkeit einer zinsphasenbedingten Ausrichtung des persönlichen Verkaufs auf Einlagen- oder Kreditgeschäfte wird durch die verschiedenen Ansätze zur Periodisierung des Konditionsbeitragsbarwerts unterschiedlich stark berührt: Bei kostenproportionaler Periodisierung vermindert sich die Vorteilhaftigkeit um so mehr, je später Kundengeschäften anteilige Betriebskosten zugerechnet werden. Bei zeitproportionaler Periodisierung schwindet die Vorteilhaftigkeit mit zunehmender Laufzeit von Kundengeschäften. Bei kapitalbindungsproportionaler Periodisierung ist die Vorteilhaftigkeit zinsphasenbedingter Manipulationen von Kundengeschäften um so geringer, je höher die Kapitalbindung von Kundengeschäften in späteren Abrechnungsperioden ist.

6.3.5 Zusammenfassung: dysfunktionale Verhaltenswirkungen der zeitlichen Erfolgsabgrenzung

Vergleichsweise zum Barwertkonzept verringert eine Periodisierung von Konditionsbeitragsbarwerten die Vorteilhaftigkeit der Erfolgswirkungen von Manipulationen der Kundengeschäfte im Sinne der grundlegenden Verhaltenshypothesen.

Gegebenenfalls dysfunktionale Verhaltenswirkungen solcher Manipulationen von Kundengeschäften sind also bei einer Periodisierung von Konditionsbeitragsbarwerten in geringerem Maße zu erwarten als im Barwertkonzept. Durch die Periodisierung von Konditionsbeitragsbarwerten wird die Vorteilhaftigkeit der Erfolgswirkungen aus Sicht der Mitarbeiter verringert, und zwar um so stärker, je später die jeweiligen Erfolgsbeiträge ausgewiesen werden. Dysfunktionale Verhaltenswirkungen sind also um so weniger zu erwarten, als Konditionsbeiträge auf spätere Abrechnungsperioden verteilt werden:

- Je später bei kostenproportionaler Periodisierung Kundengeschäften anteilige Betriebskosten zugerechnet werden,
- je länger bei zeitproportionaler Periodisierung die Laufzeit der Kundengeschäfte ist und

- je höher bei kapitalbindungsproportionaler Periodisierung die Kapitalbindung von Kundengeschäften in späteren Abrechnungsperioden ist.

Unabhängig vom Ansatz der Periodisierung des Konditionsbeitragsbarwerts ist die Gefahr dysfunktionaler Verhaltenswirkungen im Barwertkonzept jedenfalls größer als im Grundkonzept der Marktzinsmethode.

7 Zusammenfassung und Ausblick auf Möglichkeiten zur Vermeidung dysfunktionaler Verhaltenswirkungen

Die Marktzinsmethode wird in dieser Arbeit erstmalig einer Analyse der von ihr ausgehenden Verhaltenswirkungen unterzogen. Diese interessieren gerade bei der häufig verwendeten Erfolgsermittlung gemäß Marktzinsmethode für Bankfilialen im Rahmen der Profit Center-Konzeption. Ausgangspunkt der Untersuchung ist die These, daß dysfunktionale Verhaltenswirkungen impliziter Verhaltensnormen wie der Verantwortung für den Filialerfolg nicht grundsätzlich ausgeschlossen werden können. Dysfunktionale Verhaltenswirkungen zeigen sich demnach, wenn die mit der Profit Center-Konzeption verfolgten Ziele durch die modellhafte Ermittlung des Profit Center-Erfolgs verfehlt werden. Zur Beurteilung solcher Verhaltenswirkungen wurde als wesentliches Ziel der Profit Center-Konzeption die Motivation der Mitarbeiter zur nachhaltigen Erfolgserzielung im Sinne unternehmerischen Verhaltens herausgearbeitet.

Für die Ableitung von Verhaltenswirkungen wurde grundlegend die Bedeutung des Filialerfolgs in der Profit Center-Konzeption als implizite Verhaltensnorm und die Notwendigkeit einer verhaltensorientierten Erfolgsermittlung dargestellt (Kapitel 2). Auf diesen Überlegungen aufbauend wurde die inhaltliche und die zeitliche Erfolgsabgrenzung durch die Marktzinsmethode untersucht. Dabei wurde gezeigt, daß Verrechnungszinsen gemäß Marktzinsmethode für Bankfilialen Verrechnungspreise darstellen, die nicht zugleich der Erfolgsermittlungs- und der Lenkungsfunktion gerecht werden. So bilden die Zinssätze des Geld- und Kapitalmarkts keine betriebsindividuellen Knappheiten ab und stellen auch keine Marktpreise für zinstragende Kundengeschäfte dar. Mit diesen Überlegung wurde gezeigt, daß auf der betriebsinternen Seite der Erfolgsermittlung durch Verrechnungspreise mit der Marktzinsmethode keine unmittelbare Grundlage für unternehmerisches Verhalten im Sinne der Profit Center-Konzeption gegeben ist. Mit der entsprechend modellhaften Verwendung von Zinssätzen des Geld- und Kapitalmarkts für die leistungsorientierte Erfolgsermittlung wurde die Notwendigkeit deutlich, Verhaltenswirkungen der Marktzinsmethode explizit zu untersuchen, um gegebenenfalls dysfunktionale Verhaltenswirkungen identifizieren zu können. Nur durch die entsprechend systematische Identifikation solcher Verhaltenswirkungen ließen sich schließlich Ansätze zur verhaltensorientierten Ergänzung der Erfolgsermittlung gemäß Marktzinsmethode erkennen (Kapitel 3).

Die bisherige Literatur läßt entsprechende Untersuchungen vermissen. Daher mußte ein eigener theoretischer Ansatz erstellt werden. Als geeignet für eine solche Untersuchung erwies sich die Struktur einer Gegenüberstellung: Auf der einen Seite stehen Grundzüge unternehmerischen Verhaltens in Bankfilialen, die mit der Profit Center-Konzeption angestrebt werden. Auf der anderen Seite der

Gegenüberstellung steht die spezifische Ausrichtung des Verhaltens aufgrund der Erfolgsermittlung im Sinne der Marktzinsmethode. Soweit diese Ausrichtung des Verhaltens nicht den gegenübergestellten Grundzügen unternehmerischen Verhaltens entspricht, sind mit diesem Ansatz dysfunktionale Verhaltenswirkungen der Marktzinsmethode systematisch identifizierbar (Kapitel 3.3).

Für eine solche Gegenüberstellung wurden einerseits Grundzüge unternehmerischen Verhaltens im Vertrieb zinstragender Geschäfte durch bestehende Bankfilialen als Beurteilungsmaßstab für Verhaltenswirkungen operationalisiert: Bankfilialen dienen der nachhaltigen Erfolgserzielung unter Berücksichtigung der besonderen Merkmale des Markts für zinstragende Geschäfte durch die Überwindung von Widerständen am entsprechenden Kundenmarkt. Beim kurzfristig unveränderlichen räumlichen und zeitlichen Angebot soll die Nachfragebereitschaft dazu durch Kundenpräferenzen auf die eigene Bank gelenkt werden. Im Rahmen vorgegebener räumlicher und zeitlicher Kundenpräferenzen sollen Mitarbeiter also den persönlichen Verkauf und die unpersönliche Kommunikation auf die Lenkung persönlicher und sachlicher Kundenpräferenzen ausrichten. Außerdem sollen Mitarbeiter die Zinshöhe von Kundengeschäften derart festlegen, daß bei entsprechend beeinflußten Marktwiderständen der maximale Filialerfolg erreicht wird (Kapitel 4).

Für die Gegenüberstellung wurde andererseits die spezifische Ausrichtung des Verhaltens von Mitarbeitern auf die innerbetriebliche Seite der Ermittlung des Filialerfolgs gemäß Marktzinsmethode untersucht. Diese läßt sich auf vier Determinanten des Filialerfolgs gemäß Marktzinsmethode zurückführen, die mit Merkmalen von Kundengeschäften verbunden sind und durch Mitarbeiter zur Erfolgserzielung manipulierbar sind: Manipulationen der Kapitalbindung, der Zinsbindung, der verrechneten Risikoprämien sowie der durchschnittlichen Konditionsmarge von Kundengeschäften (Kapitel 5).

Zur Gegenüberstellung der Grundzüge unternehmerischen Verhaltens und der Ausrichtung des Verhaltens auf die Erfolgsermittlung durch die Marktzinsmethode zeigte sich mit Hilfe eines entsprechenden Bezugsrahmens, daß verschiedene Ausrichtungen des Verhaltens nicht gegenseitig ausschließbar sind. Verhaltenswirkungen der Marktzinsmethode ließen sich also nur im Wege einer komparativen Analyse von Erfolgswirkungen möglicher Maßnahmen identifizieren. Für eine entsprechende Beurteilung der vergleichsweisen Vorteilhaftigkeit von Erfolgswirkungen möglichen Verhaltens wurden grundlegende Verhaltenshypothesen verwendet, die auf Erkenntnissen des Behavioral Accounting beruhen. Einerseits ließen sich damit aus Sicht der Mitarbeiter vergleichsweise vorteilhafte Erfolgswirkungen spezifischer Ausrichtungen des Verhaltens auf die Erfolgsmessung gemäß Marktzinsmethode erkennen. Diese ließen sich zur Identifikation dysfunktionaler Verhaltenswirkungen andererseits solchen Erfolgswirkungen gegenüberstellen, die Mitarbeiter durch die Lenkung persönlicher und sachlicher Kundenpräferenzen erzielen können (Kapitel 6).

Die entsprechenden Erkenntnisse und wesentlichen Bedingungen dysfunktionaler Verhaltenswirkungen werden nun zusammenfassend dargestellt. Die Bedingungen dysfunktionaler Verhaltenswirkungen konnten so isoliert werden, daß Hinweise auf Ansätze zu deren Vermeidung erkennbar wurden. Solche Ansätze werden in der Form eines Ausblicks dargestellt. So wird der Bedarf nach weitergehender Forschung zur Marktzinsmethode aufgezeigt, der mit dieser Arbeit in eine neue, verhaltensorientierte Richtung gelenkt wird. Die Zusammenfassung der Untersuchungsergebnisse zu dysfunktionalen Verhaltenswirkungen erfolgt nun anhand derjenigen Merkmale zinstragender Kundengeschäfte, deren Manipulation durch Mitarbeiter die Gefahr dysfunktionaler Verhaltenswirkungen impliziert:

a. Manipulationen der Kapitalbindung: Manipulationen der Kapitalbindung von Kundengeschäften implizieren gemäß Kapitel 6.2.1.1 die Gefahr dysfunktionaler Verhaltenswirkungen aufgrund möglicherweise entgegenstehender finanzieller Bedürfnisse bzw. Leistungsfähigkeit von Kunden. Mitarbeiter können durch zinsstrukturspezifische Manipulationen der Kapitalbindung von Kundengeschäften kurzfristig Erfolgswirkungen erzielen, die den individuellen Kundenbedürfnissen entgegen stehen können.

So können Mitarbeiter während Niedrigzinsphasen im Kreditgeschäft und während Hochzinsphasen im Einlagengeschäft in der Regel durch spätere Tilgungs- bzw. frühere Sparleistungen versuchen, den Filialerfolg zu erhöhen. Dagegen werden sie während Hochzinsphasen im Kreditgeschäft und während Niedrigzinsphasen im Einlagengeschäft für erfolgserhöhende Manipulationen der Kapitalbindung die Zinsstruktur am Geld- und Kapitalmarkt beachten: In diesen Fällen kann der Filialerfolg zinsstrukturabhängig auch durch das Vorziehen von Tilgungs- bzw. Herausschieben von Sparleistungen bei gegebener Gesamtlaufzeit des jeweiligen Kundengeschäfts erhöht werden. Insbesondere im persönlichen Verkauf kontaktintensiver Problemleistungen sind dabei Kundenpräferenzen zerstörbar: Persönliche Präferenzen werden zerstört, wenn der Vertragsverlauf nicht den Erwartungen der Kunden entspricht, die zuvor im persönlichen Verkauf gebildet wurden. Beispielsweise können hohe Tilgungsleistungen die finanzielle Leistungsfähigkeit von Kunden überfordern. Sachliche Präferenzen werden verletzt, wenn Mitarbeiter Geschäfte empfehlen, die den Kundenbedürfnissen nicht entsprechen, und wenn sie der Erklärungsbedürftigkeit des jeweiligen Kunden nicht gerecht werden. So können Mitarbeiter im persönlichen Verkauf beispielsweise nur auf vergleichsweise günstige Zinssätze nicht aber auf die mit vorgezogenen Tilgungsleistungen verbundenen finanziellen Belastungen hingewiesen haben, die als wesentliches Merkmal des Kredits schließlich zur Überforderung der Zahlungsfähigkeit des Kunden führen können. Aufgrund des Leistungsbedürfnisses der Mitarbeiter ist trotz der Gefährdung von Kundenpräferenzen nicht auszuschließen, daß Mitarbeiter zur Erzielung von Erfolgswirkungen im persönlichen Verkauf die Kapitalbindung zinsstrukturspezifisch manipulieren. Denn Erfolgswirkungen im Sinne der Profit Center-Konzeption sind gegebenenfalls durch eine Kapitalbindung von Kundengeschäften zu erzielen, die weniger den Kundenbedürfnissen entsprechen, dafür aber günstige Verrechnungszinsen gemäß Marktzinsmethode aufweisen.

Entsprechend dysfunktionale Manipulationen der Kapitalbindung sind im persönlichen Verkauf um so eher zu erwarten, je größer das Gewicht der grundlegenden Verhaltenshypothesen für Mitarbeiter ist. Während Hochzinsphasen sind neben dysfunktionalen Verlängerungen der Kapitalbindung auch dysfunktionale Verkürzungen der Kapitalbindung von Kreditgeschäften möglich. Während Niedrigzinsphasen können im Einlagengeschäft zinsstrukturspezifische Verkürzungen und Verlängerungen der Kapitalbindung dysfunktionale Verhaltenswirkungen implizieren.

Ansätze zur Vermeidung dysfunktionaler Verhaltenswirkungen der Marktzinsmethode sind also in Einflußnahmen auf die Gewichtung der grundlegenden Verhaltenshypothesen durch Mitarbeiter und in den möglichen Erfolgswirkungen zinsstrukturabhängiger Manipulationen der Kapitalbindung zu suchen:

- Gelingt es, das Verhalten von Mitarbeitern weniger an der Meßbarkeit, Sicherheit und Kurzfristigkeit von Erfolgswirkungen auszurichten, so wird die Gefahr dysfunktionaler Verhaltenswirkungen verringert. Einen Ansatz dazu bietet die Periodisierung von Konditionsbeitragsbarwerten im Grundkonzept der Marktzinsmethode im Vergleich zum Barwertkonzept (Kapitel 6.3.5). Einen weiteren Ansatz können Verlängerungen einzelner Abrechnungsperioden zur Ermittlung des Filialerfolgs bieten. Dadurch werden auch mittelbare Erfolgswirkungen über eine veränderte Nachfragebereitschaft im positiven wie im negativen Sinne möglicherweise schon in der aktuellen Abrechnungsperiode erzielt. Entsprechende Maßnahmen können dazu beitragen, dysfunktionale Verhaltenswirkungen zu vermeiden, die aus der Ausrichtung des Verhaltens von Mitarbeitern auf die Erzielung insbesondere eines kurzfristigen Filialerfolgs in der aktuellen Abrechnungsperiode[392] resultieren.

---

392 Vgl. KNAPP, Thomas, Controlling: Akzeptanz, Effizienz und Dezentralisierung, in: Die Bank, o. Jg. (12/1989), S. 679 - 682, hier S. 682.

Über veränderte zeitliche Erfolgsabgrenzungen hinaus ist an Ergänzungen der Profit Center-Konzeption zu denken, um dysfunktionale Verhaltenswirkungen zu vermeiden: So kann die Instrumentalvariable des Verhaltens (Kapitel 6.1) um weitere qualitative Zielgrößen wie Kennziffern zur Kundenzufriedenheit und Kundenbindung ergänzt werden.[393] Von einer solchen expliziten Aufnahme der Kundenzufriedenheit als Maßgröße der Leistung von Mitarbeitern kann man eine verstärkte Orientierung des Verhaltens an der entsprechenden Leistungserbringung erwarten. Quantitative Vorgaben zur Zielgröße "Filialerfolg" im Sinne der Instrumentalvariable sind dagegen kaum geeignet, dysfunktionale Verhaltenswirkungen zu vermeiden: Solche Zielvorgaben in den möglichen Formen von Volumen-, Ergebnis-, Kostenbudgets und Sollmargen[394] stärken als Anspruchsniveau vielmehr die Orientierung des Verhaltens an der Meßbarkeit von Erfolgswirkungen.[395]

- Die Gefahr dysfunktionaler Verhaltenswirkungen ließe sich außerdem eindämmen, wenn durch zinsstrukturspezifische Manipulationen der Kapitalbindung von Kundengeschäften keine höheren Konditionsbeiträge bzw. Konditionsbeitragsbarwerte zur erzielen wären. Allerdings ist die zinsstrukturspezifische Erfolgsermittlung ein typisches Kennzeichen der Marktzinsmethode. Es scheint aber eine Modifikation der Erfolgsermittlung möglich, ohne dieses grundlegende Bewertungskonzept aufzugeben: So schlägt Schierenbeck im Rahmen einer Verbesserung der Lenkungsfunktion von Verrechnungszinsen gemäß Marktzinsmethode Bonifizierungen und Malifizierungen vor, um Engpaßbelastungen durch Kundengeschäfte kalkulatorisch auszugleichen.[396] Entsprechende Bonifizierungen und Malifizierungen lassen sich auch zur Ergänzung des Filialerfolgs als impliziter Verhaltensnorm im Sinne der Erfolgsermittlungsfunktion einsetzen: Verlängerungen oder Verkürzungen der Kapitalbindung von Kundengeschäften sind insbesondere bei geringer Konditionsmarge nur zinsstrukturspezifisch erfolgswirksam. Entsprechend können Kundengeschäfte mit geringer Konditionsmarge bonifiziert werden. Dann sind in

393 Vgl. z.B. POLAN, Ralf, Ein Meßkonzept für die Bankloyalität, Diss., Wiesbaden 1995, S. 115 ff. und MEYER, Anton, DORNACH, Frank, Banken im Test: Das "Klima" ist eher kühl als freundlich, in: Bank Magazin, o. Jg. (1996), S. 26 - 30, hier S. 30.

394 Vgl. SCHIERENBECK, Henner, Ertragsorientiertes Bankmanagement, 4. Aufl., Wiesbaden 1994, S. 753.

395 Vgl. HÖLLER, Hans, Verhaltenswirkungen betrieblicher Planungs- und Kontrollsysteme, Diss., München 1978, S. 181 ff.

396 Vgl. SCHIERENBECK, Henner, Ertragsorientiertes Bankmanagement, 4. Aufl., Wiesbaden 1994, S. 780 f.

jedem Fall nur noch Verlängerungen der Kapitalbindung erfolgswirksam. Mitarbeiter werden im persönlichen Verkauf zur Erfolgserzielung dann zunächst weniger die jeweilige Zinsstruktur beachten. Fraglich bleibt jedoch weiterhin, wie dysfunktionale Verlängerungen der Kapitalbindung vermeidbar sind.

b. Manipulationen der Zinsbindung: Manipulationen der Zinsbindung von Kundengeschäften implizieren gemäß Kapitel 6.2.1.2 die Gefahr dysfunktionaler Verhaltenswirkungen aufgrund verstärkter kognitiver Konflikte bei Kunden, wenn die Zinsentwicklung aus deren Sicht nach Geschäftsabschluß ungünstig verläuft. Dies gilt insbesondere für kontaktseltene Problemleistungen und in Abhängigkeit von der Zinsstruktur:

- Bei normaler Zinsstruktur sind aus Sicht der Mitarbeiter festverzinsliche Einlagengeschäfte und variabel verzinsliche Kreditgeschäfte vergleichsweise vorteilhaft. Steigende Zinsen sind dann für Kunden ungünstig. Fallende Zinsen sind nur im Kreditgeschäft für Kunden ungünstig, falls deren Erwartung zum Ausmaß von Zinsanpassungen durch die Filiale nicht voll entsprochen wird. Gefahren für Kundenpräferenzen durch dysfunktionales Verhalten bestehen bei normaler Zinsstruktur also insbesondere durch steigende Zinsen.

- Bei inverser Zinsstruktur sind für Mitarbeiter festverzinsliche Kreditgeschäfte und variabel verzinsliche Einlagengeschäfte vergleichsweise vorteilhaft. Fallende Zinsen sind dann für Kunden ungünstig. Steigende Zinsen sind nur im Einlagengeschäft für Kunden ungünstig, falls deren Erwartung zum Ausmaß von Zinsanpassungen durch die Filiale nicht voll entsprochen wird. Gefahren für Kundenpräferenzen durch dysfunktionales Verhalten bestehen bei inverser Zinsstruktur also insbesondere durch fallende Zinsen.

- Bei flacher Zinsstruktur sind für Mitarbeiter festverzinsliche Kredit- und Einlagengeschäfte vergleichsweise vorteilhaft. Gefahren für Kundenpräferenzen bestehen also im Kreditgeschäft bei fallenden Zinsen und im Einlagengeschäft bei steigenden Zinsen, weil Kunden an entsprechenden Zinsanpassungen nicht teilhaben.

Entsprechende dysfunktionale Manipulationen der Zinsbindung von Kundengeschäften sind außerdem um so eher zu erwarten, je stärker die Meßbarkeit und Kurzfristigkeit von Erfolgswirkungen das Verhalten der Mitarbeiter bestimmen.

Ansatzpunkte zur Vermeidung dysfunktionaler Manipulationen der Zinsbindung sind also zunächst in der Gewichtung der grundlegenden Verhaltenshypothesen durch Mitarbeiter zu suchen: Dabei ist analog zur Vermeidung dysfunktionaler Manipulationen der Kapitalbindung sowohl an Periodisierungen des Konditionsbeitragsbarwerts als auch an verlängerte Abrechnungsperioden zu denken.

Darüber hinaus zeigt sich als Ansatz zur Vermeidung dysfunktionaler Verhaltenswirkungen die Modifikation der Ermittlung von Verrechnungszinsen variabel verzinslicher Kundengeschäfte: Hinweise in diese Richtung bietet die Wahl des Referenzzinssatzes zur Bestimmung der Zinsanpassungselastizität im Verrechnungszins (Kapitel 5.1.2). So kann man als Referenzzins für die Zinsanpassungselastizität anstelle kurzfristiger Geldmarktzinsen langfristige Kapitalmarktzinsen verwenden, die der Kapitalbindung des jeweiligen Kundengeschäfts entsprechen. Bei Änderungen dieser Zinssätze am Kapitalmarkt wären die Verrechnungszinsen des Kundengeschäfts anteilig anzupassen; eben entsprechend der Zinsanpassungselastizität von Kundengeschäften mit Blick auf Veränderungen langfristiger Kapitalmarktzinsen. Ein solches Vorgehen läuft darauf hinaus, Verrechnungszinsen variabel verzinslicher Kundengeschäfte zunächst wie solche für festverzinsliche Kundengeschäfte allein kapitalbindungs- bzw. zahlungsstrukturkongruent zu ermitteln. Der Unterschied zu festverzinslichen Kundengeschäften liegt dann einzig darin, daß die entsprechenden Verrechnungszinsen bei Zinsänderungen am Geld- und Kapitalmarkt angepaßt werden. Gelingt es damit, gleich hohe Konditionsmargen fest- und variabel verzinslicher Kundengeschäfte zu ermitteln, so lassen sich durch zinsstrukturspezifische Manipulationen des Kundengeschäfts keine Erfolgswirkungen erzielen, wenn man von unsicheren Zinsanpassungen bei variabler Verzinsung absieht. Diese Unsicherheit ist aber durch die Festlegung der Anpassungselastizität und der Zeitpunkte von Zinsanpassungen durch die Zentrale determiniert, die entsprechend verhaltensorientiert erfolgen kann. Mit dem vorgeschlagenen Ansatz wird also eine Ermittlung von Verrechnungszinsen angestrebt, die nicht wie bisher lenkungsorientiert mit Blick auf Zinsänderungsrisiken der Gesamtbank erfolgt,[397] sondern der Erfolgsermittlung mit Blick auf Verhaltenswirkungen bei Mitarbeitern dient.

c. Manipulationen verrechneter Risikoprämien: Manipulationen verrechneter Risikoprämien implizieren gemäß Kapitel 6.2.1.3 die Gefahr dysfunktionaler Verhaltenswirkungen, wenn höhere Ausfallrisiken nicht durch zusätzliche Risikoaufschläge abgedeckt sind, und wenn überaus viele oder große Kreditausfälle das Image der Bank belasten. Dadurch kann dem Vertrauen von Kunden in die Mitarbeiter und damit persönlichen Präferenzen für die Bank die Grundlage entzogen werden. So sind insbesondere im persönlichen Verkauf und durch die hier als implizit bezeichneten Sonderkonditionen mit einem weitgehenden Verzicht auf intensive Bonitätsprüfungen aktuelle Erfolgswirkungen zu Lasten zukünftiger Filialerfolge erzielbar. Die Gefahr dysfunktionaler Verhaltenswirkungen ist dabei von

---

397 Vgl. ROLFES, Bernd, SCHIERENBECK, Henner, Der Marktwert variabel verzinslicher Bankgeschäfte, in: Die Bank, o. Jg. (7/1992), S. 403 - 412, hier S. 405.

der Gewichtung der grundlegenden Verhaltenshypothesen und von der Knappheit der Ressourcen von Filialen abhängig:

- Je weniger die Mitarbeiter an der Sicherheit zukünftiger Filialerfolge interessiert sind, um so eher nehmen sie zukünftig negative Risikoergebnisse zugunsten aktuell sicher erzielbarer Erfolgswirkungen in Kauf.

- Je größeres Gewicht Mitarbeiter auf die Meßbarkeit und Kurzfristigkeit von Erfolgswirkungen legen, um so weniger beachten sie (negative) Erfolgswirkungen in zukünftigen Abrechnungsperioden aufgrund verletzter Kundenpräferenzen, zumal solche Erfolgswirkungen wegen ihrer Mittelbarkeit über die Nachfragebereitschaft von Kunden nicht meßbar sind.

- Je knapper die Ressourcen von Filialen an Personal und Sachmitteln sind, um so eher sind Mitarbeiter bestrebt, durch aktuell hohe Filialerfolge im Sinne von Organizational Slacks eine Erhöhung ihrer Ressourcen zu erwirken und dafür zukünftig negative Erfolgswirkungen in Kauf zu nehmen.

Ansatzpunkte zur Vermeidung dysfunktionaler Manipulationen verrechneter Risikoprämien sind also zunächst auch hier in der Gewichtung der grundlegenden Verhaltenshypothesen zu suchen: Analog zu Manipulationen der Kapitalbindung und der Zinsbindung sind durch die Periodisierung von Konditionsbeitragsbarwerten und vergleichsweise lange Abrechnungsperioden Erfolgswirkungen weniger kurzfristig erzielbar als im Barwertkonzept. Eine eventuelle Zuteilung von Ressourcen auf der Basis von Konditionsbeiträgen erfolgt dann allerdings verstärkt vergangenheitsorientiert, weil periodisierte Konditionsbeiträge vergangener Geschäftsabschlüsse dann einen Großteil des Filialerfolgs ausmachen.[398] Damit wird also die Gefahr dysfunktionaler Verhaltenswirkungen zur Bildung von Organizational Slacks erhöht, weil mit Erfolgsbeiträgen aktueller Kundengeschäfte vergleichsweise dauerhaft eine Basis für die Zuteilung von Ressourcen gelegt wird.

Die von Organizational Slacks ausgehende Gefahr dysfunktionaler Verhaltenswirkungen könnte sodann vermeidbar sein, indem die Ausstattung von Filialen mit Personal und Sachmitteln weniger vom Filialerfolg im Sinne der Profit Center-Konzeption abhängig gemacht wird. So läßt die Neigung, Organizational Slac-

---

398 Vgl. KREMIN-BUCH, Profit Center-Rechnung in Banken, in: Hagenmüller, Karl Friedrich, Engels, Wolfram, Kolbeck, Rosemarie (Hrsg.), Schriftenreihe für Kreditwirtschaft und Finanzierung, Bd. 11, Diss., Wiesbaden 1992, S. 41 und S. 44 f. und GRABHER, Christof, STOSS, Karl, Banks under stress - Neue Managementmethoden, in: Bankarchiv, o. Jg. (1/1993), S. 5 - 9, hier S. 7.

ks zu schaffen, bei stärkerer Beteiligung von Mitarbeitern an der Ressourcenplanung nach und nimmt bei enger Abhängigkeit von Zielgrößen wie dem Filialerfolg zu.[399]

d. Manipulationen der durchschnittlichen Konditionsmarge: Manipulationen der durchschnittlichen Konditionsmarge implizieren gemäß Kapitel 6.2.2 die Gefahr dysfunktionaler Verhaltenswirkungen, wenn Kundenbedürfnisse zinsphasenbedingt nicht erfüllt werden, und Kunden erkennen, daß nicht ihre Bedürfnisse sondern mit der Zinsstruktur Belange der Bank bzw. des Geld- und Kapitalmarkts im Vordergrund stehen.

Insbesondere im persönlichen Verkauf werden dabei Kundenpräferenzen gefährdet. Je schlechter Mitarbeiter Absatzeffekte unpersönlicher Kommunikation abschätzen können, um so vorteilhafter wird aus ihrer Sicht ein entsprechende dysfunktionale Ausrichtung des persönlichen Verkaufs. Außerdem sind dysfunktionale Manipulationen der durchschnittlichen Konditionsmarge um so eher zu erwarten, je stärker Mitarbeiter die Meßbarkeit und die Kurzfristigkeit von Erfolgswirkungen gewichten. Außerdem nehmen Mitarbeiter dann um so eher mögliche negative Auswirkungen auf den zukünftigen Filialerfolg in Kauf.

Ansatzpunkte zur Vermeidung dysfunktionaler Manipulationen der durchschnittlichen Konditionsmarge sind also zunächst in der Gewichtung der grundlegenden Verhaltenshypothesen zu suchen: Auch hier bieten sich dazu Periodisierungen von Konditionsbeitragsbarwerten und vergleichsweise lange Abrechnungsperioden an.

Darüber hinaus ist an Bonifizierungen bzw. Malifizierungen von Verrechnungszinsen zu denken, um die jeweils geringe Konditionsmarge für verhaltensorientierte Zwecke der Erfolgsermittlung auszuweiten bzw. eine hohe Konditionsmarge zu verengen. Sind aufgrund eines solchen Ansatzes die Konditionsmargen im Kredit- und Einlagengeschäft unabhängig von der Zinsphase gleich hoch, so sind durch Manipulationen der Konditionsmarge keine Erfolgswirkungen zu erzielen und entsprechende Gefahren dysfunktionaler Verhaltenswirkungen nicht gegeben. Zunächst scheint damit eine Grundannahme der Marktzinsmethode verletzt zu

---

399 Vgl. SCHOENFELD, Hanns-Martin W., Behavioral Accounting, in: Wittmann, Waldemar, Kern, Werner, Köhler, Richard, Küpper, Hans-Ulrich, v. Wysocki, Klaus (Hrsg.), Handwörterbuch der Betriebswirtschaft, 5. Aufl., Stuttgart 1993, Sp. 280 - 292, hier Sp. 286 f.

sein: Danach stellt der Geld- und Kapitalmarkt eine Art natürlicher "Trennlinie"[400] zwischen der Beschaffung von Passiva und deren Verwendung in Aktiva durch Banken dar, indem er zur innerbetrieblichen Bewertung von Kapitalströmen herangezogen wird. Dem ist aber die in Kapitel 3.2 aufgezeigte Notwendigkeit einer Unterscheidung der Lenkungsfunktion und der Erfolgsermittlungsfunktion von Verrechnungszinsen gemäß Marktzinsmethode entgegenzustellen. Unabhängig von der Lenkungsfunktion zeigt die Gefahr dysfunktionaler Manipulationen der durchschnittlichen Konditionsmarge, daß Zinsen des Geld- und Kapitalmarkts für eine leistungsgerechte und damit verhaltensorientierte Erfolgsermittlung gerade nicht ohne weiteres geeignet sind. Entsprechend den lenkungsorientierten Modifikationen der Marktzinsmethode im Sinne des Dualen Steuerungsmodells von Schierenbeck, sind also verhaltensorientierte Modifikationen der Marktzinsmethode auch mit Blick auf deren Erfolgsermittlungsfunktion durchaus sinnvoll.

Im Überblick über die identifizierten dysfunktionalen Verhaltenswirkungen der Marktzinsmethode werden durch diese Arbeit zwei wesentliche Ansätze zu deren Vermeidung erkennbar, mit denen zugleich Richtungen weitergehenden Forschungsbedarfs deutlich werden:

- Erstens können die grundlegenden Verhaltenshypothesen einer weitergehende Forschung unterzogen werden. So können Möglichkeiten untersucht werden, Einfluß auf die Gewichtung der Verhaltenshypothesen durch Mitarbeiter zu nehmen. Dazu bieten sich Untersuchungen von Führungskonzepten an, um die Orientierung von Mitarbeitern an der Meßbarkeit, Kurzfristigkeit und Sicherheit von Erfolgswirkungen in der Profit Center-Konzeption zu verringern. Beispielsweise ist in diesem Zusammenhang an Stichworte wie Mitarbeiterzufriedenheit und Unternehmenskultur zu denken.[401] Zu erwägen sind auch zielbezogen differenzierte Leistungsbeurteilungen zur ergänzenden Verhaltenssteuerung von Mitarbeitern in der Profit Center-Konzeption.[402]

---

400 DROSTE, Klaus D., FAßBENDER, Heino, PAULUHN, Burkhardt, SCHLENZKA, Peter F., LÖHNEYSEN, Eberhard von, Falsche Ergebnisinformation - Häufige Ursache für Fehlentwicklungen in Banken, in: Die Bank, o. Jg. (1983), S. 313 - 323, hier S. 314.

401 Vgl. FRÖHNER, Klaus-Dieter, WAGENFÜHRER, Bernd, Unternehmenserfolg durch informierte Mitarbeiter, in: Fortschrittliche Betriebsführung und Industrial Engineering, 42. Jg. (1993), S. 173 - 177, hier S. 173 und HENZLER, Herbert, Integration: Die Aufgabe der Zentrale, in: ZfB-Ergänzungsheft, (1/1994), S. 51 - 59, hier S. 58 f.

402 Vgl. FRIGGEMANN, Peter, SEIDENBERG, Ulf, Geschäftsstellen ganzheitlich effizient steuern, in: B.Bl., 42. Jg. (1993), S. 266 - 268, hier S. 266 und BECKER, Fred G., FALLGATTER, Michael, SEITZ, Simone, Zielorientierte Leistungsbeurteilung, in: Die Bank, o. Jg. (5/1995), S, 270 - 278, hier S. 273.

- Zweitens kann die Erfolgsermittlung durch die Marktzinsmethode modifiziert werden. Dieser Forschungsansatz ist analog zu Ergänzungen der Marktzinsmethode im Dualen Steuerungsmodell nach Schierenbeck zu verstehen, die der entscheidungsorientierten Lenkungsfunktion dienen.[403] Verrechnungszinsen müssen analog dazu für Zwecke der Erfolgsermittlung verhaltensorientiert modifiziert werden. Diese Richtung wird für Forschungsansätze durch die vorliegende Arbeit neu eröffnet und strukturiert, weil gezeigt wurde, daß Verrechnungszinsen gemäß Marktzinsmethode weder unmittelbar der Lenkungs- noch der Erfolgsermittlungsfunktion gerecht werden, und für beide Funktionen spezifische Modifikationen der Verrechnungszinsen erforderlich sind.

403 Vgl. SCHIERENBECK, Henner, Ertragsorientiertes Bankmanagement, 4. Aufl., Wiesbaden 1994, S. 289 ff.

Literaturverzeichnis

ALBACH, Horst, Das Gutenberg-Oligopol, in: Koch, Helmut (Hrsg.), Theorien des Absatzes, Wiesbaden 1973, S. 9 - 33.

AKMANN, Michael, Ergebnissteuerung in Kreditinstituten, Diss., Frankfurt/Main 1994.

ARBEITSKREIS "FINANZIERUNG" DER SCHMALENBACH-GESELLSCHAFT, Ansätze zur Gestaltung des Netzes von Bankverbindungen durch Unternehmen, in: ZfbF, 40. Jg. (1988), S. 739 - 767.

BANKEN, Robert, Die Marktzinsmethode als Instrument der pretialen Lenkung in Kreditinstituten, Frankfurt/Main 1987.

BAXMANN, Ulf G., Bankloyalität im Wandel?, in: bank und markt, 16. Jg. (2/1987), S. 12 - 14.

BAXMANN, Ulf G., Ertragsorientierte Verkaufssteuerung, in: bank und markt, 19. Jg. (1/1990), S. 14 - 17.

BECKER, Karlheinz, Die Beurteilung des Leiters einer Bankfiliale, Diss., Berlin 1983.

BECKER, Fred G., Grundlagen betrieblicher Leistungsbeurteilungen, 2. Aufl., Stuttgart 1994.

BECKER, Fred G., FALLGATTER, Michael, SEITZ, Simone, Zielorientierte Leistungsbeurteilung, in: Die Bank, o. Jg. (5/1995), S, 270 - 278.

BENKE, Holger, GEBAUER, Burkhard, PIASKOWSKI, Friedrich, Die Marktzinsmethode wird erwachsen: Das Barwertkonzept (I), in: Die Bank, o. Jg. (8/1991), S. 457 - 463.

BLATTMANN, Jörg, Zum operativen Controlling des Liquiditätsmäßig-finanziellen Bereichs von Bankbetrieben, Göttingen 1991.

BLAU, Gary, Operationalizing Direction and Level of Effort and Testing Their Relationship to Individual Job Performance, in: Organizational Behavior and Human Decision Process, 55. Jg. (1993), S. 152 - 170.

BLEICHER, Knut, Organisation, 2. Aufl., Wiesbaden 1991.

BRAKENSIEK, Thomas, Die Kalkulation und Steuerung von Ausfallrisiken im Kreditgeschäft der Banken, Diss., Frankfurt/Main 1991.

BRUNNER, Werner, Bewertungsmodell für Planung und Steuerung der Geschäftsstellen, in: B.Bl., 35. Jg. (7/1986), S. 322 - 326.

BÜHLER, Wilhelm, Kundenzufriedenheit im Privatgeschäft, in: Die Bank, o. Jg. (9/1993), S. 511 - 519.

BÜHNER, Rolf, Profit Center, in: Chmielewicz, K., Schweitzer, M. (Hrsg.), Handwörterbuch des Rechnungswesens, 3. Aufl., Stuttgart 1993, Sp. 1612 - 1621.

BÜSCHGEN, Hans E., Bankbetriebslehre, 4. Aufl., Wiesbaden 1993.

BÜSCHGEN, Hans E., Bankmarketing, Düsseldorf 1995.

COENENBERG, A. G., Verrechnungspreise zur Steuerung divisionalisierter Unternehmen, in: WiSt, 2. Jg. (1973), S. 373 - 382.

COSMIDIS, Byron, Die Filialerfolgsrechnung im Dienste der Bankleitung, Diss., Frankfurt/Main 1968.

DANNE, Matthias, Außenstellensteuerung und -controlling in privaten Hypothekenbanken, Diss., Frankfurt/Main, Bern, New York, Paris 1989.

DANTZIG, George B., WOLFE, Philip, The Dekomposition Algorithm for Linear Programs, in: Econometrica, 29. Jg. (1961), S. 767 - 778.

DEAN, Joel, Decentralization and Intracompany Pricing, in: Harvard Business Review, Vol. 44 (1955), S. 65 - 74.

DEARDEN, John, Limits on Decentralized Profit Responsiblity, in: Harvard Business Review, Vol. 40 (1962), S. 81 - 89.

DIEROLF, Günther, Das Zinsspannen-Management, in: Banken & Versicherungen, 3. Jg. (6/1995), S. 34 - 37.

DROEGE & COMP. (Hrsg.), Customer Banking, Düsseldorf 1997.

DROSTE, Klaus D., FAßBENDER, Heino, PAULUHN, Burkhardt, SCHLENZKA, Peter F., LÖHNEYSEN, Eberhard von, Falsche Ergebnisinformation - Häufige Ursache für Fehlentwicklungen in Banken, in: Die Bank, o. Jg. (1983), S. 313 - 323.

ECCLES, Robert G., The Performance Measurement Manifesto, in: Harvard Business Review, Vol. 69 (1991), S. 131 - 137.

EISENFÜHR, Franz, Profit Center, in: Die Betriebswirtschaft, 45. Jg. (1985), S.99 - 100.

ENGELHARDT, Werner Hans, Dienstleistungsorientiertes Marketing - Anwort auf die Herausforderung durch neue Technologien, in: Adam, Backhaus, Meffert, Wagner (Hrsg.), Integration und Flexibilität, Wiesbaden 1989, S. 269 - 289.

EWERT, Ralf, WAGENHOFER, Alfred, Interne Unternehmensrechnung, Berlin u.a. 1994.

FAßBENDER, Heino, Die Theorie der Fristigkeitsstruktur der Zinssätze: Ein Überblick, in: WiSt, 6. Jg. (1977), S. 97 - 103.

FELDBAUSCH, Friedrich K., Bankmarketing, München 1974.

FLECHSIG, Rolf, FLESCH, Hans-Rudolf, Die Wertsteuerung - Ein Ansatz des operativen Controlling im Wertbereich, in: Die Bank, o. Jg. (1982), S. 454 - 464.

FLESCH, Hans-Rudolf, PIASKOWSKI, Friedrich, SIEVI, Christian R., Erfolgsquellensteuerung durch Effektivzinsen im Konzept der Wertsteuerung, in: Die Bank, o. Jg. (8/1984), S. 357 - 366.

FRESE, Erich, Das Profit-Center-Konzept im Spannungsfeld von Organisation und Rechnungswesen, in: Ahlert, Dieter (Hrsg.) Finanz- und Rechnungswesen als Führungsinstrument, Wiesbaden 1990, S. 137 - 155.

FRESE, Erich, Profit Center und Verrechnungspreise, in: ZfbF, 47. Jg. (1995), S. 942 - 955.

FRESE, Erich, Profit Center, Motivation durch internen Marktdruck, in: Reichwald, Ralf, Wildemann, Horst (Hrsg.), Kreative Unternehmen - Spitzenleistungen durch Produkt- und Prozeßinnovationen, Stuttgart 1995, S. 77 - 93.

FRESE, Erich, GLASER, Horst, Verrechnungspreise in Spartenorganisationen, in: Der Betriebswirt, 40. Jg. (1980), S. 109 - 123.

FRIES, Stefan, SEGHEZZI, Hans Dieter, Entwicklung von Meßgrößen für Geschäftsprozesse, in: Controlling, 6. Jg. (1994), S. 338 - 345.

FRIGGEMANN, Peter, SEIDENBERG, Ulf, Geschäftsstellen ganzheitlich effizient steuern, in: B.Bl., 42. Jg. (1993), S. 266 - 268.

FRISCHMUTH, Rüdiger, Steuerung von dezentral organisierten Sparkassen, Diss., Wiesbaden 1995.

FRÖHNER, Klaus-Dieter, WAGENFÜHRER, Bernd, Unternehmenserfolg durch informierte Mitarbeiter, in: Fortschrittliche Betriebsführung und Industrial Engineering, 42. Jg. (1993), S. 173 - 177.

GEHRKE, Rainer, Sonderangebote als preispolitisches Instrument von Kreditinstituten, Diss., Göttingen 1995.

GERCKENS, Barbara, Absatzwegepolitik im breiten Privatkundengeschäft einer Universalbank, Diss., Frankfurt/Main 1982.

GERKEN, Arno, Optimale Entscheidungen in Banken, Diss., Wiesbaden 1994.

GRABHER, Christof, STOSS, Karl, Banks under stress - Neue Managementmethoden, in: Bankarchiv, o. Jg. (1/1993), S. 5 - 9.

GRIMMER, Herbert, Budgets als Führungsinstrument in der Unternehmung, Frankfurt/Main 1980.

GSCHWEND, Walter, Die Zielproblematik des Verrechnungspreises, Diss., St. Gallen 1986.

GÜDE, Udo, Die Bank- und Sparkassenkalkulation, in: Hagenmüller, Karl Friedrich (Hrsg.), Bankbetriebliche Schriftenreihe, Bd. 3, Meisenheim 1967.

GUTENBERG, Erich, Grundlagen der Betriebswirtschaftslehre, Bd. 2, Absatz, 17. Aufl., Berlin u.a. 1984.

HAGENMÜLLER, Karl Friedrich, Die Bestimmungsfaktoren preispolitischer Autonomie bei Kreditinstituten, in: Büschgen, Hans (Hrsg.), Geld, Kapital und Kredit, Stuttgart 1968, S. 158 - 170.

HAHN, Oswald, Die Bedeutung der menschlichen Qualität innerhalb der Bankleistung, in: Die Bank, o. Jg. (2/1982), S. 56 - 61.

HAHN, Oswald, Kritische Betrachtung zum Bank-Marketing mit dem Privatkunden, in: GfK-Jahrbuch der Absatz- und Verbrauchsforschung, 34. Jg. (3/1988), S. 284 - 301.

HANSEN, Jochen, Kommunikation mit Kunden: Wie wandeln sich Präferenzen und Interessen?, in: bank und markt, o. Jg. (8/1994), S. 19 - 26.

HARWALIK, Peter, Preispolitik und Nachfrageverhalten im standardisierten Geschäft der Banken mit dem privaten Kunden, Diss., Erlangen-Nürnberg 1988.

HAX, Herbert, Die Koordination von Entscheidungen, Habil., Köln, Berlin, Bonn, München 1965.

HAX, Herbert, Verrechnungspreise, in: Kosiol, Erich, Chmielewicz, Klaus, Schweitzer, Marcell (Hrsg.), Handwörterbuch des Rechnungswesens, 2. Aufl., Stuttgart 1981, Sp. 1688 - 1699.

HEITMÜLLER, Hans-Michael, Bilanzstrukturmanagement und Erfolgssteuerung, in: Sparkasse, 108. Jg. (6/1991), S. 246 - 250.

HENZLER, Herbert, Integration: Die Aufgabe der Zentrale, in: ZfB-Ergänzungsheft (1/1994), S. 51 -59.

HEYE, Bernd, Die Steuerung der Inlandsfilialen einer Großbank, in: Die Bank, o. Jg. (1/1985), S. 15 - 18.

HÖLLER, Hans, Verhaltenswirkungen betrieblicher Planungs- und Kontrollsysteme, Diss., München 1978.

HOMBURG, Christian, WERNER, Harald, Messung und Management von Kundenzufriedenheit am Beispiel von Finanzdienstleistungen, in: FLF, 44. Jg. (3/1997), S. 89 - 96.

HRNCIR, Michael, Informationsbedarf für Bankfilialen, Wien 1987.

JASCH, Michael, Die Marktzinsmethode zur Steuerung des Wertbereichs von Kreditinstituten, Diss., Berlin 1990.

JEHLE, E., Der Beitrag der verhaltenswissenschaftlich orientierten Rechnungswesenforschung für die Gestaltung der Plankostenrechnung, in: KRP, o. Jg. (5/1982), S. 205 - 214.

KAAS, Klaus Peter, Marketing als Bewältigung von Information- und Unsicherheitsproblemen am Markt, in: DBW, 50. Jg. (1990), S. 539 - 548.

KAH, Arnd, Profitcenter-Steuerung, Ein Beitrag zur theoretischen Fundierung des Controlling anhand des Principal-Agent-Ansatzes, Diss., Stuttgart 1994.

KAMINSKY, Stefan, Die Kosten- und Erfolgsrechnung der Kreditinstitute, 2. Aufl., Meisenheim/Glan 1955.

KANFER, Ruth, KANFER, Frederick H., Goals and Self-Regulation, in: Maehr, M. L., Pintrich, P. R. (Hrsg.), Advances in Motivation and Achievement, Vol. 7, Greenwich, Conn. 1991, S. 287 - 326.

KERSTIEN, Heinrich, Budgetierung in Kreditinstituten, Diss., Berlin 1995.

KILHEY, Ulrike, die Beurteilung des Erfolgs von Bankprodukten als Grundlage produktpolitischer Entscheidungen, Frankfurt 1987.

KNAPP, Thomas, Controlling: Akzeptanz, Effizienz und Dezentralisierung, in: Die Bank, o. Jg. (12/1989), S. 679 - 682.

KNAUBER, Nicole, KULOGLU, Cenap H., PODRAZIL, Ulrich M., Kundenorientierung durch Marktsegmentierung, in: Die Bank, o. Jg. (5/1997), S. 300 - 304.

KÖCHER, Renate, Kundenpräferenzen und Kundenorientierung in einem schwieriger werdenden Markt, in: Geldinstitute, 23. Jg. (1992), S. 6 - 17.

KODLIN, Axel, Praxis akzeptiert Marktzinsmethode, in: Die Bank, o. Jg. (4/1992), S. 212 - 215.

KOTLER, Philip, BLIEMEL, Friedhelm, Marketing-Management, 7. Aufl., Stuttgart 1992.

KRAHNEN, Jan-Pieter, SCHMIDT, Reinhard H., TERBERGER, Eva, Der ökonomische Wert von Flexibilität und Bindung, in: Ballwieser, Wolfgang, Berger, Karl-Heinz (Hrsg.), Information und Wirtschaftlichkeit, Wiesbaden 1985, S. 253 - 285.

KREMIN-BUCH, Profit Center-Rechnung in Banken, in: Hagenmüller, Karl Friedrich, Engels, Wolfram, Kolbeck, Rosemarie (Hrsg.), Schriftenreihe für Kreditwirtschaft und Finanzierung, Bd. 11, Diss., Wiesbaden 1992.

KREWERTH, Bernhard, Die Kostenrechnung als Steuerungsinstrument im Bankbetrieb, Frankfurt/Main 1981.

KROEBER-RIEL, Werner, Komsumentenverhalten, 4. Aufl., München 1990.

KRÜMMEL, Hans-Jacob, Bankzinsen, Habil., Köln u.a. 1964.

LAßMANN, Arndt, Organisatorische Koordination, Diss., Wiesbaden 1992.

LATTMANN, Charles, Anreizaspekte der Leistungsbeurteilung, in: Schant, Günther (Hrsg.), Handbuch Anreizsysteme, Stuttgart 1991, S. 851 - 876.

LAUX, Helmut, Grundfragen der Organisation, Berlin, Heidelberg, New York 1979.

LAUX, Helmut, (Pareto-)Optimale Anreizsysteme bei sicheren Erwartungen, in: ZfbF, 40 Jg. (1988), S. 959 - 989 und S. 1093 - 1111.

LAUX, Helmut, Erfolgssteuerung und Organisation 1, Berlin u.a. 1995.

LAUX, Helmut, Entscheidungstheorie, 3. Aufl., Berlin u.a. 1995.

LAUX, Helmut, LIERMANN, Felix, Grundlagen der Organisation, 3. Aufl., Berlin u.a. 1993.

LINDEMANN, Egbert, Markttransparenz und Preispolitik, Berlin 1968.

LOCKE, Edwin A., LATHAM, Gary P., A Theory of Goal Setting and Task Performance, Englewood Cliffs 1990.

LÜDER, Klaus, Investment-Center-Kontrollverfahren zur Steuerung dezentralisierter Großunternehmen, in: Layer, Manfred, Strebel, Heinz (Hrsg.) Rechnungswesen und Betriebswirtschaftspolitik, Festschrift, Berlin 1969, S. 305 - 319.

MARUSEV, Alfred W., Das Marktzinsmodell in der bankbetrieblichen Einzelgeschäftskalkulation, Frankfurt/Main 1990.

MEFFERT, Heribert, BRUHN, Manfred, Dienstleistungsmarketing, 2. Aufl., Wiesbaden 1997.

MENZ, Wolf-Dieter, Die Profit Center Konzeption, Diss., Bern 1973.

MEYER, Anton, DORNACH, Frank, Banken im Test: Das "Klima" ist eher kühl als freundlich, in: Bank Magazin, o. Jg. (1996), S. 26 - 30.

MEYER ZU SELHAUSEN, Hermann, Interne Leistungsverrechnung in der Profitcenter-Rechnung, in: Schierenbeck, Henner, Moser, Hubertus (Hrsg.), Handbuch Bankcontrolling, Wiesbaden 1994, S. 376 - 392.

NADER, Georg, Zufriedenheit mit Finanzdienstleistungen, Wien 1995.

NADER, Georg, JOHNSON, Michael D., BÜHLER, Wilhelm, Kundenzufriedenheit und Unternehmenserfolg, in: Bankarchiv, 44. Jg. (1996), S. 702 - 710.

NAWROCKI, Andreas, Kundenbindungsstrategie - Chancen für Genossenschaftsbanken, in: Genossenschaftsblatt, o. Jg. (2/1997), S. 13 - 14.

NERDINGER, Friedemann W., Motivation und Handeln in Organisationen, Stuttgart u.a. 1995.

NERDINGER, Friedemann W., Motivation in der Kundenbetreuung, in: Bayerisches Genossenschaftsblatt, 100. Jg. (1996), S. 24 - 27.

NIESCHLAG, Robert, DICHTL, Erwin, HÖRSCHGEN, Hans, Marketing, 17. Aufl., Berlin 1994.

PAUL, Stephan, Lenkungssysteme in Filialbanken, Steuerung durch Komponenten oder Verrechnungszinsen?, Wiesbaden 1987.

PENZKOFER, Peter, TÄUBE, Klaus, Profit Centers im Bankbetrieb, I. Teil, in: Bank Betrieb, 12. Jg. (1972), S. 50 - 55.

PENZKOFER, Peter, TÄUBE, Klaus, Profit Centers im Bankbetrieb, II. Teil, in: Bank Betrieb, 12. Jg. (1972), S. 109 - 113.

PETERSEN, Thomas, Optimale Anreizsysteme, Diss., Wiesbaden 1989.

PETERSEN, Thomas, Das Delegationsproblem zwischen Prinzipalen und Agenten, in: Albach, Horst (Hrsg.), Organisation, Wiesbaden 1989, S. 109 - 131.

PLATZ, Stefan, Erfolgsrechnerische Bewertung von Bankzweigstellen, Göttingen 1978.

PLATZEK, Heinz-Jörg, Perspektiven des Vertriebs von Finanzdienstleistungen, in: bank und markt, 25. Jg. (1996), S. 10 - 13.

PLINKE, Wulff, Kapitalsteuerung in Filialbanken, Wiesbaden 1975.

POENSGEN, H. Otto, Geschäftsbereichsorganisation, Opladen 1973.

POENSGEN, H. Otto, Profit-Center, in: Kosiol, Erich, Chmielewicz, Klaus, Schweitzer, Marcell (Hrsg.), Handwörterbuch des Rechnungswesens, 2. Aufl., Stuttgart 1981, Sp. 1378 - 1388.

POLAN, Ralf, Ein Meßkonzept für die Bankloyalität, Diss., Wiesbaden 1995.

PORTER, Lyman W., LAWLER, Edward E., Managerial Attitudes and Performance, Homewood/Illinois 1968.

RAMANAUSKAS-MARCONI, Helene, Behavioral Aspects of Decision Making and Decision Makers, in: Siegel, Gary, Ramanauskas-Marconi, Helene (Hrsg.), Behavioral Accounting, Cincinnati/Ohio 1989, S. 324 - 360.

RAPP, Andreas, Bankpreise und Kundenverhalten, Diss., Frankfurt/Main u.a. 1991.

RATZLAFF, Rolf, Aufgaben des Internen Rechnungswesens im bankbetrieblichen Zinsgeschäft und Ausbau zur Steuerung des Zinsrisikos, Diss., Frankfurt/Main 1995.

REIMERS-MORTENSEN, Sabine, DISTERER, Georg, Strategische Optionen für Direktbanken, in: Die Bank, o. Jg. (3/1997), S. 132 - 145.

RICHTER, Andreas, Neuausrichtung des Finanzdienstleistungsmarketings, Diss., Wiesbaden 1996.

RIEHM, Hans Joachim, Zufriedene Kunden sind gute Kunden, in: Geldprofi, o. Jg. (3/1996), S. 5 - 8.

ROLFES, Bernd, Schwierige Zukunft für Deutschlands Banken, in: Frankfurter Allgemeine Zeitung (Hrsg.), Die Bank der Zukunft, Verlagsbeilage Nr. 31, 6.2.1996, S. B3 - B4.

ROLFES, Bernd, HASSELS, Matthias, Das Barwertkonzept in der Banksteuerung, in: Bankarchiv, o. Jg. (5/1994), S. 337 - 349.

ROLFES, Bernd, KRÄMER, Christoph, Erfolgsorientierte Steuerung marktbezogener Organisationseinheiten in Kreditinstituten, in: Kredit und Kapital, 21. Jg. (1988), S. 118 - 142.

ROLFES, Bernd, SCHIERENBECK, Henner, Der Marktwert variabel verzinslicher Bankgeschäfte, in: Die Bank, o. Jg. (7/1992), S. 403 - 412.

ROLFES, Bernd, SCHWANITZ, Johannes, Die "Stabilität" von Zinselastizitäten, in: Die Bank, o. Jg. (6/1992), S. 334 - 337.

ROSENSTIEL, Lutz von, Die motivationalen Grundlagen des Verhaltens in Organisationen, Leistung und Zufriedenheit, Berlin 1975.

SALUZ, René, Kosten- und Erlösmanagement im Bankbetrieb mittels Profit Center, Diss., Bern, Stuttgart, Wien 1993.

SCHÄFER, Henry, Information und Kooperation im Absatz von Bankdienstleistungen, in: ZfbF, 47. Jg. (6/1995), S. 531 - 544.

SCHEER, Olaf, Das Geschäftsstellennetz im Wandel, in: Die Bank, o. Jg. (8/1994), S. 463 - 468.

SCHIERENBECK, Henner, Ertragsorientiertes Bankmanagement, 4. Aufl., Wiesbaden 1994.

SCHIERENBECK, Henner, ROLFES, Bernd, Entscheidungsorientierte Margenkalkulation, Frankfurt/Main 1988.

SCHIERENBECK, Henner, SEIDEL, Eberhard, ROLFES, Bernd, Controlling in Kreditgenossenschaften, 2. Aufl., Wiesbaden 1988.

SCHILDBACH, Thomas, Entwicklungslinien in der Kosten- und internen Unternehmensrechnung, in: Schildbach, Thomas, Wagner, Franz W. (Hrsg.), Unternehmensrechnung als Instrument der internen Steuerung, Düsseldorf 1995, S. 1 - 18.

SCHILLER, Bettina, Leistungsbeeinflussung von Mitarbeitern im Bankaußendienst, in: Sparkasse, 107. Jg. (4/1990), S. 171 - 176.

SCHIMMELMANN, Wulf von, HILLE, Werner, Banksteuerung über ein System von Verrechnungszinsen, in: Schierenbeck, Henner, Wielens, Hans (Hrsg.), Schriftenreihe des Instituts für Kreditwesen der Westfälischen Wilhelms-Universität Münster, Band 27, Frankfurt/Main 1984, S. 47 - 65.

SCHMALENBACH, Eugen, Pretiale Wirtschaftslenkung, Bd. 1, Bremen-Horn 1947.

SCHMALENBACH, Eugen, Pretiale Wirtschaftslenkung, Bd. 2, Bremen-Horn 1948.

SCHMIDT, Matthias, Anpassungsfähigkeit als Systemziel von Unternehmungen, Bamberg 1987.

SCHMIDT, Reinhart, Zur Effizienz dezentralisierter Steuerung auf Basis des Dekompositionsprinzips am Beispiel der Filialbank, in: Ballwieser, Wolfgang, Berger, Karl-Heinz (Hrsg.), Information und Wirtschaftlichkeit, Wiesbaden 1985, S. 597 - 616.

SCHNEIDER, Dieter, Die Theorie der Verrechnungspreise heute, in: Liiketalaudellinen Aikakauskirja, 16. Jg. (1967), S. 106 - 124.

SCHOENFELD, Hanns-Martin W., Behavioral Accounting, in: Wittmann, Waldemar, Kern, Werner, Köhler, Richard, Küpper, Hans-Ulrich, v. Wysocki, Klaus (Hrsg.), Handwörterbuch der Betriebswirtschaft, 5. Aufl., Stuttgart 1993, Sp. 280 - 292.

SCHULTHEISS, Luc, Auswirkungen der Profit-Center-Organisation auf die Ausgestaltung des Controlling, Diss., Bamberg 1990.

SCHUSTER, Leo, Bankmanagement durch Profit Center, in: Deppe, Hans-Dieter (Hrsg.), Texte zur wissenschaftlichen Bankbetriebslehre, Göttingen 1981, S. 1113 - 1127.

SCHÜTTE, Martin, Anforderungen an die Entwicklung von Kundenbetreuern, in: Süchting, Joachim, van Hooven, Eckart (Hrsg.), Handbuch des Marketing, 2. Aufl., Wiesbaden 1991, S. 211 - 230.

SCHWANITZ, Johannes, Analyse des Kontokorrentzinses mit Hilfe des Elastizitätsdiagramms, in: Die Bank, o. Jg. (3/1995), S. 165 - 169.

SCHWEITZER, Marcell, KÜPPER, Hans-Ulrich, Systeme der Kosten- und Erlösrechnung, 6. Aufl., München 1995.

SENGE, Peter M., Internal Markets and Learning Organizations, in: Halal, William E., Geranmayeh, Ali, Pourdehnad, John (Hrsg.), Internal Markets, New York u.a. 1993, S. 87 - 105.

SIEBEN, Günter, SCHILDBACH, Thomas, Betriebswirtschaftliche Entscheidungstheorie, 4. Aufl., Düsseldorf 1994.

SIEGEL, Gary, RAMANAUSKAS-MARCONI, Helene (Hrsg.), Behavioral Accounting, Cincinnati/Ohio 1989.

SIMON, Hermann, Preismanagement, 2. Aufl., Wiesbaden 1992.

SINKEY, Joseph F. Jr., Commercial Bank financial management, New York 1983.

SLEVOGT, Horst, Deckungsbeitragsgerechte Verrechnungszinsen nach Maßgabe von Strukturnormen und Marktdaten, in: B.Bl., 31. Jg. (1982), S. 141 - 146.

STEINLE, Claus, Leistungsverhalten und Führung in der Unternehmung, Berlin 1975.

STREIM, Hannes, Profit Center-Konzeption und Budgetierung, in: Die Unternehmung, 29. Jg. (1975), S. 23 - 42.

STROTHMANN, Helmuth, Anmerkungen zur Preispolitik im Bankgeschäft, in: bank und markt, 15. Jg. (6/1986), S. 31 - 35.

SÜCHTING, Joachim, Die Bankloyalität als Grundlage zum Verständnis der Absatzbeziehungen von Kreditinstituten, in: Kredit und Kapital, 6. Jahrgang (1972), S. 269 - 299.

SÜCHTING, Joachim, Verrechnungspreise im Bankbetrieb, in: Krumnow, Jürgen, Metz, Matthias, Rechnungswesen im Dienste der Bankpolitik, Stuttgart 1987, S. 199 - 208.

SÜCHTING, Joachim, Die Theorie der Bankloyalität - (noch) eine Basis zum Verständnis der Absatzbeziehungen von Kreditinstituten?, in: Süchting, Joachim, van Hooven, Eckart (Hrsg.), Handbuch des Bankmarketing, 2. Aufl., Wiesbaden 1991, S. 25 - 43.

SÜCHTING, Joachim, Bankmanagement, 3. Aufl., Stuttgart 1992.

SÜCHTING, Joachim, Vertieb von Finanzdienstleistungen auf dem Markt für Privatkunden, in: Die Bank, o. Jg. (8/1994), S. 449 - 457.

SÜCHTING, Joachim, Strategische Positionierung von privaten Banken: Relationship-Banking als Marketingansatz, in: Kreditwesen, 49 Jg. (6/1996), S. 263 - 267.

SÜCHTING, J., BOENING, D., Der personale Produktions- und Verkaufsprozeß von Bankleistungen, in: Bank-Betrieb, 11. Jg. (1971), S. 364 - 370.

TREYER, Oscar A. G., Verrechnungspreise für dezentralisierte Organisationen, in: Die Unternehmung, 44. Jg. (1990), S. 247 - 272.

VILLIEZ, Christian von, Budgetkontrolle und Abweichungsanalyse in Kreditinstituten, Frankfurt/Main 1989.

WAGENHOFER, Alfred, Kostenrechnung und Agency Theorie, in: Weber, Jürgen (Hrsg.), Zur Neuausrichtung der Kostenrechnung, Stuttgart 1993, S. 161 - 185.

WAGENHOFER, Alfred, Verrechnungspreise zur Verhaltenssteuerung in dezentralisierten Unternehmen, in: Kostenrechnungspraxis , o. Jg. (1995), S. 269 - 275.

WEBER, Bernt, Produktwerbung und Verkaufsförderung im Privatkundengeschäft, in: Süchting, Joachim, van Hooven, Eckart (Hrsg.), Handbuch des Marketing, 2. Aufl., Wiesbaden 1991, S. 233 - 251.

WEILENMANN, Paul, Dezentrale Führung: Leistungsbeurteilung durch Verrechnungspreise, in: ZfB, 59. Jg. (1989), S. 932 - 956.

WELGE, Martin K., Unternehmensführung, Band 2: Organisation, Stuttgart 1987.

WERNER, Joachim, Bereichserfolgsrechnung als Instrument der Verhaltenssteuerung, in: KRP, o. Jg. (6/1994), S. 407 - 414.

WIEGEL, Klaus Dieter, Rentabilität und Risiko im Kreditgeschäft der Banken, Köln 1985.

WIELPÜTZ, Axel Ullrich, Verhaltensorientiertes Controlling, Diss., Köln 1996.

WILD, Klaus-Dieter, Das Zielvereinbarungs-Dilemma bei Profit-Center-Steuerung, in: Die Bank, o.J. (4/1989), S. 189 - 192

WILKENS, Marco, Realitätsnahe Schätzung der Markt- und Kundenzinssätze zur besseren Steuerung, in: Zeitschrift für Bankrecht und Bankwirtschaft (ZBB), 6. Jg. (1994), S. 9 - 23.

WIMMER, Konrad, Bankkalkulation, 2. Aufl., Berlin 1996.

WIMMER, Konrad, KRÄMER, Uwe, Integrierte Vor- und Nachkalkulation im Zinsgeschäft, in: B.Bl., 44. Jg. (10/1995), S. 486 - 497.

WINKLER, Klaus, Filialsteuerung im Kreditgewerbe, Diss., Erlangen-Nürnberg, 1984.

WITTMANN, Waldemar, Unternehmung und unvollkommene Information, Köln, Opladen 1959.

Kolibri 360 GmbH
Ferdinand-Jühlke-Straße 7
99095 Erfurt, Deutschland
produktsicherheit@kolibri360.de

Druck:
CPI Druckdienstleistungen GmbH
im Auftrag der
Kolibri 360 GmbH
Ferdinand-Jühlke-Str. 7
99095 Erfurt